Dr. Sabina Brennan

IN 100 TAGEN ZU EINEM
JÜNGEREN GEHIRN

D1324926

GOLDMANN
Lesen erleben

Buch

Wenn Gedächtnisleistung und Konzentrationsfähigkeit mit den Jahren nachlassen, fühlen wir uns dem natürlichen Alterungsprozess oft hilflos ausgesetzt. Dabei können wir selbst viel dafür tun, um im Kopf jung zu bleiben und Demenzerkrankungen vorzubeugen. Die renommierte Neurowissenschaftlerin und Demenzforscherin Dr. Sabina Brennan erklärt auf verständliche Weise, wie wir über die Lebensstilfaktoren Schlaf, Ernährung und Bewegung positiv auf unsere Gehirngesundheit einwirken können. Der von ihr konzipierte Fitnessplan fürs Gehirn lässt sich mühelos in den Alltag integrieren und führt in 100 Tagen zu spürbar mehr Klarheit, Konzentration und Lebensfreude.

Autorin

Dr. Sabina Brennan ist Neurowissenschaftlerin und Psychologin. Derzeit arbeitet sie als Research Assistant Professor am Trinity College in Dublin. In ihrer Forschung beschäftigt sie sich mit dem genaueren Verständnis von Risikofaktoren von Demenz sowie den Schutzmaßnahmen, die den Verfall der kognitiven Leistungsfähigkeit verhindern oder verzögern können.

Dr. Sabina Brennan

IN 100 TAGEN ZU EINEM JÜNGEREN GEHIRN

GEDÄCHTNIS STÄRKEN, KONZENTRATION VERBESSERN UND DEMENZ VERHINDERN

Aus dem Englischen von Annika Klapper

GOLDMANN

MIX
Papier aus verantwor-
tungsvollen Quellen
FSC® C014496

Penguin Random House Verlagsgruppe GmbH FSC® N001967

1. Auflage
Deutsche Erstausgabe Januar 2022
Copyright © 2019 der Originalausgabe: Sabina Brennan
Copyright © 2022 der deutschsprachigen Ausgabe: Wilhelm Goldmann Verlag,
München, in der Penguin Random House Verlagsgruppe GmbH,
Neumarkter Str. 28, 81673 München
Umschlag: Uno Werbeagentur, München
Umschlagmotiv: FinePic c/o Zero Werbeagentur GmbH (441994)
Redaktion: Eckard Schuster
Satz: Uhl + Massopust, Aalen
Druck und Bindung: GGP Media GmbH, Pößneck
Printed in Germany
GS · IH
ISBN 978-3-442-17885-8

Besuchen Sie den Goldmann Verlag im Netz

Für David, für alles

Inhalt

Einleitung

In 100 Tagen zu einem jüngeren Gehirn erklärt Ihnen in leicht verständlicher Alltagssprache, wie Ihr Gehirn arbeitet und wie Sie dafür sorgen können, dass es gesund bleibt. Die gute Nachricht ist nämlich: Sie können die Gesundheit Ihres Gehirns fördern und selbst aktiv werden, egal in welchem Alter. Die Aufgaben dieses 100-tägigen Programms, das Ihr Leben verändern wird, werden Ihnen zeigen, wie es derzeit um Ihr Gehirn bestellt ist, was Sie richtig machen und wo Sie etwas korrigieren sollten.

Ganz gleich, ob Sie zu diesem Buch gegriffen haben, weil Sie sich um Ihr Gedächtnis sorgen, Angst vor Demenz haben oder sich einfach um Ihr Gehirn kümmern möchten, hier finden Sie reichlich praktische Tipps, die sich leicht in Ihren Alltag integrieren lassen. Dabei handelt es sich um ganz simple Vorschläge, die Ihr Gehirn verjüngen, dessen Gesundheit stärken, Ihre Gedächtnisleistung verbessern und die gar Resilienz aufbauen, damit Ihr Gehirn mit dem Alterungsprozess, mit Verletzungen und Krankheiten, einschließlich Demenz, zurechtkommt beziehungsweise diese Vorgänge besser kompensieren kann.

Ihr Gehirn bestimmt, wer Sie sind. Es unterstützt Sie bei allen Dingen, die Sie tagtäglich tun. Die Gesundheit des Gehirns ist somit keine Modeerscheinung, vielmehr ist es, wenn man es recht bedenkt, wirklich erstaunlich, dass wir bis heute das komplexeste und wichtigste Organ aus unserer medizinischen Routineversorgung komplett ausgeschlossen haben.

In diesem Buch geht es nicht darum, superintelligent zu sein, sondern einfach nur darum, so schlau zu sein, in die Gesundheit des eigenen Gehirns zu investieren. Wir sprechen über körperliche Gesundheit und über mentale Gesundheit, ja sogar über die Gesundheit unserer Zähne und unseres Herzens. Mir erschien es irgendwann vollkommen abwegig, dass niemand über unser Gehirn redete. Denn schließlich brauchen wir dieses Organ für einfach *alles*. Es gibt nicht eine Sache, die wir ohne unser Gehirn tun könnten. Deshalb hoffe ich, dass Sie dieses Buch dazu bringt, wenigstens einmal am Tag etwas für Ihr Gehirn zu tun, so wie Sie auch jeden Tag Zeit in Ihre Zahnpflege investieren.

Ich begann erst im Alter von 42 Jahren zu studieren. Sechs Jahre später schloss ich das Psychologiestudium mit der Promotion ab – meine Leidenschaft für Gehirngesundheit war geboren. Bei mir als kognitive Neurowissenschaftlerin[1] und Leiterin des Demenz-Forschungsprogramms am *Institute of Neuroscience* des *Trinity College Dublin* drehte sich alles um die Hirnforschung, ich war direkt involviert und erlebte unvorstellbare Forschungserfolge hautnah mit. Zu einem nicht geringen Teil dank erstaunlicher Fortschritte im Neuroimaging (Einsatz bildgebender Verfahren bei der Erforschung von Nervensystem und Gehirn) sind Wissenschaftler extrem erfolgreich dabei, die Funktionen und Erkrankungen des Gehirns zu verstehen.

Doch etwas störte mich. Wissenschaftler erreichen Großartiges, doch einen Großteil ihrer Zeit verbringen sie damit, auf Fachkongressen mit anderen Wissenschaftlern zu reden oder für Wissenschaftszeitschriften zu schreiben, zu denen die Normalbevölkerung keinen Zugang hat. Natürlich ist dieser akademische Diskurs unabdinglich für den Fortschritt der Wissenschaft, allerdings ist die Fach- und Forschungsliteratur zu Gehirngesundheit und Demenz oft sehr komplex und schwer verständlich. Deshalb habe ich dieses Buch geschrieben. Es übersetzt Fachjargon in leicht verständliche Alltagssprache und gibt praktische Informationen, mithilfe derer Sie die Fitness Ihres Gehirns verbessern können.

In 100 Tagen zu einem jüngeren Gehirn zeigt Ihnen, wie Sie auch im hohen Alter wichtige Funktionen Ihres Gehirns wie etwa Ihr Gedächtnis auf Trab halten. Wenn Sie Ihren Lebensstil im Sinne Ihrer Gehirngesundheit ändern, dann investieren Sie damit in das Kapital Ihres Gehirns: Indem Sie kluge Entscheidungen treffen, können Sie Reserven aufbauen, die sich später auszahlen, wenn Sie es mit Herausforderungen wie Alterungsprozess, Verletzungen oder Erkrankungen zu tun haben.

Beschäftigen wir uns nur einmal kurz mit Alzheimer[2]. Dafür gibt es derzeit keine Heilung. Im Gegensatz zum gesunden Gehirn ist das an Alzheimer erkrankte verkümmert und leidet an Atrophie[3], die Zellen sterben ab und Gewebe schwindet. Niemand weiß genau, was dieses Zellsterben hervorruft, doch momentan geht man davon aus, dass anormale Proteinablagerungen, die sogenannten Beta-Amyloid-Plaques sowie die verdrehten Stränge eines anderen Proteins (genannt Tangles oder auch Tau-Fibrillen), für Alzheimer verantwortlich sind.

Sofern man diese Plaques und Fibrillen im Gehirn hat, erscheint es logisch, dass man auch die Symptome aufweist, die wir normalerweise mit Demenz verbinden – Gedächtnisverlust und Verwirrtheit. Doch weit gefehlt. Man *kann* an Demenz erkranken und keine Symptome aufweisen! Und diese

Tatsache brachte mich mehr als alles andere dazu, dieses Buch zu schreiben.

Es ist nämlich so: **Studien haben gezeigt, dass die Gehirne von bis zu 25 Prozent der Menschen, die post mortem die für eine Alzheimer-Diagnose hinreichenden pathologischen Veränderungen aufweisen, vor ihrem Tod klinisch gesund sind.** Eine von vier Personen, die die pathologischen Veränderungen im Gehirn aufweisen, ist folglich resistent gegen die Erkrankung. Das bedeutet: Selbst wenn sie die Erkrankung samt Plaques und Fibrillen hatten, wiesen sie zu Lebzeiten keine wahrnehmbaren Symptome auf. Sie verhielten sich unauffällig, und ihr Gehirn funktionierte bis zum Tod vollkommen normal.

Diese Resilienz können wir auch »Reserve« nennen. Ihr Gehirn kann eine solche Reservekapazität auch aufbauen, wenn Sie hier unterstützend eingreifen und Ihren Lebensstil entsprechend ändern. Dazu kommt noch, dass Sie diese Reserven über Ihr gesamtes Leben hinweg immer wieder auffüllen können.

Schauen wir uns als Beispiel zwei Männer im Alter von 52 Jahren namens Jake und Peter an. Jake verfügt über viele Reserven (hohe Resilienz), Peter hingegen über wenige Reserven (niedrige Resilienz). Bei beiden treten gleichzeitig die pathologischen Veränderungen der Alzheimer-Krankheit im Gehirn auf. Zur Veranschaulichung sagen wir einfach, dass beide im Alter von 75 Jahren sterben.

Peter, der wenige Reserven hat, weist Demenzsymptome auf, die sich im Laufe der Zeit allmählich verschlimmern. Der Abbau seiner kognitiven Funktionen[4] schreitet kontinuierlich voran; die anfangs milden Symptome werden zunächst mittelschwer, später schwerwiegend und führen schließlich zu seinem Tod im Alter von 75 Jahren.

Jake hingegen, derjenige mit den vielen Reserven, zeigt keinerlei wahrnehmbare Symptome. Die durch die Erkrankung ausgelösten pathologischen Veränderungen vollziehen sich weiter in seinem Gehirn, doch aufgrund seiner hohen Reserven kommt er mit den dadurch entstehenden Schäden zurecht und kann sie kompensieren. Sagen wir einfach, Jake hat mit 75 einen tödlichen Unfall. Bei der Untersuchung seines Gehirns post mortem wird festgestellt, dass er zu den 25 Prozent derjenigen gehört, die hinreichend pathologische Veränderungen im Gehirn aufweisen, damit sie als an Demenz erkrankt diagnostiziert werden, die aber zu Lebzeiten unter keinerlei kognitiven Einschränkungen leiden.

Allerdings muss man fairerweise erwähnen, hätte Jake nicht das Pech gehabt, auf dem Nachhauseweg nach der Feier anlässlich seines 75. Geburtstags von einem Lastwagen überfahren zu werden, wären seine Reserven irgendwann aufgebraucht gewesen, und er hätte Demenzsymptome gezeigt. Im Gegensatz zu Peter, dessen Verfall nur ganz langsam voranschritt, hätte sich Jakes Zustand innerhalb kurzer Zeit drastisch verschlechtert. So, als würde man von einer Klippe stürzen. Hätte er weitergelebt, so hätte Jake an irgendeinem Zeitpunkt in der Zukunft einen Großteil seiner kognitiven Fähigkeiten jäh verloren und das leichte und mittelschwere Stadium der Erkrankung schlichtweg übersprungen.

Reserven zu haben ist also kein Freifahrtschein, doch wenn Sie eigene Reserven durch Entscheidungen im Sinne Ihrer Gehirngesundheit aufbauen, können Sie dadurch das Einsetzen von Demenzsymptomen verzögern und sich selbst noch einige selbstbestimmte Jahre im Besitz Ihrer vollen geistigen Fähigkeiten schenken.

Diese Resilienz bezieht sich nicht nur auf Demenz, sondern kann zudem Ihre alltägliche Hirnleistung verbessern und Ihre kognitiven Funktionen vor Verletzungen, Schlaganfällen und sogar vor Krankheiten wie Multipler Sklerose[5] schützen, die im jungen Erwachsenenalter einsetzen. Ihr Gehirn kann sich nämlich während Ihres gesamten Lebens erstaunlich gut anpassen und verändern. Diese Flexibilität, genannt neuronale Plastizität[6], ermöglicht es Ihnen, neue Dinge zu erlernen, sich an Veränderungen in Ihrem Leben und Ihrer Umgebung anzupassen und auch Erkrankungen oder Verletzungen zu kompensieren.

Ein Schlaganfall oder Hirnschlag liegt vor, wenn der Blutzufluss zu einem Teil des Gehirns unterbrochen wird. Nach einem solchen Schlaganfall finden im Gehirn spontan plastische Veränderungen statt, die dem Organ helfen, den Schlag zu kompensieren, und es maßgeblich dabei unterstützen, eine Fähigkeit, zum Beispiel Bewegung, erneut zu erlernen beziehungsweise wiederzuerlangen. Das Gehirn reagiert kompensierend auf einen Schaden, indem es neue, alternative Wege parallel zu den beschädigten erschafft. Erholt man sich nach einem Schlaganfall, so erlernt man die motorischen Fähigkeiten dank der Benutzung dieser neu geschaffenen, kompensatorischen Wege im Gehirn. Ein Schlaganfall ist der häufigste Grund für (nicht angeborene) Behinderungen, und neun von zehn Schlaganfällen können verhindert werden, indem man etwas für die Gesundheit seines Gehirns tut und somit das Schlaganfallrisiko verringert. Die Varianz bei der Genesung von Schlaganfallpatienten ist sehr hoch. Zwar sind die Ursachen für diese stark variierenden Ausgänge nicht eindeutig geklärt, es wird jedoch angenommen, dass der Lebensstil dabei eine Rolle spielt. Dazu lesen Sie mehr in Kapitel 1.

Der 100-Tage-Plan in diesem Buch hilft Ihnen, Gewohnheiten, welche die Fitness Ihres Gehirns fördern, in Ihren Alltag zu integrieren und somit die Genesungschancen nach einem Schlaganfall oder einer anderen Gehirnverletzung immens zu verbessern. Wenn bei Ihnen bereits Demenz diagnostiziert wurde oder sich bei Ihnen eine Erkrankung wie Alzheimer oder Multiple Sklerose, die Gehirnfunktionen betrifft, irgendwann in der Zukunft entwickelt, dann werden Ihnen dieser Ratgeber und ein daraus abgeleiteter maßgeschneiderter Plan helfen, mit der Krankheit zu leben und dabei die Symptome zu reduzieren und Ihre Unabhängigkeit zu fördern. Gehirngesundheit ist ein wichtiges Thema, vor allem wenn man bedenkt, dass einer von drei Erwachsenen einen Schlaganfall erleidet oder an Demenz erkrankt oder von beidem betroffen ist.

Meine Mission ist es, die Anzahl der Menschen, die in der Lage sind, Resilienz gegenüber Hirnerkrankungen aufzubauen, deutlich zu erhöhen, damit sie noch für viele weitere Jahre glücklich und selbstbestimmt leben können. Wie bei einem guten Buch sollte auch im Leben das letzte Kapitel eines der besten sein. Ich möchte, dass Sie über die Gesundheit Ihres Gehirns sprechen und nachdenken. Ich möchte, dass Sie Ihrem Gehirn dieselbe stetige Aufmerksamkeit und Pflege zukommen lassen wie Ihren Zähnen.

In 100 Tagen zu einem jüngeren Gehirn wird Ihren Lebensstil verändern, Sie zu Entscheidungen, die der Gesundheit Ihres Gehirns zugutekommen, anleiten, Ihnen praktische Tipps für den Alltag an die Hand geben, um Ihr Gehirn zu verjüngen und seine Leistungsfähigkeit zu optimieren, Reserven aufzubauen, die neuronale Plastizität zu steigern und das Demenzrisiko zu senken. Jetzt ist es an der Zeit, dass Sie die guten Nachrichten in Sachen Gehirngesundheit für sich nutzen.

Wie dieses Buch aufgebaut ist

Kapitel 1 erklärt Ihnen, warum wir alle in die Gesundheit unseres Gehirns investieren sollten.

Kapitel 2 erklärt Ihnen, wie das Gehirn funktioniert und wie Sie Ihre Reserven vergrößern können, um die Gehirnleistung zu steigern.

Kapitel 3 bis 8 stellen den Plan für *In 100 Tagen zu einem jüngeren Gehirn* mit all den Faktoren Ihres Lebensstils vor, die für ein gesundes Gehirn entscheidend sind: Schlaf, Stress, soziale und geistige Aktivität, Herzgesundheit, körperliche Aktivität und Einstellung. Wenn Sie die einzelnen Kapitel durcharbeiten, werden Sie nach und nach eine Reihe von Bewertungen vornehmen, die Ihnen dabei helfen, den aktuellen Gesundheitsstand Ihres Gehirns in Bezug auf jeden der soeben erwähnten Faktoren zu bestimmen. Die Informationen und Einschätzungen in jedem Kapitel ermöglichen es Ihnen, sich Ziele zu setzen und einen Aktionsplan zu entwickeln, um Ihre Stärken einzubringen und zu verbessern sowie das Risikopotential jedes einzelnen Faktors zu senken. Bestimmte Begriffe sind mit einer Endnote versehen; die entsprechenden Erläuterungen dieser Begriffe finden Sie im Glossar auf Seite 427.

Kapitel 3 – **Tage 1 bis 7:** Erstellen Sie für sich ein Schlafprofil und einen Schlafplan.

Kapitel 4 – **Tage 8 bis 14:** Erstellen Sie für sich ein Stressprofil und einen Stressplan.

Kapitel 5 – **Tage 15 und 16:** Erstellen Sie für sich ein Profil und einen Plan in Bezug auf Ihre soziale und mentale Verfassung.

Kapitel 6 – **Tage 17 – 23:** Erstellen Sie für sich ein Profil und einen Plan in Bezug auf Ihre Herzgesundheit.

Kapitel 7 – **Tage 24 – 30:** Erstellen Sie für sich ein Profil und einen Plan in Bezug auf Bewegung und Sport.

Kapitel 8 – **Tage 31 und 32:** Erstellen Sie für sich ein Profil und einen Plan in Bezug auf Ihre Einstellung.

Kapitel 9 – **Tag 33:** Erstellen Sie Ihr allgemeines Gehirngesundheitsprofil.

      – **Tag 34:** Erstellen Sie einen maßgeschneiderten Gesamtplan für Ihre Gehirngesundheit.

      – **Tage 35 – 100:** Integrieren Sie für die Gesundheit Ihres Gehirns positive Gewohnheiten in Ihren Alltag und setzen Sie Ihren Plan in die Tat um.

Studien legen nahe, dass es im Schnitt 66 Tage braucht, um eine neue Gewohnheit einzuführen. Deshalb habe ich diese Zeitdauer ausgewählt, damit Sie diese für die Gesundheit Ihres Gehirns förderlichen Gewohnheiten in Ihre Alltagsroutine integrieren können.

100-Tage-Tagebuch

Eine tägliche Routine für die Entwicklung Ihrer Gehirngesundheit zu etablieren ist entscheidend für den Erfolg des Plans. Deshalb finden Sie am Ende des letzten Kapitels ein 100-Tage-Tagebuch, in dem Sie beim Durcharbeiten des Programms täglich die Tätigkeiten festhalten können, mit denen Sie Ihr Gehirn stärken.

Wenn Sie wenigstens einmal am Tag etwas für Ihre Gehirngesundheit tun, erhöhen Sie die Chancen auf Erfolg. Lassen Sie sich per Telefon erinnern oder machen Sie eine entsprechende Notiz auf dem Kalender oder einem Zettel am Kühlschrank oder neben Ihrer Zahnbürste, damit Sie tagtäglich daran denken.

Machen Sie das jetzt.

Halten Sie fest, was Sie jeden Tag tun. Das Tagebuch hilft Ihnen, die Förderung eines gesunden Gehirns zur täglichen Gewohnheit zu machen.

Auf der Homepage
www.penguinrandomhouse.de/juengeresgehirn
finden Sie alle Tabellen als pdf zum Ausdrucken und Ausfüllen.

1

Investieren Sie in Ihr Gehirn

Jeder Mensch kann, wenn er will,
ein Bildhauer seines eigenen Gehirns sein.

Santiago Ramón y Cajal

Wir alle putzen uns täglich die Zähne, aber die meisten von uns verschwenden keinen einzigen Gedanken an ihr Gehirn.

Verrückt, oder?

Selbstverständlich sind gesunde Zähne extrem wichtig, denn Sie brauchen Ihre Zähne zum Essen, Sprechen und Lachen. Aber Ihr Gehirn brauchen Sie für einfach alles – und damit meine ich wirklich alles. Es gibt nicht eine Sache, die Sie ohne es machen können. Sie können sonst dieses Buch nicht lesen, diese Seite nicht umblättern, sich nicht einmal hinsetzen oder aufstehen. Denken Sie einmal darüber nach: Ohne Ihr Gehirn können Sie nicht einmal Zähne putzen.

Sie brauchen Ihr Gehirn für schlichtweg alles, deshalb ist ein gesundes Gehirn so wichtig.

Warum ist es schlau, in die Gesundheit Ihres Gehirns zu investieren?

Offenbar waren Sie als Kind recht schlau, denn Sie haben schon in jungen Jahren das komplexe Konzept von Investition verstanden. Die Zeit, die man jetzt ins Zähneputzen steckt, zahlt sich später aus. Sie haben sich die tägliche Zahnpflege zur Gewohnheit gemacht, weil Sie begriffen haben: Diese Investition fördert die Langlebigkeit Ihrer Zähne und schützt in der Zukunft vor Karies und Zahnschmerzen. Sie wissen, dass auch andere Maßnahmen, wie der Gebrauch von Zahnseide, regelmäßige Besuche beim Zahnarzt und eine bestimmte Ernährung, zusätzlichen Schutz für Ihre Zähne bieten.

Dennoch realisieren Sie als Erwachsener, dass selbst wenn Sie die Empfehlungen Ihres Zahnarztes genau befolgen, Ihre Investition keine absolute Garantie beinhaltet, sondern sie das Risiko von Schmerzen lediglich mindert und das Einsetzen von Verfallserscheinungen nur verzögert. Wenn Sie so alt sind wie ich, haben Sie vielleicht schon ein paar Füllungen oder Kronen, oder es liegen sogar einige Wurzelbehandlungen hinter Ihnen. Trotzdem wissen Sie sicher: Ihre Zähne sind in einem besseren Zustand, als sie es ohne das tägliche Putzen wären.

Das Gleiche gilt für Ihr Gehirn.

Einige Aktivitäten schützen im späteren Verlauf des Lebens vor dem Verlust von Hirnfunktionen, während andere Entscheidungen hinsichtlich Ihres Lebensstils das Risiko für Erkrankungen, die die Hirnfunktion beeinträchtigen, erhöhen. Dazu zählen Alzheimer und andere Formen von Demenz. Somit ist die wichtigste Botschaft, die Sie sich immer vor Augen halten sollten, folgende: Bestimmte Veränderungen in Ihrem Lebensstil und Aktivitäten, die Risiken mindern und Schutz bieten, können ganz einfach in Ihren Alltag integriert werden.

Wie beim Zähneputzen gibt es auch in Sachen Gehirngesundheit keine absolute Garantie nur aufgrund des Befolgens entsprechender Gewohnheiten, doch vieles deutet darauf hin, dass es sich dabei um eine lohnende Investition handelt, insbesondere wenn es Ihnen wichtig ist, auch im fortgeschrittenen Alter noch über wichtige kognitive Funktionen, wie etwa Ihr Gedächtnis, verfügen zu können. Wenn Sie für ein gesundes Gehirn sorgen und dieses fördern, dann stärken Sie Ihre allgemeine Leistungsfähigkeit und Selbstständigkeit.

Ihr Gehirn ist einzigartig

Dank unseres Gehirns können wir denken, fühlen, planen, lieben, lachen, uns erinnern und noch vieles mehr. Aber das ist nicht alles: Unser Gehirn kontrolliert auch unsere Sinne und andere Teile des Körpers, wie Muskeln, Organe und Blutgefäße. Doch wir tragen es einfach so in unserem Schädel mit uns herum, ohne uns über seine Genialität Gedanken zu machen.

Früher gingen Wissenschaftler davon aus, dass das Gehirn starr und fest wie Beton ist, doch inzwischen wissen wir, dass es sich ständig verändert, dass es durch Verhalten, Erfahrung und Entscheidungen in unserem Leben geformt wird. Und wir können dieses besondere Organ unterstützen, indem wir uns einen Lebensstil aneignen, der gut für die Gesundheit unseres Gehirns ist.

Das Gehirn ist einzigartig, die Erfahrungen, die wir gemacht haben, und die Anforderungen, die wir jeden Tag daran stellen, haben es geformt. Dieses dynamische Organ beeinflusst nicht nur unser Verhalten, sondern wird auch *von* unserem Verhalten beeinflusst. Was wir tun oder nicht tun, hat einen Einfluss darauf, wie gut unser Gehirn jetzt funktioniert und wie widerstandsfähig es bei Schäden oder Verletzungen in der Zukunft sein kann. Ihr Gehirn verändert sich permanent, und es sind Ihre Erfahrungen und Ihr Verhalten, die es formen.

Ihr Gehirn ist plastisch, formbar wie Knetmasse. Diese neuronale Plastizität ist eine Grundeigenschaft des menschlichen Gehirns. Zwar ist diese Eigenschaft nicht ausschließlich beim Menschen vorzufinden, doch offenbar ist das menschliche Gehirn in besonderem Maße anpassungsfähig. Während Erbanlagen für die Größe des Gehirns bei Menschen und Schimpansen entscheidend sind, ist das menschliche Hirn sehr empfänglich für Umwelteinflüsse, wodurch es sich ständig an Veränderungen anpasst. Wir neigen dazu, die Rolle unserer Gene stark zu betonen, doch in Wirklichkeit sind unser Lebensstil und unsere Erfahrungen dafür verantwortlich, wie unser Gehirn geformt ist, wie es wächst und sich entwickelt. Durch Erfahrungen können wir unser Gehirn verändern. So wie Sport unsere Muskeln formt, kann Lernen unser Gehirn formen.

Sammeln Sie Informationen

Wenn es um das Optimieren Ihrer Finanzen geht, ist es ein wichtiger Schritt, Ihr Know-how zu verbessern, etwa indem Sie ein Verständnis für Finanzkonzepte, Risiken und Chancen von Investitionen erlangen. Wenn Sie mehr über sich selbst und Ihre aktuellen Finanzen sowie Anlagen wissen, dann erleichtert das Ihre Entscheidungen in finanziellen Angelegenheiten und maximiert die Gewinne aus den von Ihnen getätigten Investitionen. Ein guter Investitionsplan berücksichtigt Ihre spezifischen Bedürfnisse, ermöglicht es Ihnen, gut zu leben und Ihre Zukunft zu planen, und bietet Ihnen ausreichend Wahloptionen sowie Spielräume für etwaige schwere Zeiten.

Das Gleiche gilt für die Optimierung Ihrer Gehirngesundheit. Mit der Lektüre dieses Buches machen Sie einen ersten wichtigen Schritt: Sie bilden sich in Sachen Neurowissenschaft weiter, informieren sich über Demenzrisiken sowie darüber, wie Sie in die Gesundheit Ihres Gehirns investieren können. Indem Sie die Fragebögen und Tabellen in diesem Buch ausfüllen, erhalten Sie wertvolle Informationen über sich selbst, Ihre aktuellen Gewohnheiten, Stärken und Risiken. Diese persönlichen Informationen helfen Ihnen, die richtigen Entscheidungen im Hinblick auf Ihre Investitionen in ein gesundes Hirn zu treffen, während Sie die Risiken für Demenz reduzieren und Ihre »Rendite« maximieren. Mit der geballten Information aus diesem Buch werden Sie ein authentisches, persönliches Profil des Gesundheitszustandes Ihres Gehirns erstellen, auf dessen Basis Sie einen ersten Plan sowie eine Strategie für Ihre Langzeitinvestition in ein gesundes Gehirn entwickeln können.

Diversifikation

Das Profil Ihrer Gehirngesundheit ähnelt einem Finanzportfolio. Gute Finanzberater empfehlen Diversifikation, um Risiken zu minimieren. Bei Geldinvestitionen gibt es keine Pauschallösung. Deshalb lautet die Empfehlung stets, vielfältig zu investieren – je nach finanziellen Zielen, aktueller finanzieller Situation, Zeitplan und tolerablen Risiken. Bankberater sprechen sich meistens für eine bunte Mischung aus Aktien, Wertpapieren und anderen Investitionen aus. Diversifikation ist natürlich keine Erfolgsgarantie, aber diese Mischung ermöglicht es Ihnen, potentielle Verluste und Misserfolge einer Portfoliokomponente auszugleichen.

Diese Empfehlung von Diversifikation gilt ebenso in Bezug auf die Fitness Ihres Gehirns. Einen pauschalen Plan gibt es auch hierfür nicht. Sie müssen einen Mix aus Investitionen in Ihre Gehirngesundheit schaffen, der auf Ihren persönlichen

Zielen, dem aktuellen gesundheitlichen Zustand Ihres Gehirns, Ihrem Lebensplan (Alter, Lebensphase) und den Risikofaktoren, denen Sie ausgesetzt sind und die Sie beeinflussen können, basiert. Auch ich empfehle Diversifikation hinsichtlich Ihrer Investments in unterschiedliche Kategorien der Gesundheit Ihres Gehirns. Sie sollten nicht nur in verschiedene Bereiche wie Schlaf, Stressbewältigung, soziale Eingebundenheit, mentale Stimulation, Herzgesundheit, körperliche Aktivität und Einstellung investieren, sondern auch innerhalb dieser Kategorien für Vielfalt sorgen. Im Bereich der körperlichen Aktivität bedeutet das beispielsweise, dass Sie Ausdauertraining betreiben, aber ebenso Ihre Muskeln stärken, Ihr Gleichgewicht trainieren und zu langes Sitzen vermeiden sollten.

Breite Investitionen sind weise Investitionen

Investitionen in ein gesundes Gehirn sind kein absoluter Schutz gegen Demenzerkrankungen, aber sie können helfen, dem Krankheitsverlauf zu trotzen, indem sie die Auswirkungen von Demenz auf Ihr Gedächtnis und Ihre Fähigkeit, ein eigenständiges Leben zu führen, kompensieren. Obschon es in Sachen Demenz keine Garantie geben kann, zahlt sich die Investition in Ihre Gehirngesundheit aus und belohnt Sie auf vielfältige Weise über Ihr Leben hinweg: Durch tägliche Entscheidungen zugunsten eines gesunden Gehirns werden Sie sich jünger und allgemein zufriedener mit und in Ihrem Leben fühlen. Sie kommen in den Genuss individueller Prämien und Zusatzleistungen in jedem Investmentbereich: Dazu zählen ein gesünderes Herz, tieferer Schlaf, mehr Lachen, schärferes Denken und ein genaueres Gedächtnis. In Sachen Gehirngesundheit gilt: Breit zu investieren bedeutet weise zu investieren.

Regelmäßige Kontrollen

Finanzberater empfehlen zudem, Ihr Portfolio in regelmäßigen Abständen, mindestens einmal pro Jahr oder dann, wenn sich Ihre finanzielle Situation maßgeblich verändert hat, zu überprüfen, zum Beispiel im Falle eines Jobverlusts oder einer Erbschaft. Auch das Profil Ihrer Gehirngesundheit sollte ab und an überprüft und angepasst werden, denn hier geht es schließlich um eine langfristige Investition.

Der Plan für ein gesundes Gehirn, den Sie mithilfe dieses Buches entwickeln werden, hilft Ihnen bei den ersten Schritten auf dem Weg zu einer langfristigen Strategie, die dazu dient, die Fitness Ihres Gehirns mit jedem einzelnen Tag zu verbessern. Wenn Sie Ihr Profil und Ihren Plan regelmäßig überprüfen und aktualisieren, können Sie Fortschritte verfolgen, Änderungen feststellen und erkennen, ob Sie Ihren Anlagenmix verändern oder einige Investitionen überdenken sollten.

Nichts zu verlieren

In den folgenden hundert Tagen werden Sie die Gewohnheiten bestimmen, die zu einem gesunden Gehirn führen, sowie all jene Verhaltensweisen, die geändert werden sollten, weil sie diesem Ziel im Weg stehen oder Risikofaktoren für Demenz darstellen könnten. Sie haben also nichts zu verlieren und können nur gewinnen. Es liegt allein an Ihnen, Ihre Schulden in Gewinne zu verwandeln, indem Sie bewusst Entscheidungen für ein gesundes Gehirn treffen und ganz einfache Dinge in Ihrem Alltag verändern.

Ein gesundes Gehirn für jeden von uns

Ganz egal, ob Sie ins Rentenalter eintreten, Ihr Studium beginnen oder irgendwo dazwischen im Leben stehen, dieses Buch soll Sie davon überzeugen, jetzt in ein gesundes Gehirn zu investieren. Sie haben in Ihrem Kopf eine unschätzbare Ressource, denn Ihr Gehirn ist komplexer als alles, was Sie sich jemals für Geld kaufen könnten. Es ist das größte Geschenk, das Sie je bekommen werden. Wertschätzen Sie es also, pflegen Sie es und fördern Sie es, damit Sie es Ihr gesamtes Leben lang nutzen und voll ausschöpfen können.

Es ist nie zu früh oder zu spät, um in Ihr Gehirn zu investieren.

Wer ein Gehirn hat, muss sich über dessen Gesundheit Gedanken machen.

Werden Sie jetzt aktiv

Ihr Gehirn schrumpft. Sobald wir in den Dreißigern sind, verlieren wir jedes Jahr einen Teil des Volumens und der Masse unseres Gehirns[7] durch einen Vorgang namens Hirnatrophie (umgangssprachlich: Hirnschwund). Ab unseren Sechzigern nimmt dieser Schwund zu. Aber noch ist nicht alles verloren: In diesem Buch erfahren Sie, wie ein gesunder Lebensstil Ihnen dabei hilft, Hirnatrophie zu bekämpfen und Ihr Hirnvolumen zu erhalten.

Die Entscheidungen, die wir in unserem Leben treffen, und die Erfahrungen, die wir – selbst als Kinder – machen, können das Risiko für Erkrankungen, die unsere kognitiven Fähigkeiten im späteren Leben beeinträchtigen, erhöhen. Wie bei vielen Alterserkrankungen reichen die Faktoren, die Alzheimer und andere Formen von Demenz begünstigen, zurück bis in die Jugendjahre eines Menschen. Im folgenden Kapitel wird erläutert, dass viele dieser Faktoren beeinflusst werden können. Das heißt: Sie können jetzt aktiv werden, um die Risiken in Ihrem späteren Leben zu reduzieren.

Sogar das Gehirn eines Kindes kann sich nur schwerlich ohne ein stimulierendes, nährendes und für das Gehirn gesundes Umfeld entwickeln. Die Erfahrungen, die wir in jungen Jahren machen, und jene, die wir unseren Kindern vermitteln, wirken sich auf die Entwicklung und Gesundheit ihres Gehirns aus; sie prägen nicht nur die Funktionsweisen des Gehirns während der Kindheit, sondern entscheiden auch, wie gut es während des gesamten Lebens funktioniert.

Im Teenageralter durchläuft das Gehirn eine entscheidende Phase der neuralen Reorganisation. Neuronale Netzwerke[8] bilden sich durch regelmäßigen Gebrauch stärker aus, während nicht benutzte Verbindungen mit der Zeit reduziert werden. Die Jugend kann eine sehr stressige Lebensphase sein, und Teile des Gehirns, die für die Gedächtnisfunktion zuständig sind, reagieren besonders stark auf Stress. Somit ist die Adoleszenz ein guter Zeitpunkt, die Funktionalität dieses Hirnareals durch Entscheidungen zugunsten eines gesunden Gehirns zu unterstützen, die das Potenzial für langfristige positive Effekte haben.

Das Gefühl, unbesiegbar zu sein, macht junge Erwachsene mitunter blind für die Notwendigkeit, sich um ihr zukünftiges Ich zu kümmern und in dessen Gesundheit zu investieren. Je früher man aber mit Investitionen in die Gesundheit des eigenen Gehirns beginnt, desto reicher wird man belohnt. Auch wenn die Prävention von Alterserkrankungen nicht die oberste Priorität von jungen Menschen oder nicht einmal

Thema bei ihnen ist, kann doch niemand von uns vorhersagen, ob wir nicht eines Tages durch einen Verkehrsunfall oder beim Sport eine Hirnverletzung erleiden. Ein gesundes Gehirn ist robuster und hat bessere Chancen, sich nach einem solchen Rückschlag zu erholen oder diesen zu kompensieren. Daher ist es jetzt an der Zeit für jeden von uns, sich über die Gesundheit des eigenen Gehirns Gedanken zu machen.

Selbst wenn Ihr Gehirn schon über sechzig Jahre alt ist – es verändert sich noch immer. Das Sprichwort »Einem alten Hund kannst du keine neuen Tricks mehr beibringen« ist schlichtweg falsch. Denn gerade heute, wo wir älter als unsere Vorfahren werden, ist es im Hinblick auf unsere kognitiven Fähigkeiten umso wichtiger, ein Leben lang auf die Gesundheit unseres Gehirns zu achten und es sowohl zu fordern als auch zu fördern. Die Qualität dieser letzten Lebensjahre kann durch bestimmte, die Gesundheit unseres Gehirns unterstützende Entscheidungen verbessert werden.

Wenn Sie in ein gesundes Gehirn investieren, kostet Sie das lediglich Zeit und etwas Mühe. Die Empfehlungen für ein fittes Gehirn in diesem Buch sind allesamt gratis. Das heißt nicht, sie seien alle leicht (einige schon), aber sie sind alle machbar und lassen sich mit minimalem Aufwand in Ihren Alltag integrieren.

Prävention und Optimierung

Als wir Menschen in ganz Europa fragten, wovor sie beim Älterwerden am meisten Angst hätten, war der Verlust ihres Gedächtnisses und ihrer Selbstständigkeit die häufigste Antwort. Zudem wurde Demenz als diejenige Krankheit genannt, vor der sie sich am meisten fürchteten. Leider sind diese Ängste nicht unbegründet. Zwar leben Menschen heute länger, doch der Verlust mentaler Funktionen schränkt die Lebensqualität oft stark ein. Der Verlust kognitiver Fähigkeiten ist inzwischen eines der häufigsten Gesundheitsrisiken im fortgeschrittenen Alter.

Der Verlust mentaler Funktionen ist das größte Hindernis für ein unabhängiges, selbstständiges Leben und grenzt ältere Menschen aus der Gesellschaft aus. Kognitive Störungen, die noch nicht hinreichend stark ausgeprägt sind, um von einer Demenz sprechen zu können, sind nicht nur mit dem Risiko verbunden, tatsächlich zur Demenz zu führen, sondern auch mit erhöhten Gesundheitskosten, neuropsychiatrischen Symptomen und Behinderungen.

Beim Thema Gehirngesundheit geht es also nicht nur um Prävention, sondern auch um Optimierung. Wenn man durch entsprechende Lebensweise auf die Gesundheit seines Gehirns achtet, dann reduziert man damit nicht nur das Risiko, später an Demenz zu erkranken, und erhält seine Gedächtnisfunktionen, sondern man optimiert auch die Hirnleistung im Hier und Jetzt und verbessert auf diese Weise die Lebensqualität. Auch wenn bei Ihnen bereits Demenz diagnostiziert wurde oder Sie an Gedächtnisstörungen leiden, werden Ihnen bestimmte Entscheidungen helfen, Ihre Hirnfunktionen zu optimieren.

Alter und Demenz

Menschen unterschiedlichen Alters erbringen unterschiedliche Hirnleistungen, mit höherem Alter nimmt diese Leistung ab – das alles ist reichlich dokumentiert und belegt. Sofern das Gehirn gesund ist, schreibt man diese kognitiven Defizite für gewöhnlich dem Alterungsprozess zu. Die Annahme, der Verlust kognitiver Fähigkeiten sei unausweichlich, kann jedoch hinterfragt werden, wenn man berücksichtigt, dass a) ein signifikanter Anteil älterer Erwachsener keinen solchen Verlust aufweist und b) wir bei den älteren Erwachsenen, die an einem Verlust ihrer kognitiven Fähigkeiten leiden, beachtliche Unterschiede in Bezug auf die Art und Schwere dieser kognitiven Beeinträchtigungen feststellen.

Derzeit leben auf der Welt annähernd fünfzig Millionen Menschen mit Demenz. Diese Zahl wird sich alle zwanzig Jahre verdoppeln und somit im Jahr 2050 bei ungefähr 132 Millionen liegen. Diese Aussichten und das Fehlen eines Heilmittels machen Prävention zu einem Muss. Im Jahr 2018 betrugen die weltweiten Kosten zur Behandlung von Demenz etwa eine Billion US-Dollar. 2030 werden sie auf zwei Billionen steigen. Alle drei Sekunden wird ein Mensch mit Demenz diagnostiziert.

Die gute Nachricht

Meine Mutter war einer dieser Fälle. Ich fühle mit jedem mit, der eine solche Diagnose bekommt, denn ich weiß, wie stark Demenz das Leben des Einzelnen und seiner Angehörigen auf den Kopf stellt. Zum Glück macht die Forschung darüber, wie sich die Risiken für eine Demenzerkrankung reduzieren lassen, schnelle Fortschritte. Indem wir die steuerbaren Risikofaktoren von beginnender und fortschreitender Demenz identifizieren können, haben wir die großartige Gelegenheit, die Zukunft zu verändern – unsere Zukunft und die unserer Kinder und Enkelkinder.

Die Weltgesundheitsorganisation (WHO) priorisiert die Demenzprävention und erkennt inzwischen an, dass ausreichend Beweise vorliegen, um Maßnahmen zur Senkung des Risikos des

Auftretens von Demenz in die Gesundheitspolitik aufzunehmen. **Beinahe die Hälfte aller Alzheimer-Erkrankungen lassen sich auf sieben beeinflussbare Risikofaktoren zurückführen:**

- Körperliche Untätigkeit
- Kognitive Untätigkeit / niedriges Bildungsniveau
- Schlecht oder falsch behandelter Bluthochdruck
- Typ-2-Diabetes
- Fettleibigkeit ab mittlerem Alter
- Rauchen
- Depression

Wenn man berücksichtigt, dass viele dieser Faktoren miteinander zusammenhängen (wie etwa Fettleibigkeit, körperliche Untätigkeit und Diabetes), dann sind etwa dreißig Prozent aller Demenzfälle in Europa, Großbritannien und den USA auf diese sieben Faktoren zurückzuführen.

Wir wissen, Prävention ist ein gerechtfertigter, evidenzbasierter Ansatz, und es ist an der Zeit, sich nicht nur auf die Behandlung und den Umgang mit der Krankheit zu konzentrieren, sondern Demenzprävention und Gehirngesundheit stärker in den Fokus zu rücken. Wenn man nämlich die Häufigkeit dieser sieben Faktoren um lediglich zehn Prozent pro Jahrzehnt reduzieren würde, dann würde sich die Verbreitung von Alzheimer bis 2050 weltweit um 8,3 Prozent reduzieren.

In den Kapiteln 3 bis 8 wird erklärt, warum jeder einzelne der im Plan enthaltenen Faktoren entscheidend für ein gesundes Gehirn ist. Mithilfe der Fragen und Aufgaben in diesen Kapiteln erstellen Sie Ihr persönliches Profil, das Ihnen klar zeigt, wo Ihre Stärken liegen und wo Risiken lauern, sodass Sie anschließend Ihre individuellen Ziele bestimmen können, um die Hürden auf dem Weg zu einem gesunden Gehirn zu überwinden. Die einfachen Tipps in jedem Kapitel helfen Ihnen, Schritt für Schritt einen praktischen Aktionsplan aufzustellen, der dazu dient, Ihre Stärken auszubauen und Ihre Risiken in Bezug auf jeden der genannten Faktoren zu reduzieren.

Wenn Sie den 100-Tage-Plan am Ende dieses Buches abgeschlossen haben, ist ein elementarer Bestandteil Ihres Aktionsplans erfüllt. Wenn Sie täglich mindestens eine Sache für Ihr Gehirn tun, dann ist das der Schlüssel zum Aneignen einer Gewohnheit, die Ihrer Gehirngesundheit zugutekommt. Das schriftliche Festhalten aller Tätigkeiten und Schritte im Rahmen dieses Plans wird Ihnen helfen, am Ball zu bleiben.

Wahrscheinlich machen Sie tagtäglich schon mehrere Dinge, die gut für Ihr Gehirn sind. Diese gesunden Angewohnheiten zu würdigen ist mindestens genauso wichtig – tun Sie das im Rahmen Ihres 100-Tage-Plans und in den sozialen Netzwerken, sofern Sie sich dazu entschieden haben, Freunde und Familie online an Ihrem Weg teilhaben zu lassen.

Am wichtigsten ist es, sich jeden Tag bewusst die Mühe zu machen, etwas für die Gesundheit des Gehirns zu tun.

Die falsche Annahme, Demenz gehöre zum Altwerden dazu, ist noch weit verbreitet. Das Programm in diesem Buch basiert auf wissenschaftlicher Forschung, die zeigt, dass einfache Veränderungen des Alltags und sogar nur ein paar kleine Anpassungen unserer Einstellung die Fitness unseres Gehirns verbessern und den Leistungsabfall unseres Hirns abdämpfen können. Im nächsten Kapitel geht es um die gute Nachricht, dass unser Gehirn robust ist. Lesen Sie weiter und erfahren Sie, wie Sie Reserven aufbauen, um Ihr Gehirn zu stärken.

2

Rücklagen

Wir sind das, was wir wiederholt tun. Vorzüglichkeit ist
daher keine Handlung, sondern eine Gewohnheit.

Aristoteles

Wenn schwere Zeiten auf einen zukommen, dann ist es hilfreich, Rücklagen in petto zu haben. In einer ökonomischen
Rezession überleben Sie dank Ihrer Sparrücklagen diese harte
Zeit. Tiere bauen Energiereserven auf, bevor sie in den Win-
terschlaf verfallen, um die kalte Jahreszeit zu überstehen. Auch
unser Gehirn kann über Reserven verfügen und diese im Falle
von Alterung, Schaden oder Krankheit nutzen. Wenn es darum
geht, dieses Phänomen zu erklären, wird manchmal zwischen
zerebraler Reserve und kognitiver Reserve unterschieden.

Eine Möglichkeit, sich diese doch recht abstrakte Unter-
scheidung besser vorzustellen zu können, besteht darin, die
zerebrale Reserve als Hardware und die kognitive Reserve als
Software zu betrachten. Dass wir ein Leben lang allen möglichen Einflüssen ausgesetzt sind – einschließlich unserer Bildung, unserer Arbeit und unserer Freizeitaktivitäten –, ermöglicht es uns, unsere zerebralen Reserven zu erhalten und
kognitive Reserven aufzubauen. In diesem Forschungsbereich
passiert gerade sehr viel, und das Konzept der Reserve entwi-

ckelt sich immer weiter, je mehr Geheimnisse des Gehirns aufgedeckt werden.

Atrophie bezeichnet den Schwund von Gewebe. Ihr Gehirn kann alle zehn Jahre bis zu zwei Prozent verlieren, und dieser Schwund führt zu einer geringeren Hirnmasse und dem Verlust von Hirnfunktionen. Gehirnschwund oder Hirnatrophie bezeichnet den Verlust von Gehirnzellen und den Verbindungen zwischen den Zellen und kann entweder in einem Teil des Gehirns stattfinden oder im gesamten Gehirn. Das alles klingt ganz schön düster, ist jedoch kein Grund zur Verzweiflung, denn Hirnatrophie hängt mit zahlreichen vermeidbaren, steuerbaren und reversiblen Faktoren zusammen.

Sich eine geistig gesunde Lebensweise anzueignen, nicht zu rauchen, körperlich, sozial und geistig aktiv zu sein, sich zudem gesund zu ernähren, ausreichend zu schlafen und Stress zu reduzieren kann helfen, den Schwund Ihres Gehirns aufzuhalten oder zu verlangsamen. Die kleinen Aufgaben in diesem Kapitel werden am Ende der hundert Tage erneut aufgegriffen, sodass Sie Ihre Ergebnisse vor und nach dem Programm vergleichen können. Wenn Sie weiterlesen, erfahren Sie, wie genau diese Reserven funktionieren, warum Sie sie brauchen und wie Sie sie aufbauen können.

Was dem Gehirn guttut: Was bedeutet Reserve?

Die Annahme, das Gehirn könne im Falle von Krankheit, fortschreitendem Alter und selbst bei Verletzungen widerstandsfähig sein, beruht auf der Beobachtung, dass es keinen direkten Zusammenhang zwischen dem Grad der Erkrankung oder Verletzung und den klinischen Manifestationen der entsprechenden Erkrankung oder Verletzung gibt. Im Grunde genommen haben Mediziner immer wieder Folgendes beobachten können: Die Schwere des Schadens oder der Erkrankung im Gehirn entspricht nicht immer der Schwere der entsprechenden Symptome.

So kann zum Beispiel ein und dieselbe Kopfverletzung bei zwei verschiedenen Patienten zu vollkommen unterschiedlichen kognitiven Beeinträchtigungen und Genesungsverläufen führen. Ebenso kann ein Schlaganfall gleicher Intensität bei dem einen Patienten gravierende Auswirkungen auf die kognitiven Fähigkeiten haben und bei einem anderen Patienten lediglich milde Auswirkungen.

Zudem scheint es, als könnten bestimmte Menschen altersbedingte Veränderungen im Gehirn und sogar Alzheimer-Symptome deutlich besser verkraften als andere, ohne ihre kognitiven Funktionen einzubüßen. In der Einführung habe ich erwähnt, dass bis zu ein Viertel aller Menschen mit einer post mortem festgestellten, für eine Alzheimer-Diagnose hinreichenden pathologischen Veränderung im Gehirn zu Lebzeiten keinerlei kognitive Beeinträchtigungen aufweist. Mit dem Konzept der Reserve erklärt man diese Form der Resilienz oder Widerstandsfähigkeit des Gehirns.

GRUNDLAGEN DES GEHIRNS

Moderne Technologien und der wissenschaftliche Fortschritt erlauben es uns, die inneren Prozesse des Gehirns zu entdecken; so erhalten wir einen ersten Einblick in die wunderbare

Welt dieses erstaunlichen Organs. So viel gäbe es darüber zu sagen, doch für den Moment begnügen wir uns mit dem Wissen, dass das Gehirn ein dynamisches Organ ist, das nicht nur unser Verhalten beeinflusst, sondern auch von unserem Verhalten beeinflusst *wird*.

Wie sich das Gehirn entwickelt hat

Eine Theorie ist, dass sich drei verschiedene Gehirne mit der Zeit zu dem komplexen, vernetzten Organ entwickelt haben, das heute in Ihrem Schädel steckt. Von innen nach außen gehend beinhaltet der Kern – evolutionär gesehen der älteste Teil – den Hirnstamm, der das Gehirn mit dem Rückenmark verbindet. Dieser stielartige Hirnstamm besteht aus Hirnstrukturen, die lebenswichtige Funktionen unseres Körpers steuern, über die wir selbst nicht einmal bewusst nachzudenken brauchen, wie etwa Herzschlag, Blutdruck, Atmung und Verdauung.

Das »zweite Gehirn«, auch bekannt als limbisches System, trat erstmals bei kleinen Säugetieren vor rund 150 Millionen Jahren auf, und man nimmt an, dass es sich entwickelte, um den »Kampf-oder-Flucht-Schaltkreis« in den Griff zu bekommen. In diesem Buch kommen die Hauptbestandteile dieses Systems – Hippocampus und Amygdala – häufig vor, da sie maßgeblich sind für Lernprozesse, Gedächtnis, Gefühle, Stimmungen, Ängste, Stress und unbewusste Entscheidungen, die unser Verhalten stark beeinflussen können.

Der Hippocampus in der Form eines Seepferdchens ist einer der meisterforschten Teile des Gehirns. Er reagiert besonders empfindlich auf durch Alzheimer hervorgerufene Schäden, ist jedoch zugleich das Areal des Gehirns, das zeitlebens neue

Nervenzellen bilden kann (Neurogenese). Die an eine Mandel erinnernde Amygdala am Ende des Hippocampus ist ein wichtiger Teil des limbischen Systems, weil sie eine wichtige Rolle für unser Sozialverhalten und bei der Verarbeitung und Erinnerung emotionaler Reaktionen spielt – insbesondere im Zusammenhang mit Angst.

Das »dritte Gehirn«, der Neokortex, ist – wie der Name andeutet – der Newcomer in der Entwicklung des Gehirns und tauchte erst vor zwei oder drei Millionen Jahren in Primaten auf, als die Gattung Homo entstand. Der Neokortex gehört zur Großhirnrinde[9] und ist verantwortlich für all die übergeordneten Funktionen, die wir mit dem Menschsein assoziieren: komplexe Funktionen wie Sprache und Denken ebenso wie Sinneswahrnehmung und motorische Befehle. Faszinierend am Neokortex ist seine Flexibilität; offenbar verfügt dieser Teil des Gehirns über die Fähigkeit, permanent zu lernen.

Hirnwindungen

Das Gehirn besteht aus der linken und der rechten Gehirnhälfte. Die Wölbungen und Furchen, die der äußeren Hirnrinde ihr verschlungenes, zerfurchtes Aussehen verleihen, sind ein Paradebeispiel für Ikea-mäßige Platzersparnis, was ermöglicht, dass mehr Gehirn in Ihrem Schädel Platz hat. *Das menschliche Gehirn würde einen Quadratmeter einnehmen, wenn man all die Falten ausbügeln und es flach auf den Wohnzimmerboden legen würde.*

Die menschliche Kognition ist komplex. Um die kognitiven Funktionsweisen besser zu verstehen, sprechen wir von sechs elementaren neurokognitiven Bereichen. Diese sind: Lernen und Erinnern, exekutive Funktionen, komplexe Aufmerksamkeit, soziale Kognition, Sprache und perzeptiv-motorische Funktion.

Geht es um diese kognitiven Leistungen, so teilt – vereinfacht gesagt – das Gehirn die Arbeit auf verschiedene Bereiche dieser zerknitterten Großhirnrinde auf. Wissenschaftler unterteilen Letztere in Lappen, also in anatomische Areale, die mit bestimmten Prozessen verbunden werden. Diese vier Lappen sind keine eigenständigen Organe, sondern interagieren miteinander und mit dem Rest des Gehirns. Jeder Lappen ist auf Informationen anderer Hirnteile und auf Informationen von der Außenwelt angewiesen, um uns zu dem Menschen zu machen, der wir sind.

Die Frontallappen (oder Stirnlappen), die sich direkt hinter der Stirn befinden, übernehmen exekutive Funktionen, mithilfe derer wir Informationen aus anderen Hirnarealen und unserer Umwelt aufnehmen können, sodass wir in der Lage sind, etwas zu planen, kritisch zu denken, Problemlösungen zu finden, aufmerksam zu sein, Entscheidungen zu treffen, Impulse zu kontrollieren und die Konsequenzen unseres Verhaltens zu verstehen und zu antizipieren.

Die Scheitellappen (Parietallappen) liegen hinter den Frontallappen. Sie verarbeiten Informationen, die von den verschiedenen Sinnesorganen kommen, und verknüpfen sie mit den Erinnerungen und den jeweiligen Bedeutungen.

Die Hinterhauptslappen (Okzipitallappen) befinden sich im Hinterkopf, hinter den Scheitellappen, direkt über dem Kleinhirn, das einem Tennisball ähnelt und oberhalb des Nackens liegt. Die Okzipitallappen sind buchstäblich die Augen an unserem Hinterkopf, denn sie sind der Teil des Gehirns, der visuelle Informationen verarbeitet.

Die Schläfenlappen (Temporallappen), die seitlich entlang des Kopfes verlaufen, verarbeiten Geräusche. Sie nehmen Laute wahr, ordnen diesen Bedeutungen zu, sie erinnern sich an Geräusche und dekodieren akustische Informationen (dazu zählt auch das Unterscheiden von Lautstärken und Frequenzen). Zudem sind sie für das Verstehen von Sprache verantwortlich sowie für das aktive Sprechen.

Während die Lappen jedes Menschen eine ähnliche Grundstruktur haben, sorgt unser ganz persönlicher Lebensstil dafür, dass unsere Lappen einzigartig sind, denn die Erfahrungen, die wir machen, formen unser Gehirn fortlaufend.

»Sprechende« Zellen

Unser Gehirn besteht aus Milliarden von vernetzten Zellen, die miteinander »sprechen«, damit wir die Sonne auf dem Gesicht spüren, mit Freunden quatschen, unseren Urlaub planen, Angst vor Prüfungen haben können, damit wir lernen können, wie wir unser neues Smartphone benutzen, uns daran erinnern, wo wir geparkt haben, damit wir entscheiden können, was wir heute anziehen oder über Politik, Philosophie oder einen Nudeltopf nachdenken können.

Rund 86 Milliarden Neuronen bilden laut der brasilianischen Neurowissenschaftlerin Suzana Herculano-Houzel das Gehirn. Sie benutzte eine clevere Methode, die das Kochen einer »Hirn-Suppe« beinhaltete, um diese Neuronen zu zählen. Jedes einzelne dieser Neuronen stellt im Schnitt sieben- bis zehntausend Verbindungen zu anderen Neuronen her, was bedeutet, dass es im Gehirn so viele neuronale Verbindungen wie Sterne in der Milchstraße gibt.

Neuronen, auch Nervenzellen genannt, sind die grundlegenden Arbeitseinheiten des Gehirns. Ihre Hauptaufgabe besteht darin, Informationen weiterzugeben. Die Kommunikation zwischen diesen Nervenzellen bildet somit die Grundlage aller Hirnfunktionen. Jedes Mal, wenn wir uns bewegen, den Wind auf unserer Haut spüren, eine Stimme hören oder uns an etwas erinnern, wird diese Information mittels eines elektrochemischen Prozesses über die Nervenzellen weitergeleitet.

Neuronen verfügen über charakteristische Zellfortsätze, die aus dem Zellkörper hervorgehen. Diese verästelten Strukturen, die Dendriten, nehmen wie Antennen Informationen auf und leiten sie zum Zellkörper weiter, der als eine Art Einsatzzentrale fungiert. Kabelartige Fortsätze, die Axone, leiten die Informationen von der Zentrale weiter zu anderen Neuronen im Gehirn und zu anderen Zelltypen im Körper.

Im Zellkörper werden alle eingehenden Signale zusammengefasst und dort, wo die Zelle auf das Axon trifft, ein Antwortsignal generiert. Dieses elektrische Signal wird über das Axon zu den Axonenden weitergeleitet, wo es in ein chemisches Signal umgewandelt wird. Die Stelle, an der das Axon einer Nervenzelle auf die Dendriten einer anderen Nervenzelle trifft, nennt man Synapse. Eine Synapse ist eine physische Lücke (synaptischer Spalt) zwischen Neuronen, wo die Information eines Neurons an ein anderes übergeben wird. Synapsen entsenden chemische Botenstoffe, sogenannte Neurotransmitter. Ein Mensch hat zwischen hundert und fünfhundert Billionen Synapsen.

Pfade

Der Weg, den eine Informationseinheit durch die Neuronen im Gehirn zurücklegt, wird Pfad genannt, und je öfter man einen solchen Pfad gebraucht, desto ausgeprägter wird er. Wie bei einem Trampelpfad über ein Feld oder durch einen Wald. Wenn wir etwas Neues lernen – eine neue Sportart, einen neuen Weg zur Arbeit gehen, eine neue Sprache erlernen oder uns vornehmen, auf kalorienreiche Desserts zu verzichten –, dann kann das anfangs eine große Herausforderung darstellen. Wiederholen wir aber diese Aufgaben, so verstärken und verknüpfen wir die Pfade in unserem Gehirn, und mit der Zeit werden neue Aufgaben zu Selbstverständlichkeiten. Denken Sie daran, wenn Sie versuchen, sich neue Gewohnheiten für Ihre geistige Gesundheit anzueignen.

Neben Neuronen besteht das Gehirn aus Milliarden Gliazellen, die für eine gesunde Funktionsweise des Gehirns entscheidend sind. Wenn man die Neuronen als Informationsautobahnen ansieht, dann sind Gliazellen die Bauarbeiter – die reparieren, schützen und andere Dienste leisten. Sie sorgen dafür, dass das elektrochemische Neuronenspektakel rund um die Uhr funktioniert. Neuronen müssen nämlich sehr schnell Impulse aussenden. Gliazellen helfen ihnen dabei, indem sie sich um das Axon legen und so eine isolierende Hülle bilden (wie bei handelsüblichen Elektrokabeln in Ihrem Alltag). Diese Hülle, die aus einer weißen, fettigen Substanz namens Myelin besteht (auch Myelinhülle genannt), beschleunigt das Weiterleiten der neuralen Impulse.

Die Bereiche des Gehirns, die mit Myelin umhüllte Nervenfasern enthalten, werden allgemein als »weiße Substanz« bezeichnet, aufgrund der weißen Farbe des Myelins. In Gegensatz dazu bezeichnet man mit »grauer Substanz« die neuralen Zellkörper, Dendriten und Axonenden.

RESERVE

Im Grunde benutzt man den Begriff »Reserve«, um die Diskrepanz zwischen der Schwere des Hirnschadens oder der Hirnerkrankung und den klinischen Auswirkungen dieses Schadens oder dieser Erkrankung zu erklären, inklusive der Auswirkungen auf die kognitiven Leistungen.

Gehirnreserve

»Gehirnreserve« beschreibt die vorhandenen Strukturen: graue Substanz, weiße Substanz und die Dicke der Hirnrinde. Damit bezeichnet man den tatsächlichen Unterschied im Hirn selbst, mit dessen Hilfe sich erklären lässt, warum ein Mensch gewissen Schäden und Verletzungen gegenüber resistenter ist als ein anderer.

Auf die Größe kommt es an

Nehmen wir als Beispiel zwei Frauen, Mary und Jane. Beide haben die gleiche Menge Plaques und Fibrillen in ihrem Gehirn, aber die Gehirne sind unterschiedlich groß. Mary verfügt über mehr Neuronen, eine höhere Synapsendichte und ein größeres Gehirn als Jane. Das bedeutet, Mary verfügt über mehr gesundes Gehirn als Jane. Mary wird also im Vergleich zu Jane resistenter gegenüber den Effekten derselben pathologischen Veränderungen sein. Denn nicht die Menge der erkrankten Hirnmasse ist entscheidend für die Unterschiede der kognitiven Leistungen zweier Menschen, sondern die Menge an gesunder Hirnmasse.

Vergleicht man die unterschiedlichen kognitiven Leistungsniveaus von Menschen, so stellt man fest, dass diese Unterschiede mit der Größe des Gehirns des Einzelnen zusammen-hängen und nicht mit der Menge der erkrankten Gehirnmasse. Einfach gesagt: Die Größe des Gehirns entscheidet.

Ein Mensch zeigt beispielsweise keinerlei Beeinträchtigun-gen in seiner kognitiven Leistungsfähigkeit, weil er mehr Neu-ronen und Synapsen hat, auf die er verzichten kann, bevor die kritische Grenze erreicht ist und klinische Symptome auftre-ten. Schreitet die Krankheit weiter fort, nimmt die erkrankte Hirnmasse zu, während die gesunde Hirnmasse schrumpft, bis irgendwann ein bestimmter Punkt erreicht ist, an dem das ge-sunde Gehirn die gewohnte kognitive Leistungsfähigkeit nicht mehr aufrechterhalten kann.

Gehirnreserve bedeutet folglich, dass die strukturellen Eigen-schaften des Gehirns Widerstandsfähigkeit gegenüber Atrophie oder Schwund aufgrund von Alterung oder Krankheit bieten. Je größer das Gehirn eines Erwachsenen ist, desto länger kann es die Auswirkungen von solchen Schäden oder Erkrankungen kompensieren und die Leistungsfähigkeit aufrechterhalten.

Das Gehirn fit halten

Zu jedem beliebigen Zeitpunkt in unserem Leben verfügen wir über eine bestimmte Menge Gehirnreserve, und je höher diese ist, desto besser sind wir gegen Veränderungen im Gehirn auf-grund von Alterung, Verletzung oder Krankheit gewappnet. Früher nahm man an, dass es kein Zurück mehr gebe, sobald diese Reserven erschöpft sind, dass sie für immer verloren seien und man unter klinischen Symptomen oder Ausfällen leiden müsste – genauso wie man auch annahm, dass man im Erwachsenenalter eine bestimmte Anzahl an Neuronen besitzt und diese im Alter nach und nach verliert.

Doch inzwischen wissen wir: Gehirnreserven stellen sich deutlich komplexer dar. Unser Gehirn verändert sich mit den Erfahrungen, die wir zeitlebens machen. Ein stimulierendes Umfeld kann zum Wachstum neuer Neuronen führen. Der Wachstumsfaktor BDNF (*Brain-derived Neurotrophic Factor*) ist ein Molekül[10], das für die Neuroplastizität eine entscheidende Rolle spielt, die Funktion der Neuronen verbessert, Zellen vor Stress sowie Zellsterben schützt und das Wachstum neuer Neuronen stimuliert, so wie Dünger Pflanzen dazu stimuliert, besser zu wachsen. BDNF ist elementar für Lernprozesse, und die gute Nachricht ist: Körperliche Aktivität steht in Verbindung mit einer erhöhten BDNF-Konzentration und einer verbesserten kognitiven Leistungsfähigkeit. Ein stimulierendes Umfeld kann ebenfalls die Konzentration von BDNF erhöhen und so die Neuroplastizität fördern.

Nach den neuesten Erkenntnissen nimmt man an, dass es möglich ist, die eigene Gehirnreserve zu bewahren. Ihr Gehirn schrumpft, wenn Sie älter werden, aber Sie können dem entgegenwirken, indem Sie Aktivitäten in Ihren Alltag einbauen, die Neurogenese und Neuroplastizität fördern.

Denken Sie einmal kurz an all die Menschen im Ruhestand, die Sie in Ihrem Leben kennengelernt haben. Ich würde tippen, dass einer von zehn Rentnern über fünfundsechzig Jahren Alzheimer bekommen hat, während ein oder zwei dieser zehn auch im Alter noch einen unglaublich scharfen Verstand haben und geistig fit geblieben sind. Die übrigen Rentner liegen irgendwo zwischen diesen zwei Extremen, sie brauchen etwas länger, um Informationen zu verarbeiten, haben vielleicht Probleme, sich an neu Erlebtes zu erinnern, aber können einen noch immer mit unterhaltsamen Geschichten aus ihrer Jugend erfreuen. Wahrscheinlich haben Sie diese Geschichten schon so oft gehört, dass Sie sie inzwischen selbst auswendig können. Die Wahrheit ist: Zwar bauen viele Menschen im Alter geistig ab, doch gibt es in Bezug auf die Art oder Schwere der kognitiven Beeinträchtigungen, die Menschen widerfahren, keine konsistenten Muster.

Ein relativer Mangel an pathologischen Veränderungen im Gehirn spielt im Hinblick auf die Diversität der kognitiven Leistungsfähigkeit die größte Rolle. Natürlich gilt: Je weniger pathologische Veränderungen, desto besser. Aber offenbar können verschiedene Faktoren Ihres Lebensstils dazu beitragen, die Auswirkungen von krankheitsbedingten pathologischen Veränderungen und das Einsetzen von altersbedingten Veränderungen im Gehirn einzudämmen.

Die Instandhaltung Ihres Gehirns stärkt Ihre aktuellen Gehirnreserven. Bestimmte Aktivitäten – zum Beispiel mentale Stimulation (Kapitel 5) oder körperliche Betätigung (Kapitel 7) – stehen im Zusammenhang mit Veränderungen im Gehirn. Eine höhere kognitive Aktivität kann helfen, das Volumen des Gehirns insgesamt und insbesondere das des Hippocampus zu erhalten; Letzterer ist der Teil des Gehirns, der für Gedächtnisleistungen und Lernen verantwortlich ist. Einige Menschen kümmern sich um ihr Gehirn (und die Reserven) erfolgreicher als andere, und das kann an Unterschieden in Bezug auf bestimmte Lebenserfahrungen wie Bildung, Beruf und Job und Freizeitaktivitäten liegen. Denn letzten Endes ist das Gehirn ein plastisches Organ – was einfach gesagt bedeutet: Es kann sich durch Erfahrungen und durch das Erlernen neuer Dinge ständig verändern.

Kognitive Reserve

Mit kognitiver Reserve bezeichnet man die Plastizität oder Flexibilität kognitiver Netzwerke, wenn das Gehirn durch Alterung, Verletzung oder Krankheit in irgendeiner Weise Schaden nimmt. Nehmen wir als Beispiel Ben und Kim, die über
dieselbe Menge an Hardware (Gehirnreserve) verfügen. Ben
kann altersbedingte Veränderungen im Gehirn besser kompensieren, weil die Fähigkeit seiner Software (kognitive Reserve)
anders als die von Kim beschaffen ist. Denn diese kognitive
Reserve ermöglicht es seinem Gehirn, mit den Störungen fer-
tigzuwerden oder sie gar zu kompensieren.

Bei der kognitiven Reserve geht es also vielmehr darum, wie
das Gehirn arbeitet oder funktioniert, und nicht darum, wie
unterschiedlich groß das Gehirn verschiedener Menschen ist
und wie dieser Größenunterschied die Diskrepanz zwischen
pathologischen Veränderungen sowie anderen Arten von Veränderungen im Gehirn und dem Auftreten klinischer Symptome einer Krankheit oder Gehirnveränderung erklären kann.
**Im Kontext von Alzheimer bezeichnet die kognitive Reserve
die Fähigkeit eines erwachsenen Gehirns, mit den durch
Alzheimer ausgelösten pathologischen Veränderungen zurechtzukommen, ohne Demenzsymptome in der Stärke zu
entwickeln, die bei einem Menschen mit einer niedrigeren
kognitiven Reserve ausreichen würde, klinische Demenz her-
vorzurufen.**

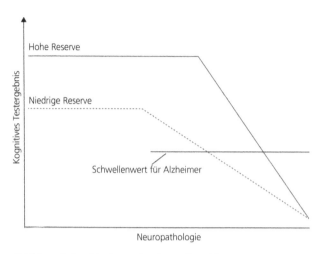

Abbildung 1: Kognitive Reserve im Alter und bei Alzheimer.

Diese Grafik veranschaulicht, wie sich die kognitive Leistungsfähigkeit zweier Menschen mit der Zeit verändern kann. Eine Testperson verfügt über eine hohe, die andere über eine niedrige Reserve. Bevor sich irgendwelche Veränderungen erkennen lassen, setzen die Alzheimer-bedingten Veränderungen im Gehirn beider Testpersonen ein. Ab einem gewissen Punkt sind die pathologischen Veränderungen so stark, dass sie die kognitive Fähigkeit beeinträchtigen. Diese Beeinträchtigungen können mithilfe von kognitiven Tests gemessen werden. Der Punkt, an dem die Leistungsfähigkeit abnimmt, wird bei der Person mit der höheren Reserve später erreicht als bei der Person mit der niedrigeren Reserve. Denn Erstere kann mit stärkeren pathologischen Veränderungen umgehen, bevor die kognitive Leistungsfähigkeit betroffen ist. Irgendwann gibt es einen Punkt, an dem beide Personen die gleiche Leistungsfähigkeit zeigen, doch dieser wird für die Person mit der höheren Reserve erst viel später im Krankheitsverlauf erreicht sein.

Sobald die Person mit der höheren Reserve an Beeinträchtigungen zu leiden beginnt, verläuft dieser Verfall deutlich schneller. Dieses Modell zeigt die Verläufe des krankheitsbedingten Verfalls, die man häufig bei Menschen mit Alzheimer sieht.

Resistenz

Eine wichtige Annahme, die der Idee der kognitiven Reserve zugrunde liegt, ist, dass sich Alzheimer langsam entwickelt, sodass pathologische Veränderungen bereits im Gehirn stattfinden, Jahre bevor die Krankheit klinisch diagnostiziert wird. Menschen mit einer höheren kognitiven Reserve sind diesen pathologischen Veränderungen gegenüber resistenter als Menschen mit einer niedrigen kognitiven Reserve, bevor sich Symptome bemerkbar machen, sodass die klinisch diagnostizierte Demenz bei Ersteren deutlich später einsetzt.

Doch Sie werden sich an mein Beispiel mit Peter und Jake (Seite 12) erinnern, das zeigt: Sobald Menschen mit einer höheren kognitiven Reserve kognitive Veränderungen zeigen, verschlechtern sich ihre Demenzsymptome meistens deutlich schneller. Im Grunde liegt das daran, dass diese Symptome erst so viel später im Krankheitsverlauf auftreten. Der äußerlich erkennbare kognitive Verfall setzt ein, wenn die pathologischen Veränderungen im Gehirn schon deutlich weiter fortgeschritten sind, sodass diesen Menschen weniger Zeit bleibt zwischen dem Einsetzen klinischer Symptome und dem Punkt, an dem die pathologischen Veränderungen die Funktionsweise des Gehirns massiv beeinträchtigen.

Das Gute daran ist: Betrachtet man die gesamte Zeitdauer, in der es durch Alzheimer verursachte pathologische Veränderungen in ihrem Gehirn gibt, so bleibt festzustellen, dass ihnen über einen größeren Anteil der Zeit ihre kognitiven Fähigkeiten erhalten bleiben und die Krankheit nur während eines relativ kurzen Teils ihres Lebens die Funktionsweisen des Gehirns zerstört.

Neurale Reserve und neurale Kompensation

Die kognitive Reserve hat zwei Aspekte: neurale Reserve und neurale Kompensation.

Vergleicht man zwei Menschen mit normalen, gesunden Gehirnen, dann läuft die kognitive Verarbeitung in beiden Gehirnen nicht identisch ab. Die neurale Reserve beschreibt den Unterschied der kognitiven Verarbeitung.

Die neurale Kompensation hingegen bezieht sich auf Veränderungen in der kognitiven Verarbeitung, die auftreten, sobald das Gehirn mit pathologischen Schäden fertigwerden muss oder mit anderen Arten zerebraler Veränderung oder auch dann, wenn Aufgaben uns auf einmal viel schwerer fallen.

Die neurale Reserve bildet die Unterschiede in den Netzwerken des Gehirns ab, die der kognitiven Leistungsfähigkeit zugrunde liegen. Bemühen wir erneut die Software-Analogie, so kann es vorkommen, dass ein Mensch, dessen neuronale Netzwerke effizienter und flexibler sind oder über eine größere Kapazität verfügen, besser damit zurechtkommt, wenn das System durch Krankheit gestört wird.

Je nach Aufgabe, die es zu erledigen gilt, je nach persönlichen Erfahrungen kann die neuronale Verarbeitung einer Aufgabe bei einer Person weniger effizient als bei einer anderen ablaufen. Sind etwa beide Personen an Demenz erkrankt, so kann die höhere Effizienz der Netzwerke von Person A dazu führen, dass die Aufgabe dennoch ausgeführt werden kann (zum Beispiel ein bestimmtes Wort zu finden), während die weniger effiziente Verarbeitung von Person B bedeutet, dass deren Netzwerke aufgrund der Erkrankung nicht mehr in der Lage sind, diese Aufgabe auszuführen und so Ausfallerscheinungen auftreten (das besagte Wort fällt einem nicht mehr ein).

Die neurale Kompensation zeigt die Unterschiede in den Fähigkeiten jedes Einzelnen auf, alternative Netzwerke im Gehirn zu gebrauchen, wenn die Standardnetzwerke durch Krankheit, Verletzungen oder Alterungsprozess gestört wurden. Wird nämlich das Gehirn herausgefordert oder die Integrität des Gehirns durch Krankheit gefährdet, dann versucht das Gehirn aktiv, seinen Job zu machen (statt nichts zu tun), und wird mit diesem Schaden fertig, indem es neuronale Netzwerke aktiviert und Hirnstrukturen benutzt, die normalerweise von Menschen mit einem gesunden Gehirn für eine bestimmte Aufgabe gerade nicht gebraucht werden.

Arbeit und Demenz

In der Anfangszeit der Erforschung der Reserve fanden Wissenschaftler heraus, dass Menschen mit weniger als acht Jahren Schulbildung mehr als doppelt so anfällig für eine Demenzerkrankung sind wie Menschen mit einer längeren Schulbildung. Sie fragten sich, ob mental anspruchsvolle Berufe sich ebenfalls positiv auf das Aufbauen von Reserven auswirken. Sie teilten die Teilnehmer der entsprechenden Studie in Gruppen ein: in geringer qualifizierte Berufe (ungelernt/angelernt, Facharbeiter/Handwerker, Büroangestellte) und hochqualifizierte Berufe (Manager/höhere Verwaltung und Experten/Techniker).

Die Studie zeigte: Menschen mit geringer qualifizierten Berufen waren mehr als doppelt so anfällig für Demenz wie solche mit hochqualifizierten Berufen.

Freizeit und Demenz

Im nächsten Schritt widmeten sich die Wissenschaftler den Freizeitaktivitäten, da auch hier viele mental stimulierend wirken können. So wollten die Wissenschaftler herausfinden, ob Freizeitbeschäftigungen Reserven gegen das Auftreten von Alzheimer-Pathologien wie klinische Demenz aufbauen können. Dazu befragten sie eine andere Gruppe älterer Erwachsener, bei denen nicht Alzheimer diagnostiziert worden war, ob sie im vorangegangenen Monat eine der folgenden dreizehn Aktivitäten ausgeübt hatten:

- Stricken, Musik oder ein anderes Hobby
- Spazierengehen aus Muße oder im Rahmen eines Ausflugs
- Freunde oder Verwandte besuchen
- Besuch von Freunden oder Verwandten empfangen
- Körperliche Betätigung
- Besuch von Kino, Restaurant oder Sportveranstaltungen
- Zeitschriften, Zeitungen oder Bücher lesen
- Fernsehen schauen oder Radio hören
- Ehrenamtlich arbeiten
- Karten, Brettspiele oder Bingo spielen
- In einen Verein oder ein Gemeinschaftszentrum gehen
- An einem Kurs teilnehmen
- In die Kirche, Synagoge oder in ein anderes Gotteshaus gehen

Nachdem die Teilnehmer in solche mit wenigen (weniger als sechs) und solche mit vielen (mehr als sechs) Freizeitaktivitäten unterteilt worden waren, fanden die Wissenschaftler heraus, dass die Teilnehmer, die in ihrer Freizeit aktiv waren, weniger anfällig für Demenz waren. Basierend auf den Erkenntnissen aus über zwanzig Studien, die sich mit den Auswirkungen von Bildung, Freizeitbeschäftigung und mental stimulierenden Aktivitäten auf die Wahrscheinlichkeit einer Demenzerkrankung beschäftigten, wird geschätzt, dass die durch diese Aktivitäten aufgebaute kognitive Reserve und ihre schützende Wirkung das Risiko, Demenzsymptome zu entwickeln, um 46 Prozent senkten.

> **Kurz und gut:** Üben Sie Aktivitäten aus, die stimulierend sind, denn so erhalten Sie Ihre Gehirnreserve und erhöhen Ihre kognitive Reserve. Regelmäßige Gewohnheiten, die zur Gehirngesundheit beitragen, lösen schnell alte Verhaltensmuster ab.

Was dem Gehirn schadet: Was passiert in unserem Gehirn, wenn wir älter werden?

Im Alter nimmt die Größe des Gehirns insgesamt ab. Die Moleküle, Zellen und Blutgefäße im Gehirn können sich ebenfalls verändern und unsere kognitive Leistungsfähigkeit beeinflussen. Das gesamte Gehirn schrumpft mit der Zeit (Hirnatrophie). Dies geschieht zudem von innen nach außen, denn die Hirnventrikel[11] weiten sich. In manchen Teilen des Gehirns gehen Neuronen verloren, Dendriten und Axonen verfallen, und die Konzentration von Neurotransmittern (chemischen Botenstoffen) nimmt ab.

In bestimmten Hirnregionen sinken der Blutfluss und der Energieumsatz (die Stoffwechselrate). Alterung geht häufig einher mit dem Auftreten anormaler Cluster aus verklumpten Proteinen in der grauen Substanz, den sogenannten Plaques, sowie verdrillten Tau-Proteinen, genannt Fibrillen. Diese Plaques treten im Rahmen der normalen Alterung in den Frontal- und Temporallappen auf, im Falle einer Alzheimer-Erkrankung jedoch vor allem im Hippocampus und dem Locus caeruleus[12], beides Hirnteile, die für Gedächtnisleistung und Lernen eine wichtige Rolle spielen.

Unser Gehirn schrumpft

Die Abnahme des Gehirnvolumens setzt früh im Leben ein und schreitet graduell im Erwachsenenalter fort. Wenn wir dreißig werden, ist unser Gehirn schon maßgeblich geschrumpft. Ein Großteil der Verminderung des allgemeinen Gehirnvolumens zeitlebens erfolgt, weil das Volumen der grauen Substanz geringer wird.

Volumen

Während unseres Erwachsenenlebens verlieren wir jährlich rund 0,2 Prozent Hirnvolumen. Erst in der Spätphase erhöht sich diese Rate auf knapp 0,5 Prozent pro Jahr. Bei Alzheimer-Patienten ist diese Rate doppelt so hoch im Vergleich zu gleichaltrigen Menschen, die nicht mit Alzheimer diagnostiziert wurden.

Im Schnitt können wir zwischen dem dreißigsten und neunzigsten Lebensjahr damit rechnen, ein Drittel des Hippocampus zu verlieren, ein Viertel der weißen Hirnsubstanz und vierzehn Prozent der Hirnrinde. Atrophie findet nicht im gesamten Hirn im gleichen Maße statt: Während unsere Temporal-, Parietal- und Okzipitallappen um etwa ein Prozent schrumpfen, trifft es unseren präfrontalen Kortex[13] besonders hart – er verliert 22 Prozent seines Volumens allein zwischen der fünften und siebten Lebensdekade und hat ganze 43 Prozent in Bezug auf seine Maximalausdehnung verloren, wenn wir mit fünfundsechzig in Rente gehen.

Weiße Substanz

Wir wissen zwar, dass sich die weiße Substanz mit dem Alter verändert, kennen aber nicht die genauen Gründe dafür. Womöglich hängen sie mit der altersbedingten Verlangsamung der Verarbeitung von Informationen im Gehirn zusammen. Schlechte exekutive Funktion und mäßige Sprachkompetenz stehen nämlich im Zusammenhang mit dem Verfall der Bahnen weißer Substanz im alternden Gehirn, insbesondere in den frontalen Hirnbereichen.

Sind Ihre exekutiven Funktionen betroffen, so haben Sie gegebenenfalls Probleme mit Zeiteinteilung, Konzentration, mit dem Behalten von Details, der Fähigkeit zu Aufmerksamkeit oder damit, sich mit Äußerungen zurückzuhalten. Die Sprachkompetenz ist eine kognitive Funktion, die von der exekutiven Kontrolle abhängt und bei der es um das Abrufen von Informationen aus dem Gedächtnis geht.

Aufgabe: Sprachkompetenz

Für diese Aufgabe benötigen Sie einen Wecker und ein Aufnah-megerät* (zum Beispiel die Diktiergerät-App auf Ihrem Smart-phone). Stellen Sie den Wecker auf genau eine Minute und nehmen Sie auf, wie viele Tiere Sie innerhalb dieser Minute aufzählen können.

Ihr Ergebnis ist die Gesamtzahl der korrekt genannten Tiere. Dabei zählen auch ausgestorbene Tiere, Fantasietiere oder Fa-belwesen, jedoch nicht Eigennamen wie »Bello« oder »Mieze«. Falsche Wörter, Varianten und Wiederholungen zählen ebenso wenig.

Hören Sie die Aufnahme erneut an und halten Sie Ihr Er-gebnis fest: _____

Was Ihr Ergebnis bedeutet
Alter und Bildungsstatus beeinflussen das Ergebnis dieser Auf-gabe. Die Durchschnittsergebnisse sind:

Alter: 16 bis 59 Jahre:
9 bis 12 Jahre Bildung: 20
13 bis 21 Jahre Bildung: 22

Alter: 60 bis 79 Jahre:
0 bis 8 Jahre Bildung: 14
9 bis 12 Jahre Bildung: 16
13 bis 21 Jahre Bildung: 18

---

* Wenn Sie kein Aufnahmegerät oder eine entsprechende App haben, bitten Sie einen Freund, die von Ihnen korrekt genannten Tiernamen zu zählen.

Alter: 80 bis 95 Jahre:
   0 bis 8 Jahre Bildung: 13
   9 bis 12 Jahre Bildung: 14
   13 bis 21 Jahre Bildung: 16.

Die oben genannten Ergebnisse geben Ihnen einen Anhalts-punkt, ob Sie oberhalb, unterhalb oder innerhalb des Durch-schnitts Ihrer Altersgruppe liegen.

Atrophie und Lebensstil

Wenn es um Neuronen und Synapsen geht, findet auch hier der Schwund selektiv statt, also nur in bestimmten, nicht allen Hirnregionen. Allgemein gesagt: In einem normal alternden Gehirn schwinden Neuronen der Hirnrinde im frontalen und temporalen Bereich, in den Hippocampi (davon haben Sie zwei, einen Hippocampus pro Gehirnhälfte), im Hirnstamm und im Locus caeruleus. Diese strukturellen Veränderungen beeinträchtigen die Vernetzungen innerhalb des Gehirns und die Reaktionsfähigkeit.

Untersuchungen an Tieren haben ergeben, dass die zellu-läre Basis für Lernen und Erinnern schwieriger zu erreichen ist, wenn die Tiere bereits älter sind. Natürlich klingt dieser altersbedingte Hirnschwund etwas düster, doch je mehr wir über das alternde Gehirn lernen, desto deutlicher verstehen wir, dass trotz des fortschreitenden Hirnschwunds die zere-brale Atrophie durch Veränderungen im Lebensstil gehemmt oder sogar aufgehoben werden kann. Das passt perfekt mit der Erkenntnis zusammen, dass Atrophie durch Herz-Kreislauf-Erkrankungen, Übergewicht, Schlafmangel und Stress bedingt ist.

Langsamer, aber genau

Auch im Alter kann das Gehirn noch relativ gesund sein und gut funktionieren. Tatsächlich sind Erkrankungen der häufigste Grund für die Verschlechterung der Hirnleistungen. Sofern keine Gehirnerkrankungen vorliegen, verarbeitet das Gehirn im Alter Informationen lediglich etwas langsamer, und das Bilden neuer Erinnerungen von erst kurz zurückliegenden Ereignissen fällt vielen Menschen schwerer. Doch auch im Alter ist es vielmehr häufig so, dass viele Situationen, die wir dem Gedächtnisausfall zuschreiben – etwa wenn wir vergessen, wo wir unsere Schlüssel hingelegt haben –, in Wirklichkeit auf mangelnde Aufmerksamkeit zurückzuführen sind und nichts mit tatsächlichen Gedächtnislücken zu tun haben. Wenn Sie sich nicht darauf konzentrieren, wo Sie etwas hinlegen, dann kann Ihr Gedächtnis dieses Ereignis auch nicht als solches abspeichern, und es ist nun einmal überaus schwer, eine Erinnerung abzurufen, die niemals abgespeichert wurde.

Aufgabe: Gedächtnis, Gesundheit und Wohlbefinden

Für diese Aufgabe benötigen Sie Stift und Papier. Lesen Sie die folgende Liste etwa dreißig Sekunden lang und konzentrieren Sie sich dabei nur jeweils einige Sekunden auf jedes einzelne Wort.

1 a. Merken Sie sich diese Wörter:

Katze	Klavier	Karotte	Tisch
Fenster	Brot	Sommer	Hut
Gras	Lieferwagen	Telefon	Nagel

1 b. Schließen Sie jetzt das Buch und schreiben Sie alle Wörter auf, die Sie sich gemerkt haben.

Ihr Ergebnis ist die Gesamtanzahl der korrekt gemerkten Wörter.

Ihr Ergebnis: _____

Was Ihr Ergebnis bedeutet

Im Durchschnitt kann das Kurzzeitgedächtnis sieben Informationseinheiten speichern, plus/minus zwei. Das heißt, wenn Sie zwischen fünf und neun Wörter korrekt behalten haben, dann funktioniert Ihr Kurzzeitgedächtnis normal. Wenn Sie mehr als neun oder weniger als fünf Wörter behalten haben, dann liegt Ihre Leistungsfähigkeit über beziehungsweise unter dem Durchschnitt.

2. Wie würden Sie Ihren allgemeinen Gesundheitszustand derzeit beschreiben?

☐ Hervorragend
☐ Sehr gut
☐ Gut
☐ In Ordnung
☐ Schlecht

3. Wie würden Sie Ihr allgemeines Wohlbefinden derzeit beschreiben?

☐ Hervorragend
☐ Sehr gut
☐ Gut
☐ In Ordnung
☐ Schlecht

4. Wie würden Sie Ihr Tagesgedächtnis derzeit beschreiben?

☐ Hervorragend
☐ Sehr gut
☐ Gut
☐ In Ordnung
☐ Schlecht

Die altersbedingten Auswirkungen auf die kognitiven Leistungen des Gehirns führen dazu, dass es uns mehr Mühe kostet, uns daran zu erinnern, was wir zum Beispiel im Supermarkt einkaufen wollten, Informationen zu verarbeiten und auf sie zu reagieren und Problemlösungen zu finden. Das benötigt zwar mehr Zeit und Mühe, aber zum Trost bleibt die Genauigkeit, mit der unser Gehirn arbeitet, die gleiche. Man kann die Einbußen außerdem durch verstärktes Trainieren ausgleichen. Unser Wortschatz bleibt erhalten, ebenso wie viele der Fähigkeiten, derer wir uns über lange Zeit immer wieder bedient haben, und dafür ist die Verarbeitungsgeschwindigkeit unerheblich. Die gute Nachricht lautet: Einige kognitive Fähigkeiten, wie Wissen und Klugheit, werden im Alter sogar besser.

Fluide und kristalline Intelligenz

Manchmal wird zwischen fluider und kristalliner Intelligenz oder fluidem und kristallinem Denken unterschieden. Kristalline Intelligenz umfasst Wissen und Erfahrungen, die wir im Laufe unseres Lebens angesammelt haben. Fluide Intelligenz hingegen beschreibt unsere Fähigkeit, dieses Wissen variabel und flexibel einzusetzen.

Natürlich lassen sich diese zwei Aspekte der Kognition nicht eindeutig voneinander trennen, denn unser aktuelles Niveau kristalliner Intelligenz (Wissen und Erfahrung) beeinflusst beispielsweise, wie effektiv unsere fluiden Fähigkeiten sind. Umgekehrt genauso: Die Fähigkeit, Wissen anzuhäufen, hängt sehr wahrscheinlich von unserer Flexibilität und Anpassungsfähigkeit ab.

Mit fluider Intelligenz bezeichnet man unsere Fähigkeit, zu denken und schnell zu handeln, aufkommende Probleme zu lösen und das im Kurzzeitgedächtnis zu speichern. Kristalline Intelligenz hingegen beschreibt Wissen, allgemeine Informationen, Sprachgebrauch und eine breite Palette erlernter Fertigkeiten.

Offensichtlich nimmt die fluide Intelligenz im Alter ab, während die kristalline stagniert oder sich sogar im Laufe des Lebens verbessert. Allgemein gesagt scheint sich die kristalline Intelligenz bis in die sechste oder siebte Lebensdekade hinein zu steigern. Erst im sehr hohen Alter geht sie, wenn überhaupt, zurück.

Alter und Gedächtnis

Geht es hingegen um die Gedächtnisleistung und die Verarbeitungsgeschwindigkeit, so ist hier im frühen Erwachsenenalter ein linear verlaufender Rückgang, der sich im späteren Leben beschleunigt, zu verzeichnen.

Die meisten kognitiven Veränderungen, die im Alter auftreten, betreffen das Funktionieren des Gedächtnisses und die Verarbeitungsgeschwindigkeit.

»Ich brauche länger, um eine Lösung für ein Problem zu finden.«
»Ich vergesse, wo ich bestimmte Dinge hingelegt habe.«
»Ich kann mir Namen nicht merken.«
»Es liegt mir auf der Zungenspitze.«

Auch unsere Reaktionsschnelligkeit nimmt im Alter ab. Wir lassen uns leichter ablenken. In der Tat fällt es uns im Alter schwerer, unwichtige Informationen auszublenden, sodass es zur Herausforderung wird, uns auf eine bestimmte Information zu konzentrieren oder diese zu behalten.

Ältere Menschen brauchen für Aufgaben deutlich länger als junge Menschen, erledigen diese jedoch mit der gleichen Genauigkeit und Sorgfalt. Das Abrufen von Informationen oder Erinnerungen ist beeinträchtigt, sodass uns der richtige Name oder ein bestimmtes Wort erst deutlich später einfällt. Bereits in den frühen Dreißigern nimmt die Verarbeitungsgeschwindigkeit ab. Auch das Arbeitsgedächtnis, das zum Beispiel bei Kopfrechnen gebraucht wird, büßt im Alter an Leistungsfähigkeit ein. Allgemeines Wissen, das Erinnerungsvermögen in Bezug auf Fakten und Vorgänge, bleibt hingegen gleich oder verbessert sich.

Wann sollte ich mir Sorgen um mein Gedächtnis machen?

Wenn Sie zum dritten Mal innerhalb einer Woche nicht mehr wissen, wo Ihre Schlüssel liegen, dann ist das noch kein Grund, deswegen einen Arzt aufzusuchen. Gleiches gilt für das Vergessen eines Namens oder des Gesichts einer Person, die Sie kürzlich getroffen oder die Sie gar jahrelang nicht gesehen haben. Wenn allerdings auf Sie oder jemanden, der Ihnen am Herzen liegt, eines der unten genannten Szenarien zutrifft, sollten Sie einen Arzttermin vereinbaren:

- Desorientiert sein, nicht mehr wissen, wo man sich befindet oder welche Tageszeit es ist;
- sich an Orten verlaufen, die man schon seit Jahren kennt;
- dieselbe Geschichte jeden Tag erneut erzählen, ohne es selbst zu merken;
- Probleme haben, die das Leben zu Hause oder die Arbeit beeinträchtigen oder die Lebensqualität beeinflussen.

Natürlich kann es frustrierend sein, nicht das passende Wort zu finden oder nicht so schnell sprechen zu können, wie man gern würde. Wenn so eine Situation eintrifft, dann vermeiden Sie Stress. Versuchen Sie stattdessen ruhig zu bleiben, entspannen Sie sich, atmen Sie tief durch und geben Sie Ihrem Gehirn die nötige Zeit und den nötigen Raum, seinen Job zu machen. Gönnen Sie sich die Zeit, die Sie brauchen, und scheuen Sie sich nicht, andere darum zu bitten, Ihnen diese Zeit auch zu geben. Nicht immer muss alles blitzschnell gehen.

Sprechen Sie mit Ihrem Hausarzt, wenn Sie befürchten, dass rezeptpflichtige Arzneimittel Ihre kognitive Leistungsfähigkeit beeinflussen, und diskutieren Sie mögliche Alternativen. Bleiben Sie in Kontakt mit anderen Menschen, insbesondere in emotional anstrengenden Zeiten, wenn Sie besorgt sind oder deprimiert. Suchen Sie bei den Menschen, die Ihnen nahestehen, Unterstützung und Zuspruch – manchmal hilft es schon, über seine Ängste zu sprechen, und man gelangt so zu neuen Sichtweisen oder gar Lösungen.

Nehmen Sie sich das, was diese Menschen Ihnen sagen, zu Herzen. Womöglich fallen den Menschen in Ihrem Umfeld bestimmte Probleme eher auf als Ihnen. Versuchen Sie, ruhig zuzuhören, und denken Sie daran, dass es diesen Menschen um Ihr Wohlergehen geht. Es ist nie leicht, solche Dinge zu hören, aber auch für Ihre Mitmenschen ist es nicht leicht, sie anzusprechen. Mitunter kann es hilfreich sein zu besprechen, wie man in solch einer Situation vorgehen möchte, bevor sie eintritt. Wenn Sie deprimiert oder depressiv sind, handeln Sie lieber zu früh als zu spät und widerstehen Sie dem Drang, sich abzuschotten. Bleiben Sie lieber aktiv, bleiben Sie in Bewegung, treffen Sie andere Menschen und vergessen Sie nicht zu lächeln.

Eine echte, tiefe Depression kann Ihr Denkvermögen trüben und Ihr Gedächtnis beeinträchtigen. Wenn Sie sich wochen- oder monatelang traurig oder depressiv fühlen, dann handeln Sie und suchen Sie professionelle Hilfe. Wenn Sie das bereits getan und das Gefühl haben, die Behandlung schlägt nicht an, dann sprechen Sie mit Ihrem Arzt über andere Ansätze, bis Sie einen finden, der Wirkung zeigt.

Seien Sie in Bezug auf Ihre Grenzen sich selbst gegenüber ehrlich und versuchen Sie nicht, sich etwas vorzumachen und zum Beispiel zu leugnen, dass Sie zunehmend Probleme haben, sich Orte und Gesichter zu merken, den Ort, wo Sie die Autoschlüssel hingelegt haben, oder was Sie als Nächstes sagen wollten.

Sobald Sie sich dieser Grenzen bewusst sind und sie akzeptiert haben, seien Sie gut zu sich selbst und lassen das Gefühl, Sie würden geistig versagen, nicht zu. Unternehmen Sie erste

Schritte gegen diese Gedächtnislücken, so wie wenn Sie ein paar Kilo zu viel auf die Waage bringen und abnehmen möchten, oder erstellen Sie eine Strategie, wie Sie mit solchen Verfallserscheinungen umgehen.

Wenn Sie besorgniserregende Veränderungen Ihrer Gedächtnisleistungen wahrnehmen, ziehen Sie keine voreiligen Schlüsse und denken Sie nicht gleich an Demenz. Neben Depressionen und der Einnahme von Arzneimitteln gibt es zahlreiche leicht zu kurierende Faktoren, die Ihre Gedächtnisleistung beeinträchtigen können, wie etwa Vitamin-B_{12}-Mangel, Schilddrüsenprobleme, Dehydratation, eine ernsthafte Infektionserkrankung, die Menopause, Schlafmangel, Stress und Rauchen. Schieben Sie ein Gespräch mit Ihrem Arzt nicht auf die lange Bank, denn womöglich finden Sie gemeinsam eine ganz einfache Lösung für das Problem.

Demenz

Demenz ist die wohl am meisten gefürchtete Krankheit im Alter. Sie ist mit einem großem Stigma belegt, und folglich gibt es auch viele Missverständnisse in Bezug auf diese Erkrankung. Daher erscheint es mir angezeigt, Ihnen zunächst ein paar wichtige Informationen zum Thema Demenz zu geben.

Neun von zehn Menschen erkranken nicht an Demenz, und viele werden achtzig oder neunzig ohne signifikanten Gedächtnisverlust.

Demenz ist keine singuläre Krankheit und auch kein normaler Bestandteil des Alterns, sondern wird von einer ganzen Reihe von Hirnkrankheiten verursacht, die das Gehirn verändern und seine Funktionen stören können, inklusive Lernen,

Erinnern, Denken, Sprechen, Urteilen, Verstehen, Rechnen und Begreifen von Ort und Zeit. Demenz ist die Folge dieser Hirnkrankheiten.

Leider wird der Begriff »Demenz« auch als Oberbegriff für verschiedene Erkrankungen gebraucht, die zu der zerebralen Funktionsstörung namens Demenz führen. Etwa ein Prozent der über Sechzigjährigen leidet an Demenz. Allerdings verdoppelt sich die Häufigkeit alle fünf Jahre, sodass von den über 85-Jährigen etwa fünfundzwanzig Prozent Demenz haben. Obwohl Demenz normalerweise erst im Alter auftritt, können auch junge Menschen daran erkranken; geschieht dies vor dem 65. Lebensjahr spricht man von früh einsetzender Demenz. Demenz verläuft nicht bei jedem Erkrankten gleich.

Die Alzheimer-Krankheit, die häufigste Form von Demenz, macht etwa sechzig bis achtzig Prozent aller Demenzfälle aus. Deshalb beschäftigt sich ein Großteil der Demenzforschung mit Alzheimer. Derzeit geht man davon aus, dass es sich dabei um eine »proteinopathische« Krankheit handelt, was lediglich bedeutet, dass sie von falsch gebildeten Proteinen im Gehirn verursacht wird. Diese Proteine – Beta-Amyloid und Tau-Proteine – bilden Plaques und Fibrillen im Gehirn. Allerdings ist noch nicht vollkommen geklärt, in welcher Weise dies zum Verlust von Neuronen führt. Hirnatrophie kann mittels CT-Scans in den Hippocampi, der Hirnrinde und dem limbischen System festgestellt werden. Wie bereits erwähnt ist das Vorhandensein von pathologischen Veränderungen der Alzheimer-Krankheit im Gehirn, von Plaques und Fibrillen, kein Grund dafür, dass eine Person auch Demenzsymptome zeigt.

Von Alzheimer sind mehr Frauen als Männer betroffen. Vaskuläre, das heißt auf Durchblutungsstörungen im Gehirn zurückzuführende Demenz hingegen tritt häufiger bei Männern auf. Sie ist eine recht verbreitete Form von Demenz, ausgelöst durch eine Reihe typischer Erkrankungen, welche die Blutgefäße im Hirn schädigen und deren Fähigkeit, Sauerstoff und Nährstoffe zu transportieren, beeinträchtigen, sodass das Gehirn nicht mehr richtig überleben und seine Aufgaben nicht mehr erfüllen kann. Zu den Ursachen zählen Schlaganfälle und andere Erkrankungen, die die Blutgefäße des Hirns langfristig schädigen, wie Bluthochdruck, verhärtete Arterien und Diabetes. Weitere typische Demenzformen sind »gemischte Demenz« (eine Kombination aus Alzheimer-Krankheit und vaskulärer Pathologie im Gehirn) und die Lewy-Körperchen-Demenz, die sich sowohl auf die Demenz mit Lewy-Körperchen (anormale Ablagerungen des Proteins Alpha-Synuclein) und auf die im Rahmen einer Parkinson-Krankheit auftretende Form von Demenz beziehen kann.

Das Alter ist der größte Risikofaktor für Demenz. Zusätzlich zu den sieben Faktoren, die sich potentiell beeinflussen lassen und in Verbindung mit dem kognitiven Abbau oder der Alzheimer-Krankheit stehen (siehe Kapitel 1), spielen auch Ernährung und soziale Isolation eine Rolle. Ein schlechter, fettreicher Speiseplan mit wenig Gemüse geht häufig mit einem erhöhten Demenzrisiko einher. Zudem legen Daten nahe, dass auch soziale Isolation einen Risikofaktor darstellt.

Der Zusammenhang zwischen einigen dieser Risikofaktoren und Demenz ist kompliziert. Während Übergewicht im mittleren Alter mit einem signifikant erhöhten Demenzrisiko in Verbindung gebracht wird, gilt ab einem Alter von fünfundsechzig das Gegenteil – hier bedeutet Übergewicht ein geringeres Risiko, an Demenz zu erkranken, während Untergewicht ein höheres Risiko birgt. Womöglich liegt das daran, dass der Body-Mass-Index (BMI) bis zu zehn Jahre, bevor Demenzsymptome auftreten, abnehmen kann.

Die Ursache-Wirkung-Relation von Demenz und sozialer Isolation ist noch nicht klar. Führt soziale Isolation zu Demenz oder verursacht eine Demenzerkrankung vielmehr den Rückzug aus der Gesellschaft? In jedem Fall ist es wichtig, bei sozialer Isolation einzugreifen, da sie in Verbindung steht mit Depression, Herzerkrankungen und anderen Gesundheitsproblemen, die Auswirkungen auf die Gesundheit des Gehirns haben.

Obgleich der Zusammenhang zwischen Depression und Demenz unbestreitbar ist, gibt es in dieser Hinsicht einander widersprechende Belege. Im höheren Alter könnte nämlich Depression kein Risikofaktor sein, sondern vielmehr ein früh einsetzendes Symptom von Demenz. Oder es könnte genauso gut sein, dass Depression und Demenz dieselben Ursachen haben.

Auch Kopfverletzungen können das Demenzrisiko erhöhen; außerdem haben Menschen mit Down-Syndrom ein höheres Risiko, an Demenz zu erkranken, und auch die Familiengeschichte sowie die Genetik können eine Rolle spielen. Doch im Vergleich zu den Risikofaktoren des eigenen Lebensstils ist dieses Risiko eher gering. Weil es derzeit keine Heilung für Demenz gibt, stellen Risikofaktoren, die man beeinflussen kann, ein wichtiges Mittel dar, um das Einsetzen von Demenzsymptomen zu verzögern oder zu verhindern. Wenn wir das Einsetzen der Alzheimer-Krankheit um zwei Jahre verschieben könnten, dann könnten wir bis zum Jahr 2050 beinahe 23 Millionen Krankheitsfälle verhindern!

Kurz und gut: Minimieren Sie Ihre Risikofaktoren für Demenz.

Zusammenfassung

- Ein geistig gesunder Lebensstil, bei dem man auf Rauchen verzichtet und der ausreichend Bewegung, gesellschaftliches Engagement und mentale Stimulation einschließt, im Verein mit einer gesunden Ernährung, der richtigen Dosis Schlaf und Stress kann dazu beitragen, Gehirnschwund zu verlangsamen oder gar zu verhindern.

- Es gibt keinen direkten Zusammenhang zwischen dem Grad einer Hirnerkrankung oder Hirnverletzung und den klinischen Symptomen dieser Erkrankung oder Verletzung.

- Zu jedem beliebigen Zeitpunkt in Ihrem Leben verfügen Sie über eine bestimme Menge an Gehirnreserve, und je höher diese Reserve ist, desto besser kann Ihr Gehirn mit Veränderungen aufgrund von Alterung, Verletzungen oder Krankheiten umgehen.

- Ein stimulierendes Umfeld kann zum Wachstum von neuen Neuronen (Neurogenese) führen und die Konzentration des BDNF steigern, also des Wachstumsfaktors, der die Neuroplastizität in Ihrem Gehirn fördert.

- Eine höhere kognitive Aktivität kann Ihnen helfen, das Volumen des Gehirns und insbesondere das des Hippocampus, das eine wichtige Rolle beim Lernen und Erinnern spielt, zu erhalten.

- Körperliche Betätigung wird in Zusammenhang gebracht

mit einem höheren Volumen von Gehirn und Hippocampus.

- Menschen mit einer höheren kognitiven Reserve können mehr krankheitsbedingte pathologische Veränderungen ertragen als Menschen mit einer niedrigen kognitiven Reserve, bevor Symptome auftreten, sodass bei diesen Personen das Einsetzen klinischer Demenz erst später erfolgt.

- Menschen, die mehr Freizeitaktivitäten nachgehen, erkranken seltener an Demenz.

- Im Schnitt muss man damit rechnen, zwischen dem dreißigsten und neunzigsten Lebensjahr etwa ein Drittel des Hippocampus zu verlieren, ein Viertel der weißen Hirnsubstanz und vierzehn Prozent der Hirnrinde.

- Obwohl der Hirnschwund im Alter zunimmt, kann Hirnatrophie verlangsamt oder sogar umgekehrt werden, wenn Sie Ihren Lebensstil entsprechend ändern.

- Auch im hohen Alter kann Ihr Gehirn relativ gesund sein und gut funktionieren.

- Wenn Sie älter werden, bemerken Sie wahrscheinlich, dass Sie Informationen langsamer verarbeiten und sich nicht mehr so gut an kürzlich Geschehenes erinnern.

- Während es mehr Zeit und Mühe kostet, kognitive Aufgaben zu bewältigen, ist es doch tröstlich zu wissen, dass die Sorgfalt und Genauigkeit Ihrer »Hirnarbeit« nicht nachgelassen hat.

- Die gute Nachricht ist: Einige Ihrer kognitiven Fähigkeiten, wie Wissen und Klugheit, können sich im Alter sogar verbessern.

- Demenz ist kein normaler Bestandteil des Älterwerdens.

- Neun von zehn älteren Menschen erkranken nicht an Demenz.
- Minimieren Sie Risikofaktoren – dieser Plan hilft Ihnen, genau das zu tun.

Das Gehirn auf neue Wege bringen: Was Sie dafür tun können

Die allerersten Schritte, die Sie ergreifen können, um Ihr kostbares Gehirn zu schützen, bestehen darin, das Risiko einer Kopfverletzung zu minimieren. Die häufigste Ursache für Kopfverletzungen sind Verkehrsunfälle, Stürze und Feuerwaffen. Eine beachtliche Anzahl von Kopfverletzungen passieren beim Sport.

ZEHN PRAKTISCHE TIPPS, UM IHR GEHIRN ZU SCHÜTZEN

- Schnallen Sie sich immer an.
- Fahren Sie vorsichtig, schreiben Sie beim Fahren keine Nachrichten, trinken Sie vorher keinen Alkohol und fahren Sie nicht Auto, wenn Sie schläfrig sind oder zu wenig geschlafen haben.
- Tragen Sie beim Rad- und Motorradfahren, beim Rodeln und Skifahren oder beim Skaten einen korrekt sitzenden Schutzhelm. Gleiches gilt auch für bestimmte Kontaktsportarten.
- Wenn Sie im Dunkeln Rad fahren, schalten Sie die Fahrradlichter ein und tragen Sie reflektierende Kleidung.

- Befolgen Sie die Gesundheits- und Sicherheitsrichtlinien an Ihrem Arbeitsplatz. Tragen Sie, falls nötig, einen entsprechenden Schutzhelm, und seien Sie vorsichtig, wenn Sie sich auf Leitern und Gerüsten befinden.
- Klettern Sie nicht auf instabile Stühle, um eine Glühbirne auszuwechseln, sondern gebrauchen Sie stattdessen eine Trittleiter. Wenn Sie handwerklich tätig werden, benutzen Sie angemessenes Werkzeug und stellen Sie sicher, dass Leitern einen stabilen Stand haben.
- Beseitigen Sie Stolpergefahren in Ihrem Haus beziehungsweise in Ihrer Wohnung, vor allem auf Treppen. Legen Sie eine Anti-Rutsch-Matte in die Dusche. Wischen Sie Flüssigkeiten sofort auf, wenn Sie welche verschütten.
- Wenn Sie kleine Kinder haben, achten Sie darauf, dass die Fenster nicht von kleinen, neugierigen Händen geöffnet werden können. Stellen Sie keine Möbel in Fensternähe, auf die Kinder klettern könnten.
- Bei Waffen gibt es keine zweite Chance. Wenn Sie im Besitz einer Feuerwaffe sind, dann verwahren Sie diese sicher und halten Sie sich an die geltenden Richtlinien.
- Halten Sie sich auf dem Laufenden, was die neuesten Forschungsergebnisse und die Empfehlungen von Ärzten in Bezug auf das Vermeiden und Behandeln von Gehirnerschütterungen betrifft. Diese passieren häufig beim Sport, insbesondere bei American Football, Rugby, Fußball, Reiten, Boxen oder Trampolinspringen. Minimieren Sie das Risiko einer Kopfverletzung – und wenn Sie Vater oder Mutter sind, achten Sie bei der Wahl der Sportart für Ihr Kind darauf, das Risiko einer Kopfverletzung gegen die Vorteile der jeweiligen Sportart abzuwägen.

Kümmern Sie sich um Ihren Schlaf

Der Schlaf ist die goldene Kette,
die die Gesundheit
mit unseren Körpern verbindet.

Thomas Dekker

Schlaf – Teil 1

Ich muss Ihnen bestimmt nicht sagen, wie wichtig Schlaf ist. Jeder von uns weiß schließlich nur zu gut: Bekommen wir zu wenig Schlaf, werden wir reizbar und können nicht klar denken – denn im Grunde denken wir dann nur daran, endlich zu schlafen. Der Mensch braucht Schlaf. Das Gehirn braucht Schlaf. Der Körper braucht Schlaf. Schlaf ist somit nicht nur für ein gesundes, funktionierendes Gehirn unerlässlich, sondern auch für die körperliche und mentale Gesundheit.

Laut einer breit angelegten Studie in den USA bekommen nur zwei Drittel von uns ausreichend Nachtschlaf. Einer von drei Menschen schläft nicht genug und setzt sich damit dem Risiko diverser chronischer Krankheiten, Krebserkrankungen oder sogar eines vorzeitigen Todes aus. Seit den 1980er-Jahren hat sich die Anzahl der Menschen in Industrieländern, die weniger Nachtschlaf als empfohlen bekommen, in solchem

Maße erhöht, dass die Weltgesundheitsorganisation WHO von einer Epidemie des Schlafentzugs spricht.

Um diese Epidemie einzudämmen, braucht es keinen komplizierten Impfstoff. Es gibt so vieles, was wir selbst tun können, damit wir besser schlafen können. In diesem Kapitel finden Sie praktische Tipps, die Ihnen helfen werden, besser und tiefer zu schlafen. Sie werden ein Schlaftagebuch führen und einige Aufgaben erledigen. Auf diese Weise erkennen Sie Ihre aktuellen Schlafmuster und können Ihr Schlafverhalten so verändern, dass es Ihrer Gehirngesundheit zugutekommt. Anhand dieser Informationen können Sie anschließend Ihr persönliches Schlafprofil erstellen, sich Ziele setzen und im zweiten Teil dieses Kapitels einen Schlafplan erstellen.

Doch lassen Sie uns zuerst in die Neurowissenschaft des Schlafes eintauchen und herausfinden, warum wir schlafen, was dabei in unserem Gehirn geschieht und was im Gehirn passiert, wenn wir zu wenig Schlaf bekommen.

Kurze Frage: Schlaf

Schätzen Sie bitte, wie viele Stunden Sie pro Nacht schlafen:

‾‾‾‾‾‾‾

Was dem Gehirn guttut: Warum schlafen wir?

Haben Sie sich schon einmal gefragt, warum Sie sich frischer fühlen und Sie einen klaren Kopf haben, wenn Sie gut und ausreichend geschlafen haben? Nun ja, im Grunde lautet die Antwort buchstäblich: Gehirnwäsche.

»Gehirnwäsche«

Lulu Xie trainierte zwei Jahre lang in dem Labor der University of Rochester Mäuse darauf, sich auf einem speziellen Mikroskop zu entspannen und dort einzuschlafen. Mit diesem besonderen Gerät kann man nämlich die Bewegung von Färbemittel durch lebendes Gewebe verfolgen. Ihre enorme Geduld wurde mit dem Beweis der wahrscheinlich wichtigsten Funktion von Schlaf belohnt: »Gehirnwäsche«. Genauer gesagt: Der Hauptgrund, warum wir schlafen, ist offenbar, dass unser Gehirn in dieser Zeit von den toxischen Nebenprodukten gereinigt wird, die während der Wachphasen durch unseren Stoffwechsel entstehen. Stoffwechsel oder auch Metabolismus bezeichnet die chemischen Prozesse, die sich in unserem Körper vollziehen und dafür sorgen, dass wir am Leben bleiben.

Neueste Forschungen behaupten, Schlaf spiele eine grundlegende Rolle bei der metabolischen Homöostase. Das Aufrechterhalten dieser Stoffwechselhomöostase bedeutet einfach nur, dass unser Körper für optimale Bedingungen inner- und außerhalb der Zellen sorgt, damit die lebenswichtigen chemischen Reaktionen des Metabolismus ungestört stattfinden können. Einfach gesagt: Unser Körper muss Nahrung in Energie verwandeln, damit unsere Zellen funktionieren, und die Verbindungen schaffen, die die Zellen brauchen, um zu funktionieren und zu überleben. Und im Zuge dieses Metabolismus müssen dessen Nebenprodukte und sämtlicher Zellabfall beseitigt werden.

Natürliche Entgiftung des Körpers

Wie bei chemisch-industriellen Verarbeitungsanlagen hat auch unser Körper ein eingebautes System, das sich um die sichere

Entsorgung von Abfall und toxischen Nebenprodukten kümmert. Dieses körpereigene System besteht aus Gefäßen entlang der Arterien und Venen. Dieses lymphatische System entsorgt Nebenprodukte des Stoffwechsels, überschüssige Flüssigkeiten, Abfälle und Toxine. Lymphe, eine Flüssigkeit, gelangt vom Gewebe über das System der Lymphgefäße irgendwann wieder zurück in den Blutkreislauf. Wenn Lymphe durch die Lymphgefäße fließt, durchläuft es Lymphknoten, in denen Bakterien, Krebszellen und andere potenziell giftige Stoffe herausgefiltert werden.

Bestimmt kennen Sie geschwollene Lymphknoten im Bereich des Halses oder unter den Armen, wenn Sie einmal eine Infektion hatten. Diese Knoten leisten wirklich wichtige Arbeit, indem sie die Verbreitung von Infektionen, Krebszellen oder Toxinen eindämmen. Jeden Tag transportieren unsere Lymphgefäße bis zu vier Liter gereinigte Lymphe zurück in den Blutkreislauf.

Das Lymphsystem erstreckt sich wie ein Netz über den gesamten Körper. Die Dichte dieser Lymphgefäße richtet sich normalerweise nach der Stoffwechselrate des jeweiligen Gewebes – so wie in einer chemischen Industrieanlage sich das Filtrationssystem nach der Arbeitsgeschwindigkeit des Produktionsprozesses richtet. Wenn man nun bedenkt, dass das Gehirn mehr Energie als jedes andere Organ in unserem Körper verbraucht, dann sollte man meinen, sein Netzwerk aus Lymphgefäßen sei entsprechend dicht, denn schließlich werden aufgrund der hohen metabolischen Aktivität in den emsigen Hirnzellen reichlich Abfallprodukte ausgeschüttet.

Das Fehlen eines Lymphsystems im Gehirn hat die Welt der Wissenschaft extrem erstaunt, vor allem da Neuronen sehr sensibel auf toxische Abfallprodukte reagieren. Kürzlich hat eine Wissenschaftlerin, Dr. Maiken Nedergaard, eine Reihe von mikroskopisch kleinen, mit Flüssigkeit gefüllten Kanälen entdeckt, die die Blutgefäße in den Gehirnen von Mäusen umgeben. Diese nannte sie das »glymphatische System«, weil die Entsorgung der Abfallstoffe von den Gliazellen übernommen wird.

Sauber über Nacht

Wie ein Netzwerk aus Rohren in einer Industrieanlage leitet das glymphatische System die Gehirn-Rückenmarks-Flüssigkeit oder Cerebrospinalflüssigkeit[14] (CSF, umgangssprachlich auch Hirnwasser genannt), in der sich reichlich Abfallstoffe befinden, weiter. Dieses System im Gehirn transportiert die Abfallprodukte letzten Endes zu den zentralen Entsorgungs- und Aufbereitungsstellen, die auch vom Rest des Körpers gebraucht werden. Das bedeutet, lokale Proteinverarbeitung und Proteinabbau werden im Gehirn selbst vermieden. Das ist höchst sinnvoll, denn so wird das Gehirn, ein vitales, aber auch sehr empfindliches Organ, frei von Schadstoffen gehalten. Kürzlich wurden bestimmte Lymphgefäße in den Gehirnen von Mäusen entdeckt, die offenbar als eine zweite Stufe im Abfallentsorgungsprozess fungieren, indem sie Abfallstoffe von der CSF in nahegelegene Lymphknoten leiten.

Optimale Raumnutzung

Bei Industrieanlagen und vielen anderen Gebäudearten werden Zwischenräume genutzt, um dort diverse Gebäudeservices unterzubringen, wie auch die Abfallentsorgung. Die mit Flüssigkeit gefüllten Räume, die die Zellen des Hirngewebes umgeben, werden auch Zellzwischenräume genannt und machen etwa zwanzig Prozent des gesamten Hirnvolumen aus. In diesen Zwischenräumen werden die von den Gehirnzellen ausgeschütteten Abfallstoffe mithilfe der CSF weggespült.

Die CSF sickert durch diese zwischen den Gehirnzellen liegenden Räume und wird durch die Hirnhäute, das Gehirn schützende Membranen, zurück in die Blutbahn gepumpt. Der Transport von Flüssigkeiten durch Membrane benötigt viel Energie, deshalb vermutete Nedergaard, dass das Gehirn allein nicht in der Lage ist, Abfallprodukte zu entsorgen und die Sinneseindrücke und Informationen zu verarbeiten, die in Wachphasen auf uns einprasseln. Lulu Xie verfolgte diesen Ansatz weiter, indem sie zwei Jahre lang Mäuse trainierte. Sie sollten auf dem Mikroskop schlafen, damit sie herausfinden konnte, ob die Aktivität des glymphatischen Systems beim Schlafen zunimmt.

Die Forscherin verfolgte den Weg der unterschiedlichen Färbemittel in den Gehirnen der Mäuse nach und fand so heraus, dass hohe Mengen CSF während des Schlafens ins Gehirn strömten, dieses jedoch nicht passierte, wenn die Mäuse wach waren. Es stellte sich heraus, dass sich der CSF-Fluss in Wachphasen auf die Oberfläche des Gehirns beschränkt und dabei nur fünf Prozent des CSF-Flusses während der Schlafzeiten der Mäuse ausmacht. Während des Schlafens wird das Gehirn also sehr viel gründlicher gereinigt, denn CSF dringt tief ins Gewebe ein. Diese Zunahme um sechzig Prozent sorgt für eine effizientere Reinigung von Stoffwechselprodukten wie Beta-Amyloid, das sich im wachen Zustand ansammelt und eine Rolle bei der Alzheimer-Krankheit spielt.

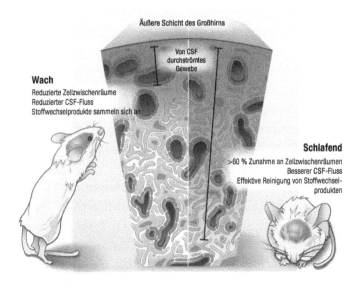

Abbildung 2: Die Extrazellulärräume (Zellzwischenräume) in der Hirnrinde der Maus, durch die CSF fließt, erweitern sich von 14 im wachen auf 21 Prozent im schlafenden Zustand. Dieser Zuwachs bedeutet eine schnellere Entsorgung der beim Metabolismus entstehenden Abfall- und Schadstoffe.

Entgiften im Schlaf

Nach dem Aufwachen fühlen wir uns erfrischt. Das mag daran liegen, dass potenziell neurotoxische Abfallprodukte der neuralen Aktivität, die sich, während wir wach sind, im zentralen Nervensystem aufbauen, im Schlaf mit einer gesteigerten Geschwindigkeit entsorgt werden. Bekommt das Gehirn zu wenig Schlaf, steht dem glymphatischen System nicht ausreichend Zeit für die aktiven Prozesse zur Verfügung, die das Gehirn eigentlich bräuchte, um tiefgehend gereinigt zu werden und folglich einwandfrei funktionieren zu können. Bleibt diese gründliche Reinigung aus, können sich Toxine aufbauen, eine optimale Funktionsweise des Gehirns verhindern und sich auf die kognitiven Fähigkeiten, das Verhalten und sogar das Urteilsvermögen tagsüber auswirken.

Gestörter Schlaf kann die kognitive Funktion beeinträchtigen oder schädigen und sogar zur Entwicklung der Alzheimer-Krankheit beitragen.

Eine Fehlansammlung von zellulären Abfallstoffen steht mit fast allen neurodegenerativen Erkrankungen in Verbindung, doch der Zusammenhang zwischen Alzheimer und Schlaf hat in besonderem Maße mit dem verklumpten Protein Beta-Amyloid zu tun.

Es hat den Anschein, Schlaf sorge nicht nur für eine tiefgreifendere »Gehirnwäsche«, sondern auch für eine effizientere Abfallentsorgung, im Zuge derer Beta-Amyloid bei schlafenden Mäusen doppelt so schnell abtransportiert wird wie bei wachen Mäusen. Menschen mit der Alzheimer-Krankheit weisen anormale Cluster aus Proteinfragmenten (Plaques) zwischen den Nervenzellen in ihrem Gehirn auf. Plaques bilden sich, wenn Teile von Beta-Amyloiden verklumpen. Kleine Klumpen verhindern die Signalübertragung an den einzelnen Synapsen und können so Immunsystemzellen aktivieren und Entzündungen auslösen.

Nervenzellen reagieren sehr empfindlich auf ihre Umwelt, deshalb ist es unerlässlich, dass Abfallstoffe schnell entfernt werden. Es ist möglich, dass Schlafmangel eine entscheidende Rolle bei neurologischen Erkrankungen spielt, wie etwa Alzheimer, denn aufgrund von Schlafmangel stauen sich Nebenprodukte auf und verursachen womöglich irreparable Hirnschäden.

Nedergaards Prognose lautet: »Wenn Sie nicht ausreichend schlafen, nimmt Ihr Gehirn wahrscheinlich Schaden.« Sie äußert sich auch besorgt in Bezug auf Schichtarbeiter und hinterfragt die gängige Praxis von medizinischem Personal, Patienten mit Gehirnverletzungen alle zehn Minuten zwecks Kontrolle der Vitalwerte zu wecken.

Natürlich wurden all diese Studien an Mäusen vorgenommen, sodass weiterführende Untersuchungen folgen müssen, um zu bestätigen, dass ein ähnlich geartetes Abfallentsorgungssystem auch im menschlichen Hirn aktiv ist. Wissenschaftler müssen herausfinden, ob die nächtliche, schnellere und somit effizientere »Gehirnwäsche« auch bei Menschen stattfindet.

Schlafzyklen und Schlafphasen

Unser Schlaf-Wach-Zyklus wird auf molekularer Ebene durch chemische Substanzen kontrolliert, die die Neuronen beeinflussen. Sobald wir einschlafen, durchlaufen wir mehrere Schlafphasen.

Schlafdrang

Das metabolische Nebenprodukt Adenosin, das den Drang zu schlafen, den wir allabendlich spüren, auslöst, braucht Schlaf, um aus unserem System gespült zu werden. Adenosin spielt im Schlaf-Wach-Zyklus also eine entscheidende Rolle. Während die Konzentration von Adenosin tagsüber ansteigt und wir den Drang zu schlafen immer stärker spüren, wird seine Wirkung nachmittags durch unseren zirkadianen Rhythmus eingedämmt, der uns wieder wach macht.

Am späten Abend schwächt sich dieses zirkadiane Alarmsystem ab, das Hormon Melatonin wird mit Einsetzen der

Dunkelheit ausgeschüttet und sorgt erneut für Müdigkeit. Während wir dann schlafen, löst sich das Adenosin in unserem Körper nach und nach auf, und die Ausschüttung von Melatonin kommt in den frühen Morgenstunden zum Erliegen.

Einige Stunden vor dem Erwachen wird der zirkadiane Rhythmus wieder aktiver, sendet ein Alarmsignal durch das Gehirn und den Körper. Dieses Signal baut sich im Laufe des Tages auf und erreicht am frühen Nachmittag seinen Höhepunkt.

Vormittags sollten Sie sich aufgrund der Kombination aus einem ansteigenden zirkadianen Alarmsignal und niedrigem Adenosinpegel hellwach fühlen. Wenn Sie jedoch zu wenig Schlaf bekommen, dann ist das Adenosin noch nicht gänzlich aus Ihrem System verschwunden, sodass Sie sich müde und erschöpft statt wach und erfrischt fühlen.

Unsere innere Uhr

Zeitlich wird unser Schlaf grundlegend von unserer zirkadianen Uhr oder unserem zirkadianen Rhythmus gesteuert, der sich nach den Hell- und Dunkelphasen innerhalb von 24 Stunden richtet und somit unabhängig von den Schlaf- und Wachphasen in den vorangegangenen 24 Stunden funktioniert. Der wichtigste Koordinator unseres Schlaf-Wach-Rhythmus ist eine winzige Struktur namens *Nucleus suprachiasmaticus* (englisch: *suprachiasmatic nucleus*, abgekürzt SCN) im Hypothalamus[15] unseres Gehirns, welche auf die Lichtinformationen, die von den Augen ausgehend den Sehnerv entlangwandern, an dem Punkt reagiert, wo sie im Gehirn die Seiten wechseln und im Okzipitallappen für den Sehprozess verarbeitet werden. Diese Informationen zu Helligkeit und Dunkelheit ermöglichen es dem SCN, unsere innere Uhr mit der externen Umgebung in Einklang zu bringen.

Der SCN benutzt einen Botenstoff namens Melatonin, um die sich wiederholenden Signale von Tag und Nacht an das Gehirn und den Körper weiterzugeben. Direkt nach der Abenddämmerung löst der SCN die Melatoninausschüttung in den Blutkreislauf aus. Melatonin selbst ruft nicht Schlaf hervor und spielt auch selbst keine Rolle im Schlafprozess, sondern ist vielmehr ein Bote, der durch unsere Blutbahn hetzt und wie ein Turmwächter ruft: »Alle mal herhören. Schlafenszeit! Schlafenszeit!«

Während der Nacht, während wir schlafen, verschwindet Melatonin allmählich aus dem System. So wissen Gehirn und Körper, dass es Zeit zum Aufwachen ist. In der Morgendämmerung stoppt die Melatoninausschüttung und bleibt tagsüber, solange Tageslicht herrscht, ausgeschaltet, bis der gesamte Schlaf-Wach-Zyklus am Abend mit dem Einsetzen der Dunkelheit von Neuem beginnt.

Schlafphasen

Es gibt fünf Schlafphasen, die sich nach dem Auftreten von schnellen Augenbewegungen (REM, englisch *Rapid Eye Movement*) unterscheiden lassen: die Non-REM-Phasen 1, 2, 3 und 4 sowie die REM-Phase. Jede Nacht durchläuft das Gehirn diese fünf Phasen etwa fünf Mal, wobei nicht jeder Zyklus gleich ist, denn das Verhältnis von Non-REM-Phasen zu REM-Phasen verändert sich im Laufe einer Nacht erheblich. In der ersten Nachthälfte schlafen wir vorwiegend ohne REM. Erst in der zweiten Hälfte, wenn wir träumen, nimmt der REM-Schlafanteil zu. Der tiefste Schlaf geschieht in den Non-REM-Phasen

3 und 4. Non-REM-Schlaf zeichnet sich aus durch langsame Hirnwellen, durchsetzt von Peaks in der Hirnaktivität, genannt Spindeln. Im Gegensatz dazu ähnelt die während des REM-Schlafs aufgezeichnete elektrische Aktivität derjenigen eines Gehirns im Wachzustand.

Aufgabe: Schlaftagebuch

Tag 1 ist der erste Morgen und der erste Tag Ihres 100-Tage-Plans.

Führen Sie eine Woche lang ein Schlaftagebuch, um mögliche Muster und Gewohnheiten zu erkennen, die Ihre Schlafqualität beeinträchtigen oder fördern. Wenn Sie im Besitz eines Fitness-trackers sind oder auf Ihrem Telefon oder Ihrer Smartwatch eine Schlaf-App installiert haben, können Sie diese beim Ausfüllen der folgenden Tabelle nutzen.

Füllen Sie diese Spalten morgens aus	Tag 1	Tag 2	Tag 3	Tag 4	Tag 5	Tag 6	Tag 7
Wochentag (Mo, Di usw.)							
1. Gestern bin ich ins Bett gegangen um (Uhrzeit)							
2. Heute Morgen bin ich aufgewacht um (Uhrzeit)							
3. Ich bin aufgestanden um (Uhrzeit).							

Füllen Sie diese Spalten morgens aus	Tag 1	Tag 2	Tag 3	Tag 4	Tag 5	Tag 6	Tag 7
4. Ich fühlte mich a) erholt, b) etwas erholt, c) müde, d) erschöpft							
5. Ich habe xx Stunden und xx Minuten geschlafen (z. B. 6 h 35 min)							
6. Gestern Abend bin ich nach xx Minuten eingeschlafen. a) problemlos, b) nur mit Mühe							
7. In der Stunde vor dem Schlafengehen tat ich Folgendes (bitte auflisten: fernsehen, lesen, ein Bad nehmen, soziale Netzwerke, Internet, arbeiten usw.)							
8. In der Nacht bin ich xx Mal aufgewacht und war xx Minuten wach.							
9. Mich hat Folgendes aufgeweckt (sowohl interne als auch externe Faktoren auflisten, wie Träume, Gedanken, Harndrang, Schmerzen, Hundebellen, Lärm, Temperatur, Atemprobleme, Husten/Schnarchen usw.)							

Abends ausfüllen	Tag 1	Tag 2	Tag 3	Tag 4	Tag 5	Tag 6	Tag 7
10. Ich habe heute Sport getrieben xx Minuten							
11. Ich habe Sport getrieben um (Uhrzeit)							
12. Ich habe xx koffein-haltige Getränke zu mir genommen.							
13. Ich habe koffeinhal-tige Getränke zu mir ge-nommen um (Uhrzeit)							
14. Ich habe xx Einhei-ten Alkohol* zu mir ge-nommen.							
15. Ich habe xx Minuten geschlafen um (Uhrzeit)							
16. Ich habe mich a) wach, b) müde, c) schläf-rig gefühlt. Bitte jeweils für Vormittag, Nach-mittag und Abend ant-worten.	V: N: A:	V: N: A:	V: N: A:	V: N: A:	V: N: A:	V: N: A:	V: N: A:
17. Meine Stimmung war: sehr schlecht (0) bis hervorragend (5)							
18. Während des Tages … (Bitte mit Ja oder Nein antworten)							
a) …… hatte ich Konzentrationsschwierig-keiten.							

* Eine Flasche Wein mit 750 ml entspricht zehn Einheiten, ein Shot hoch-prozentiger Alkohol einer Einheit, ein halber Liter starkes Bier drei Ein-heiten, ein halber Liter leichtes Bier zwei Einheiten.

Abends ausfüllen	Tag 1	Tag 2	Tag 3	Tag 4	Tag 5	Tag 6	Tag 7
b) ... fiel es mir schwer, Ablenkungen auszublenden.							
c) ... fiel es mir schwer, längere Zeit aufmerksam zu sein.							
d) ... hatte ich Probleme, mich an bestimmte Sachen zu erinnern.							
e) ... hatte ich Probleme, neue Informationen aufzunehmen.							
f) ... war ich gereizt.							
19. Ich nahm folgende Medikamente:							
20. Ich habe zu Abend gegessen um (Uhrzeit).							
21. Ich habe mein letztes koffeinhaltiges Getränk zu mir genommen um (Uhrzeit)							
22. Ich habe mein letztes alkoholhaltiges Getränk zu mir genommen um (Uhrzeit).							

Verwenden Sie die Informationen aus diesem Schlaftagebuch, um die Fragen 1b, 2a, 3, 4, 5b und 6 in Teil 2 dieses Kapitels (Gesundheitsziele: Schlaf) zu beantworten.

Erholung durch Schlaf

Wenn wir wach sind, nimmt unser Gehirn stets neue Informationen auf. Schlaf sorgt für Erholung und stärkt unsere Fähigkeit, zu lernen und neue Gedächtnisinhalte zu speichern. Erinnern und Lernen sind untrennbar miteinander verbunden, und unterschiedliche Arten von Erinnerungen werden in unterschiedlichen Teilen des Gehirns verarbeitet. So spielt der Hippocampus, der Teil des Gehirns, der zeitweise neue Erinnerungen sammelt und speichert, eine Rolle für das deklarative Gedächtnis (Erinnerungen an Tatsachen und Ereignisse).

Die synchrone elektrische Aktivität im Non-REM-Schlaf ermöglicht es weit voneinander entfernt gelegenen Hirnregionen, Informationen auszutauschen und auf diese Weise Neuerlerntes sowie neue Gedächtnisinhalte zu konsolidieren.

Während der REM-Schlafphasen werden diese neuen Informationen mit existierenden Informationen, Erfahrungen und Erinnerungen abgestimmt. Diese Abstimmung sorgt für eine Aktualisierung unseres internen Weltbildes, ermöglicht es uns, Probleme zu lösen, Einsicht zu gewinnen und Ideen zu entwickeln. Wenn Sie gern öfter mit klugen Ideen und Lösungen für Probleme aufwachen möchten, dann sorgen Sie beim Erstellen Ihres Schlafplans für ausreichend REM-Schlaf.

Ressourcen freisetzen

Der Kapazität des Hippocampus sind Grenzen gesetzt, und Schlaf kann in dieser Hinsicht offenbar Abhilfe schaffen.

Zwei Gruppen gesunder Erwachsener mit ähnlichen Fähigkeiten wurden damit beauftragt, sich hundert Gesichter mit dem jeweils zugehörigen Namen der abgebildeten Person einzuprägen. Im Anschluss schlief die eine Gruppe anderthalb

Stunden lang, während die andere Gruppe ganz gewöhnlichen Aktivitäten (surfen im Internet, Brettspiele) nachging.

Um sechs Uhr abends, nach Schlaf und Aktivitäten, wurden beide Gruppen damit beauftragt, sich weitere hundert Gesicht-Namen-Paare einzuprägen. Die »Wach-Gruppe« schnitt zunehmend schlechter ab, während die »Schlaf-Gruppe« sich tatsächlich verbesserte und sich zwanzig Prozent mehr Paare einprägte als die andere Gruppe. Die Analyse der elektrischen Aktivitäten in ihrem Gehirn führte den größeren Lernerfolg auf die Phase 2, die Non-REM-Leichtschlafphase, zurück. Je mehr Spindeln ein Individuum während des kurzen Schlafs aufwies, desto besser war seine Lernfähigkeit wiederhergestellt.

Mehr Schlafspindeln stehen also in einem direkten Zusammenhang mit einer besseren Wiederherstellung der Lernfähigkeit nach einer schlafreichen Nacht. Wenn wir älter werden, schwindet das Vermögen unseres Gehirns, Spindeln herzustellen, auf etwa sechzig Prozent des Vermögens, wie wir es als junge Erwachsene besaßen. Je weniger Spindeln in unserem Nachtschlaf auftreten, desto geringer ist leider unsere Lernfähigkeit am darauffolgenden Tag.

Eine sich wiederholende Schleife elektrischer Ströme zwischen dem Hippocampus und der Hirnrinde kann auf einen Transfer frisch erlangter, faktenbasierter Informationen von dem temporären Lager des Hippocampus zu einem permanenteren Aufbewahrungsort in der Hirnrinde hinweisen. Dieser Transfer setzt wiederum Ressourcen im Hippocampus frei, sodass er nach dem Aufwachen für die Aufnahme neuer Informationen bereit ist.

Erinnerungen bilden

Erinnerungen werden in drei Phasen der Verarbeitung gebildet: Enkodieren (Erfassung), Konsolidieren (auch Einprägen, Festigen, Speichern genannt) und Abrufen. Sobald wir in unserer Umgebung etwas wahrnehmen, wird beim Enkodieren eine neue, fragile Erinnerungsspur angelegt. Diese nur sehr flüchtige Erinnerung wird anschließend im Konsolidierungsprozess stabilisiert, wobei das neue Wissen im Gehirn eingebettet wird und von da an abgerufen werden kann.

Im wachen Zustand kann das Gehirn optimal die Aufgaben des Enkodierens und Abrufens erfüllen, im schlafenden Zustand kümmert es sich hingegen vorzugsweise um die Festigung der erfassten Erinnerungen. Was das Behalten und Speichern von Erinnerungen angeht, ist der Schlaf im frühen Teil der Nacht besser als im späteren Verlauf – bedenken Sie diesen Punkt bitte beim Erstellen Ihres Schlafplans. Je mehr tiefen Non-REM-Schlaf Sie bekommen, desto mehr Fakten werden Sie folglich behalten können. Wenn Sie sich Fakten sofort nach dem Erfassen in Erinnerung rufen, aktivieren Sie Ihren Hippocampus. Erinnern Sie sich nach einer Nacht mit ausreichend tiefem Non-REM-Schlaf an dieselbe Information, aktivieren Sie mehr Ihren Neokortex als Ihren Hippocampus. Denn im tiefen Non-REM-Schlaf transportieren langsame Hirnwellen und Schlafspindeln neue Informationen vom Kurzzeitgedächtnis Ihres Hippocampus zu einem stabileren, permanenten Speicherort im Neokortex.

Kurz zusammengefasst: Schlafen Sie, bevor Sie etwas Neues lernen oder erfahren, dann hilft Ihnen das, neue Informationen zu enkodieren oder zu erfassen, während der Schlaf nach dem Erlernen Ihnen hilft, diese neuen Erinnerungen zu festigen.

Das Gehirn verbraucht viel Energie, und um effektiv arbeiten zu können, muss es effizient sein. Jeden Tag muss unser Gehirn eine unsagbare Menge an Informationen verarbeiten. Auch wenn wir über Milliarden von Neuronen, Synapsen und Verknüpfungen im Gehirn verfügen, die massenweise Informationen aufnehmen und verarbeiten können, so sind die Ressourcen unseres Gehirns doch begrenzt.

Es ist weder möglich noch sinnvoll, dass wir jede noch so winzige Information, die wir wahrnehmen, oder jede Erfahrung, die wir machen, enkodieren und als Erinnerung konsolidieren. Genauso wenig brauchen wir uns an jede Information zu erinnern, die wir irgendwann einmal abgespeichert haben. Schlaf erfüllt neben der Aufgabe, Erinnerungen zu festigen, wahrscheinlich auch noch diejenige, Informationen zu löschen, die wir nicht mehr brauchen oder lieber vergessen sollten. Zwischen dem Hippocampus und den Frontallappen zeigt sich während der Non-REM-Schlafspindeln ein interessantes Muster elektrischer, zehn bis fünfzehn Mal hin und her schaltender Aktivitäten, was bedeuten könnte, dass der Hippocampus sich mit dem Kontrollzentrum in den Frontallappen koordiniert. Denn dort wird gefiltert und entschieden, ob eine Information wichtig oder irrelevant ist, ob sie weiterhin gespeichert oder gelöscht werden soll.

Kurz und gut: Verzichten Sie nicht auf Schlaf, denn sonst reduzieren Sie Ihre Fähigkeit, neue Dinge zu lernen.

Was dem Gehirn schadet:
Was passiert bei zu wenig Schlaf im Gehirn?

Wenn wir zu wenig schlafen, dann muss unser Gehirn mit zweierlei zurechtkommen: einerseits mit Schlafentzug, andererseits mit längeren Wachphasen. Das sind zwei verschiedene Dinge. Schlagmangel wirkt sich auf mehrere Aspekte der kognitiven Funktionen aus, unter anderem auf unsere Aufmerksamkeit, unsere Lernfähigkeit und unser Gedächtnis.

Im vorangehenden Abschnitt wurde erklärt, wie Schlaf der Konsolidierung von Erinnerungen nach dem Lernprozess zugutekommt. Die Erforschung der Auswirkungen von Schlafmangel auf das Gedächtnis konzentriert sich bis heute vorwiegend auf das Enkodieren von Erinnerungen im Hippocampus, auch Erfassen genannt, also auf das, was vor der Festigung (Konsolidierung) geschieht.

Schlafmangel

Entzieht man Nagetieren Schlaf, so beeinträchtigt das das Wachstum neuer Neuronen. Zusätzlich reduziert Schlafmangel die Produktion von Proteinen, die in Verbindung mit der Neuroplastizität im Hippocampus stehen.

Bei Menschen beeinträchtigt bereits eine Nacht mit zu wenig Schlaf die Fähigkeit des Hippocampus, Neues zu erlernen und zu enkodieren. Schlafen Menschen zwar nachts ausreichend, aber entzieht man ihnen gezielt den Non-REM-Schlaf mit langsamen Wellen (Slow-Wave-Schlaf), dann reduzieren sich dadurch die Lern- und Enkodierungsaktivitäten im Hippocampus. Schlafentzug steht auch im Zusammenhang mit Beeinträchtigungen in den größeren Hirnnetzwerken.

Bei älteren Menschen sind während der Non-REM-Schlafphasen Beeinträchtigungen zu beobachten, die bei Menschen mit Alzheimer-Krankheit deutlich stärker ausfallen. Stärkere Beeinträchtigungen der Lern- und Enkodierungsfähigkeiten bei Alzheimer-Patienten sind assoziiert mit einer geringeren Aktivität von langsamen Wellen und Spindeln während des Non-REM-Schlafes.

Die meisten von uns können vermutlich bestätigen, dass Schlafmangel uns reizbar, nervös, emotional instabil, ja sogar aggressiv macht. Zudem stellen Sie womöglich fest, dass es Ihnen schwerer fällt, Aufgaben zu erledigen, bei denen das Gedächtnis involviert ist, etwa wenn Sie kontrollieren wollen, ob Ihnen an der Supermarktkasse nicht zu wenig Wechselgeld herausgegeben wurde, oder wenn Sie eine Restaurantrechnung unter fünf Freunden aufteilen wollen. Ausdauernde Konzentrationsfähigkeit – wenn man beispielsweise einen Zeitungsartikel bis zum Ende lesen möchte – leidet besonders unter Schlafmangel.

Sie sind sich wahrscheinlich weniger dessen bewusst, dass Schlafmangel Sie impulsiver handeln und eher Risiken in Kauf nehmen lässt, die Sie gut ausgeschlafen nicht eingehen würden. Schlafmangel und schlechter Schlaf können sich auf unsere Stimmung auswirken und extremer Schlafenzug – leider – zu Suizidgedanken und -versuchen führen. Zudem beeinträchtigt Schlafmangel das Funktionieren unserer Organe und unseres Kreislaufs. In Kapitel 4 wird der Zusammenhang von Schlafentzug und chronischem Stress detaillierter erläutert.

Ohne angemessenen Schlaf fällt es unserem Gehirn schwerer, Informationen aufzunehmen und zu verarbeiten, denn unsere Konzentration lässt nach und setzt irgendwann aus.

Die Neuronen haben Probleme, Informationen zu koordinieren, was sich wiederum auf die Fähigkeit, zuvor Erlerntes abzurufen, auswirkt. Solche »Ausfälle« sollten daher nicht auf die leichte Schulter genommen werden, da sie zu Unfällen, Verletzungen und im Extremfall zu Todesfällen führen können.

Angesichts der negativen Auswirkungen von zu wenig Schlaf auf jeden Aspekt Ihrer Gesundheit ist es unerlässlich, dass Sie die Faktoren, die Ihren Schlaf stören, identifizieren und sie anschließend mithilfe Ihres individuellen Schlafplans zu beseitigen versuchen.

Aufgabe: Schlafstörungen

Listen Sie in der folgenden Tabelle jeden Störfaktor aus Ihren Antworten auf Frage 9 aus dem **Schlaftagebuch** in der Spalte »Ich konnte nicht schlafen, weil« auf. Halten Sie fest, wie oft jeder einzelne Faktor Ihren Schlaf gestört hat. Wenn Ihr Schlaf in dieser Woche nicht gestört wurde, dann notieren Sie einfach ein Kreuz in der Spalte »Nicht in dieser Woche«. Wenn Sie jedoch meinen, im vergangenen Monat Schlafprobleme gehabt zu haben, dann setzen Sie entsprechend in dieser Spalte ein Kreuz und notieren folgende Punktzahlen je nach Häufigkeit:

- Nicht in der letzten Woche: 0
- 1 oder 2 Mal in der letzten Woche: 2
- 3 Mal oder häufiger in der letzten Woche: 3
- Weniger als 1 Mal pro Woche im letzten Monat: 1

Schlafstörungen	Diese Woche basierend auf Ihrem Schlaftagebuch			Im letzten Monat	
Ich konnte nicht schlafen, weil:	Nicht in dieser Woche	1 oder 2 Mal	3 Mal oder häufiger	Weniger als 1 Mal pro Woche	Punkte
Gesamtpunktzahl					

Gesamtpunktzahl: _____

Was Ihr Ergebnis bedeutet

- 0 = Keine Schlafstörungen
- 1 bis 9 = Leichte Schlafstörungen
- 10 bis 18 = Moderate Schlafstörungen
- Mehr als 18 = Starke Schlafstörungen

Übertragen Sie Ihr Ergebnis auf Frage 5 a in Teil 2 dieses Kapitels (Gesundheitsziele: Schlaf).

Schlafentzug und Risikofaktoren für Demenz

Schlafentzug kann auch bei der Entwicklung von Übergewicht in der Lebensmitte und von Typ-2-Diabetes eine Rolle spielen – beide stehen im Zusammenhang mit einem erhöhten Risiko für Alzheimer.

Übergewicht

Die meisten von uns wissen, dass sie weniger essen und mehr Sport treiben sollten, wenn sie überflüssige Kilos verlieren und ein gesundes Gewicht erreichen wollen. Aber wussten Sie, dass zu wenig Schlaf (pro Nacht weniger als sieben oder acht Stunden) zu Gewichtszunahme und Übergewicht führen kann? Zunächst klingt das widersprüchlich, denn schließlich sind wir länger wach und somit aktiver, verbrennen also mehr Kalorien – so zumindest die naheliegende Annahme. Doch Schlaf ist metabolisch gesehen ein aktiver Zustand. Bleibt man 24 Stunden am Stück wach, verbrennt der Körper lediglich 147 Kalorien mehr als im selben Zeitraum mit den üblichen acht Stunden Schlaf. Allerdings ist der Zusammenhang zwischen Schlaf und Gewichtszunahme deutlich komplexer als die bloße Summe verbrannter Kalorien. Dabei spielen mehrere Faktoren eine Rolle, unter anderem zwei Hormone (Leptin und Ghrelin) sowie unser Endocannabinoid-System.

Hungrige Hormone

Das Hormon Ghrelin löst das Hungergefühl aus, während Leptin uns signalisiert, dass wir satt sind. Haben Sie sich auch schon gewundert, warum Sie das Gefühl haben zu verhungern, wenn Sie sich übernehmen, anstatt ausreichend zu schlafen? Das liegt daran, dass Schlafmangel den Hormonspiegel beeinflusst: Er steigert die Konzentration von Ghrelin und senkt diejenige von Leptin, sodass Sie kein Gefühl der Sättigung verspüren, sondern stets mehr Hunger haben. Während Sie also nach einer Nacht mit acht Stunden Schlaf nach einer bestimmten Menge Essen gesättigt sind, wollen Sie nach nur vier Stunden Schlaf nach eben dieser Portion noch deutlich mehr essen.

Selbst mit fünf bis sechs Stunden Schlaf pro Nacht werden Sie wahrscheinlich dreihundert Kalorien mehr zu sich nehmen als an einem Tag nach einer Nacht mit ausreichend Schlaf. Bekommen Sie regelmäßig weniger als sieben Stunden Schlaf pro Nacht, ist eine Gewichtszunahme von fünf oder mehr Kilo im Jahr somit nicht allzu verwunderlich. Dazu kommt: Je weniger Sie schlafen, desto weniger Energie haben Sie – und werden somit noch träger. Das bedeutet: Sie schlafen nicht nur weniger und essen mehr, sondern Sie verbrennen aller Wahrscheinlichkeit nach auch weniger Kalorien. Daher ist es nahezu logisch, zwischen der Epidemie des Schlafentzuges und der Epidemie des Übergewichts in Industrieländern eine Verbindung zu ziehen.

Sie haben wahrscheinlich schon von Haschkeksen und Space Cookies gehört, doch wussten Sie, dass Ihr Körper von Natur aus Endocannabinoide produziert, also chemische Stoffe, die Cannabis ähneln? Ihr endocannabinoides System spielt nämlich eine entscheidende Rolle in Sachen Appetitkontrolle und Energiehaushalt. Schlafen Sie zu wenig, erhöht sich die Konzentration von Endocannabinoiden in Ihrem Körper und bleibt länger in Ihrem System, als wenn Sie ausreichend Schlaf bekommen haben.

Studien haben gezeigt, dass Menschen mehr Hunger und Appetit verspüren, wenn die Konzentration von Endocannabinoiden höher ist. Litten Probanden unter Schlafentzug, aßen sie verstärkt zwischen den Mahlzeiten und griffen schneller zu ungesunden Snacks im Vergleich zu ausgeschlafenen Probanden. Endocannabinoide scheinen somit das Verlangen nach Essen aus Genuss, auch hedonistisches Essen genannt, bei einem nicht vorhandenen Energiebedarf anzuregen. Schlafen wir ausreichend, so können wir diesen Drang besser steuern und Junkfood leichter widerstehen. Schlafen wir zu wenig, nimmt unser hedonistisches Verlangen nach bestimmten Speisen hingegen zu, und es fällt uns deutlich schwerer, diesem Drang zu widerstehen.

Der Schlafmangel, den viele von uns freiwillig in Kauf nehmen, führt also nicht nur dazu, dass wir mehr essen, sondern beeinflusst auch das, was wir essen – und zwar mehr süße und salzige Speisen sowie schwere kohlenhydrathaltige Kost. In *Das große Buch vom Schlaf* (Original: *Why We Sleep*) beschreibt Matthew Walker ein von ihm durchgeführtes Experiment, das den Zusammenhang zwischen Schlafverlust und Gewichtszunahme genauer untersucht. Sein Team fand heraus, dass zu wenig Schlaf die Hirnaktivität in bestimmten Regionen des präfrontalen Kortex ausschaltet, die für unser Urteilsvermögen und unsere Entscheidungsfindung wichtig sind.

Gleichzeitig erhöht Schlafmangel die Hirnaktivität in evolutionär gesehen älteren Hirnregionen, die tief im Gehirn liegen und für Motivation und Triebe zuständig sind. Die Probanden in seinem Experiment, die zu wenig schliefen, nahmen erstaunliche sechshundert Kalorien täglich mehr zu sich als im ausgeschlafenen Zustand. Zum Glück ist nach einer Nacht mit ausreichend Schlaf unser Impulskontrollsystem wieder funktionsfähig und kann unsere primitiven exzessiven Essgelüste in Zaum halten.

Leider können schlechte Schlafgewohnheiten im Kindesalter die Weichen stellen für Übergewicht im Erwachsenenleben. Bei Dreijährigen, die weniger als zehneinhalb Stunden Schlaf pro Nacht haben, ist das Risiko, bereits im Alter von sieben Jahren unter Übergewicht zu leiden, um 45 Prozent höher als bei den Kindern, die die empfohlenen zwölf Stunden Schlaf pro Nacht bekommen.

Typ-2-Diabetes

Typ-2-Diabetes erhöht nicht nur das Risiko, die Alzheimer-Krankheit zu bekommen, sondern raubt einem auch ganze zehn Lebensjahre. Bei Menschen mit Typ-2-Diabetes ist der Blutzuckerspiegel (Glukosespiegel) deutlich höher als bei gesunden Menschen. Mit der Zeit kann dieser erhöhte Glukosespiegel verheerende Auswirkungen haben und zu Erblindung, Nervenschäden, Amputationen und Nierenversagen führen. Die Bauchspeicheldrüse produziert nämlich Insulin, ein Hormon, das die Glukosespiegel im Blut kontrolliert. Nach dem Essen wird Insulin freigesetzt und veranlasst die Zellen dazu, die mit der Nahrung aufgenommene Glukose zu absorbieren, die dann in Energie umgewandelt werden kann. Bei Patienten mit Typ-2-Diabetes wird der Körper zunehmend resistent gegenüber dem Hormon Insulin und kann dieses somit nicht länger adäquat einsetzen.

Bei Menschen, die berichten, regelmäßig weniger als sechs Stunden Nachtschlaf zu bekommen, ist der Anteil an Typ-2-Diabetes-Patienten deutlich höher, auch wenn man andere Risikofaktoren für Diabetes mitberücksichtigt. Bekommen gesunde Menschen sechs Nächte in Folge nur vier Stunden Schlaf pro Nacht, dann erreichen sie einen prädiabetischen Zustand

namens Hyperglykämie. Nach weniger als einer Woche Schlafentzug nimmt ihre Fähigkeit, Glukose zu absorbieren, um vier-
zig Prozent ab. Würden sie zum Hausarzt gehen, würde dieser
bei ihnen Prädiabetes diagnostizieren.

Offenbar werden die Zellen von Menschen mit Schlafmangel
resistent gegenüber den Signalen von Insulin, die dafür sorgen,
dass Glukose aufgenommen werden kann. Statt Glukose zu absorbieren, stoßen ihre Zellen Insulin ab, was zu gefährlich hohen
Blutzuckerspiegeln führt. Dieser prädiabetische Zustand kann
sogar durch leichteren Schlafmangel hervorgerufen werden, und
deshalb wird chronischer Schlafmangel inzwischen als ernsthaf-
ter Risikofaktor für das Auftreten von Typ-2-Diabetes angesehen, eine Erkrankung, die wiederum das Demenzrisiko erhöht.

Kurz und gut: Schlafen Sie gut und ausreichend, um
gesund zu bleiben, Ihr Gedächtnis zu erhalten und Unfälle zu
vermeiden.

Zusammenfassung

Wenn es um Schlaf und ein gesundes Gehirn geht, dann sind
sowohl Quantität als auch Qualität entscheidend:

- Schlafen Sie nachts ausreichend, also sieben bis acht Stun-
  den.
- Ihr Gehirn benötigt sowohl REM- als auch Non-REM-
  Schlaf, schlafen Sie also zur richtigen Zeit. Im Idealfall
  gehen Sie zwischen acht Uhr abends und Mitternacht ins
  Bett.

- Während der Non-REM-Schlafphasen werden neue Informationen und Erinnerungen konsolidiert.
- Während der REM-Schlafphasen werden neue Informationen in bereits bestehende Informationen, Erinnerungen und Erfahrungen integriert, die es Ihnen erlauben, Probleme zu lösen, zu analysieren und Ideen zu entwickeln.
- Wenn wir älter werden, benötigen wir nicht weniger Schlaf, stellen jedoch möglicherweise eine Abnahme der Quantität, Qualität und Effizienz unseres Schlafes fest.
- Nur Schlaf kann unseren Schlafdrang stillen und dafür sorgen, dass das müde machende Adenosin aus unserem Körper verschwindet.
- Benutzen Sie Licht, um Ihren Schlaf zu optimieren.
- Schlaf sorgt dafür, dass unser Gehirn von Toxinen gereinigt wird.
- Schlaf ist extrem wichtig für die Lernfähigkeit, das Gedächtnis und die Konzentration.
- Schlafmangel beeinträchtigt die Neuroplastizität, verschiedene kognitive Funktionen und führt zu Gewichtszunahme.
- Eine Woche Schlafmangel kann ausreichen, um Prädiabetes auszulösen.

Das Gehirn auf neue Wege bringen: Was Sie dafür tun können

In diesem Abschnitt finden Sie einfache Tipps, die Ihnen dabei helfen, einen Schlafplan aufzustellen und besser zu schlafen.

Schlaf ist unerlässlich für ein gesundes, gut funktionierendes Gehirn – sehen Sie Schlaf daher als eine Art Zaubertrank für Ihr Gehirn an. Schlaf ist eine Investition in Ihre Zukunft, die Sie nichts kostet außer der Zeit, die Sie nachts wohlig schlummernd in Ihrem Bett verbringen.

ZEHN PRAKTISCHE TIPPS, WIE SIE BESSER SCHLAFEN

- Gehen Sie jeden Tag zur gleichen Zeit ins Bett und stehen Sie auch zur gleichen Zeit auf.
- Entspannen Sie sich abends und etablieren Sie ein beruhigendes Abendritual.
- Kümmern Sie sich um die Lichtverhältnisse in Ihrem Schlafzimmer.
- Schaffen Sie sich eine Schlafoase.
- Seien Sie tagsüber körperlich aktiv.
- Hören Sie mit Rauchen auf.
- Vermeiden Sie Koffein in den Abendstunden.
- Vermeiden Sie Alkohol vor dem Schlafengehen.
- Kümmern Sie sich um Erkrankungen oder Arzneimittel, die sich auf die Qualität Ihres Schlafes auswirken.
- Achten Sie auf Stress.

1. Gehen Sie jeden Tag zur gleichen Zeit ins Bett und stehen Sie auch zur gleichen Zeit auf

Die Aufgaben in diesem Kapitel helfen Ihnen, einen persönlichen Schlafzeitplan zu erstellen, der sich nach Ihrem Alter, Ihrer Arbeit und anderen relevanten Faktoren richtet. Halten

Sie sich an diesen Plan – das bedeutet auch, jeden Tag zur gleichen Zeit ins Bett zu gehen und aufzustehen, egal, ob es gerade
Wochenende ist oder Sie Ihren freien Tag haben. Schlaf ist kein
Luxusgut, sondern absolut grundlegend für Ihre physische und
mentale Gesundheit sowie für diejenige Ihres Gehirns. Stellen
Sie daher sicher, dass Sie mindestens die empfohlene Anzahl
von Stunden pro Nacht schlafen.

Beide Schlafphasen, REM und Non-REM, sind entscheidend
für ein gesundes Gehirn. Außer auf die für Ihr Alter empfohlene Anzahl von Stunden Schlaf sollten Sie daher darauf achten,
ausreichend lange in beiden Schlafphasen zu schlafen. Bedenken Sie: Der REM-Schlaf findet vorwiegend in den frühen Morgenstunden statt, der Non-REM-Schlaf hingegen vorwiegend
in den Abendstunden.

Wenn Sie also weniger Stunden als empfohlen schlafen, da
Sie nach Mitternacht ins Bett gehen, rauben Sie Ihrem Gehirn
möglicherweise die Zeit, die es braucht, um wichtige Aktivitä-
ten im Non-REM-Schlaf auszuführen. Umgekehrt gilt: Stehen
Sie regelmäßig sehr früh morgens auf, dann nehmen Sie Ihrem
Gehirn eventuell einen Großteil der Zeit, die es für die REM-
Schlaf-Aktivitäten benötigt.

2. Entspannen Sie sich und etablieren Sie ein beruhigendes Abendritual

Kreieren Sie ein beruhigendes und entspannendes Abendritual, bei dem Sie keine blaues Licht ausstrahlenden Geräte benötigen. Wenn Sie gern lesen, dann lesen Sie ein gedrucktes
Buch oder hören Sie ein Audiobuch. Ich persönlich habe vor
Kurzem Podcasts für mich entdeckt; sie helfen mir wunderbar
beim Entspannen – und zwar so sehr, dass ich am folgenden

Tag zurückspulen muss, um den Podcast an der Stelle weiterzuhören, an der ich eingeschlafen bin!

Auch ein warmes Bad kann für Tiefenentspannung sorgen, denn der Anstieg und Abfall der Körpertemperatur schafft ein Gefühl von Schläfrigkeit. Manche Menschen haben den Eindruck, ein Bad würde sie eher aufwecken, aber das empfindet jeder anders. Probieren Sie es einfach aus, bis Sie das passende Ritual für sich gefunden haben.

Auch Meditation oder Achtsamkeitstraining kann beruhigend wirken und uns helfen, wenn wir zu sehr in der Vergangenheit verhaftet sind oder uns zu sehr um die Zukunft sorgen. Meditation ist nicht jedermanns Sache, aber die dreißig Minuten vor dem Schlafengehen einfach im Hier und Jetzt zu sein und sich auf das zu konzentrieren, was man gerade tut, kann schon sehr effektiv sein.

Vielleicht ist auch das Führen eines Glückstagebuchs eine Option: Besorgen Sie sich ein einfaches Notizbuch und schreiben Sie jeden Abend, als Teil Ihres Abendrituals vor dem Schlafengehen, eine Begebenheit auf, die Sie an diesem Tag glücklich gemacht hat. Das kann etwas ganz Simples wie eine schöne Blüte oder das Brabbeln eines Babys sein. Mir hilft das, besser auf die positiven Aspekte eines Tages zu achten, um am Abend meine Einträge in das Glückstagebuch machen zu können. Experimentieren Sie ruhig ein wenig herum, bis Sie Ihre Routine gefunden haben. Mehr zu den Auswirkungen einer positiven Einstellung auf die Gesundheit Ihres Gehirns lesen Sie in Kapitel 8.

3. Kümmern Sie sich um die Lichtverhältnisse in Ihrem Schlafzimmer

Achten Sie darauf, dass es in Ihrem Schlafzimmer so dunkel wie möglich ist, denn das hilft Ihnen, gut zu schlafen. Künstliches, bläuliches Licht, das von digitalen Geräten und LED-Lampen ausgeht, sollte eine Stunde vor dem Zubettgehen gemieden werden, im Schlafzimmer sollte es überhaupt nicht vorhanden sein. Wenn Sie nachts aufwachen, greifen Sie nicht zum Smartphone oder Tablet, denn das blaue Licht weckt Ihr Gehirn auf, weshalb Sie anschließend nicht mehr so leicht in den Schlaf zurückfinden. Verbannen Sie sämtliche Technologie aus Ihrem Schlafzimmer. Schaffen Sie sich einen altmodischen Wecker an, um nachts zu wissen, wie spät es ist, und um morgens gegebenenfalls rechtzeitig geweckt zu werden. So widerstehen Sie der Versuchung, ständig auf Ihrem Telefon nach der Uhrzeit zu sehen, womit Sie sich nicht nur dem blauen Licht aussetzen, sondern auch dazu verleitet werden, Mails zu checken oder auf die sozialen Medien zuzugreifen.

Leisten Sie sich einen Schalter mit Dimmfunktion für Schlaf- und Badezimmer, damit Sie das Licht dort herunterdimmen können, bevor Sie schlafen gehen. Ändern Sie gegebenenfalls Ihre Routine dahingehend, dass Zähneputzen bei grellem Licht nicht unbedingt das Letzte ist, was Sie vor dem Schlafengehen tun. Organisieren Sie Ihre allabendlichen Gewohnheiten neu, vielleicht putzen Sie die Zähne schon zu Beginn Ihres Abendrituals und nicht erst am Ende. Achten Sie darauf, dass Sie problemlos ins Badezimmer finden, sollten Sie nachts aufwachen, und verzichten Sie dabei auf grelles Licht. Nahe dem Fußboden angebrachte Nachtlichter können eine Hilfe sein, den Weg zum Badezimmer im Halbdunkel zu finden. Eine Taschenlampe auf dem Nachttisch und Dimmschalter auf dem Weg zum Badezimmer helfen ebenso.

Täglich sollten Sie sich mindestens dreißig Minuten im Tageslicht aufhalten; diese Zeit können Sie für andere Aktivitäten, die der Gesundheit Ihres Gehirns zugutekommen, nutzen, wie etwa Sport oder Freunde treffen. Versuchen Sie, wenn möglich, Morgenlicht zu tanken, indem Sie früh, direkt nach dem Aufwachen, die Rollos hochziehen oder Vorhänge öffnen. Wenn Sie an einem Ort leben, wo es morgens sehr dunkel ist, dann begeben Sie sich in helles, nicht blaues Licht, sobald Sie aufwachen.

In der späteren Lebensphase erreicht die Ausschüttung von Melatonin früher am Abend ihren Höhepunkt, sodass Sie eher den Drang verspüren, ins Bett zu gehen. Ihnen fällt es womöglich schwerer, abends wach zu bleiben, doch sollten Sie gegen Abend aus Versehen kurz wegnicken, dann zählt das als Nickerchen, das leider den Schlafdrang zeitweise senkt. Wahrscheinlich haben Sie dann Probleme einzuschlafen, wenn Sie später am Abend ins Bett gehen. Zusätzlich dazu verändert sich mit dem Alter Ihr zirkadianer Rhythmus dahingehend, dass Sie früher am Morgen aufwachen. Wenn Sie sich auf Dauer gegen diese Verschiebungen Ihrer inneren Uhr sträuben, wird sich immer mehr Schlafmangel anhäufen. Der abendlichen Müdigkeit können Sie Einhalt gebieten, indem Sie früher zu Bett gehen oder – wie es der Schlafforscher Matthew Walker empfiehlt – Ihre Lichtexposition entsprechend anpassen, um die altersbedingten Veränderungen Ihres zirkadianen Rhythmus besser im Griff zu haben. Sorgen Sie dafür, dass Sie nachmittags länger natürlichem Licht ausgesetzt sind, denn so verschieben Sie den Zeitpunkt der Ausschüttung von Melatonin nach hinten.

4. Schaffen Sie sich eine Schlafoase

Nehmen Sie Ihr Schlafzimmer unter die Lupe und machen Sie Inventur. Benützen Sie alle Ihre Sinne, untersuchen Sie wirklich alles und stellen Sie sich dabei folgende Fragen:

- Sind die Wandfarben beruhigend und schlaffördernd?
- Wie gut verdunkeln die Vorhänge oder Rollos den Raum?
- Ist das Zimmer unordentlich oder sehr vollgestopft?
- Muss alles, was sich in Ihrem Schlafzimmer befindet, auch wirklich dort sein, oder könnte es woanders gelagert oder gar entsorgt werden?
- Wie ordentlich ist Ihr Schlafzimmer?
- Wie staubig ist Ihr Schlafzimmer?
- Wann haben Sie zuletzt eine neue Matratze oder neue Kissen gekauft?
- Wie bequem ist Ihr Schlafanzug?
- Gibt es in Ihrem Schlafzimmer Gerüche, die Sie am Schlafen hindern können?
- Gibt es Geräusche, die gegebenenfalls stören?
- Wie viel elektronischen Geräte gibt es in Ihrem Schlafzimmer?
- Gibt es in Ihrem Schlafzimmer irgendwelche Gegenstände, die Stress, Sorgen oder Ängste auslösen könnten?
- Wie angenehm ist die Raumtemperatur in Ihrem Schlafzimmer?

Wenn Sie diese Fragen beantworten, hilft das Ihnen, konkrete Hürden, die Sie am Schlafen hindern oder es erschweren, zu bestimmen. Einige der Probleme lassen sich wahrscheinlich schnell und einfach beheben, andere brauchen Zeit und Geld.

Nehmen Sie diese Punkte in Ihren Schlafplan im folgenden Abschnitt auf und ordnen Sie sie nach Wichtigkeit.

Wägen Sie die Kosten einer Renovierung oder Umgestaltung Ihres Schlafzimmers gegen den Wert ab, den Schlaf für Ihre Gesundheit hat. Wenn Ihre Lebensverhältnisse es erlauben, dann versuchen Sie aus Ihrem Schlafzimmer eine wahre Schlafoase zu machen – vermeiden Sie Mehrzweckräume, das heißt die Kombination von Arbeiten und Schlafen oder Fernsehen und Schlafen in einem Raum. Oft werden die Zimmer von Kindern und Jugendlichen zu verschiedenen Zwecken genutzt – sie sind voller Spielzeug, Konsolen und häufig Schreibtische, an denen die Hausaufgaben gemacht werden. Falls möglich, sollte das vermieden werden. Doch meistens geht das aufgrund der Wohnverhältnisse nicht. Versuchen Sie in diesem Fall, den Raum abends für die Nacht umzuwandeln: Räumen Sie Spielzeuge, Schulsachen und elektronische Geräte auf oder beiseite. Inzwischen gibt es zahlreiche praktische Aufbewahrungssysteme, die genau dafür entwickelt wurden.

5. Seien Sie tagsüber körperlich aktiv

Körperliche Aktivität ist gut für die Gehirngesundheit und kann ebenfalls Wunder bewirken, was die Verbesserung von Schlafverhalten und Schlafqualität angeht, solange man in den zwei bis drei Stunden vor dem Zubettgehen keinen Sport treibt. In Kapitel 7 erfahren Sie mehr über die positiven Wirkungen sportlicher Betätigung auf Ihr Gehirn. Dort finden Sie außerdem detaillierte, praktische Tipps, wie Sie körperlich aktiv werden können.

6. Hören Sie mit Rauchen auf

Nikotin ist ein Muntermacher. Wenn Sie sich dazu entschieden haben, sich das Rauchen nach und nach statt von einem Tag auf den anderen abzugewöhnen, und deshalb versuchen, weniger zu rauchen, dann vermeiden Sie Nikotingenuss sowie Pflaster oder entsprechende Kaugummis zumindest in der Stunde, bevor Sie zu Bett gehen. Ausführlichere Informationen zu den Auswirkungen von Nikotin auf die Gesundheit Ihres Gehirns finden Sie in Kapitel 6.

7. Vermeiden Sie Koffein in den Abendstunden

Koffein ist ein psychoaktives Stimulans. Nehmen Sie koffeinhaltige Getränke zu sich, dann wirken diese anregend und aufputschend, denn das Koffein dämpft die Wirkung des Müdigkeit auslösenden Hormons Adenosin. Allerdings verschwindet Adenosin dadurch nicht aus Ihrem Körper, und Koffein sorgt auch nicht dafür, dass Ihr Schlafmangel behoben ist. Es blockiert lediglich die Müdigkeitssignale und trickst sie aus, sodass Sie sich wach fühlen. Der Schlafdrang ist im Grunde noch immer da, Sie brauchen noch immer Ihren Schlaf, und Ihr Schlafdefizit vergrößert sich weiter.

Auch nach dem Verzehr bleibt Koffein noch einige Zeit in Ihrem Körper – es kann fünf bis sieben Stunden dauern, bis die Hälfte des aufgenommenen Koffeins abgebaut ist. Im Alter verlängert sich diese Zeitdauer, die Gehirn und Körper für die Verarbeitung und Entfernung von Koffein aus Ihrem Körper brauchen. Daher sollten Sie versuchen, in den letzten vier bis fünf Stunden des Tages kein Koffein zu sich zu nehmen. Bedenken Sie dabei auch, dass viele Produkte, selbst entkoffeinierter Kaffee, Koffein enthalten.

8. Vermeiden Sie Alkohol vor dem Schlafengehen

Lassen Sie sich nicht davon täuschen, dass Alkohol Sie zunächst schläfrig macht. Später in der Nacht kann Alkoholgenuss am Abend zu ernsthaften Schlafstörungen führen. Nach ein paar Stunden wirkt Alkohol wie ein Stimulans, das Ihre Schlafqualität beeinträchtigt. Verzichten Sie also auf einen Schlummertrunk, und meiden Sie Alkohol in den letzten drei Stunden vor dem Schlafengehen. Beschränken Sie Ihren Konsum auf maximal zwei Alkoholeinheiten pro Tag und vermeiden Sie exzessives Trinken.

9. Kümmern Sie sich um Erkrankungen oder Arzneimittel, die sich auf die Qualität Ihres Schlafes auswirken

Wenn Sie regelmäßig Medikamente einnehmen und unter Einschlafproblemen leiden, leicht wieder aufwachen, tagsüber schläfrig sind oder anders geartete Schlafprobleme haben, dann sollten Sie mit Ihrem Arzt sprechen, um zu überprüfen, ob das an Ihren Medikamenten liegen kann.

Einige Herz-, Blutdruck- und Asthmamedikamente können sich negativ auf den Schlaf auswirken. Gleiches gilt für rezeptfreie Erkältungs- und Grippemedikamente sowie Kopfschmerztabletten. Jeder Mensch reagiert anders auf die chemischen Wirkstoffe in diesen Arzneimitteln.

Setzen Sie verschreibungspflichtige Medikamente nicht eigenhändig ab. Sprechen Sie vorher immer erst mit Ihrem Arzt, um alternative Behandlungsmethoden zu besprechen, die sich nicht negativ auf Ihren Schlaf auswirken.

Wenn Sie aufgrund einer chronischen Erkrankung häufig wach liegen, dann lohnt es sich vielleicht, mit einem Arzt oder anderen Gesundheitsexperten darüber zu sprechen, wie Sie besser schlafen können.

10. Achten Sie auf Stress

Ein schlechter Umgang mit chronischem Stress kann Ihren Schlaf negativ beeinflussen. Wenn Sie nachts aufgrund von Stress und anderen Sorgen wachliegen oder aufwachen, dann nehmen Sie sich besser schon tagsüber die Zeit, sich dem zu widmen, was diesen Stress verursacht.

Alternativ können Sie auch Ihre Sorgen und Probleme in einem Tagebuch festhalten. Das Niederschreiben allein sorgt meistens schon für einen klaren Kopf. Wenn bestimmte Sorgen Ihr Abendritual beeinträchtigen oder Sie nachts wach werden lassen, dann kümmern Sie sich darum und nehmen Sie sich fest vor, sich zu einem bestimmten Zeitpunkt am folgenden Tag mit diesen Sorgen auseinanderzusetzen. Im nächsten Kapitel beschäftigen wir uns ausführlicher mit den Auswirkungen von Stress auf die Gesundheit Ihres Gehirns. Dort finden Sie auch weitere praktische Tipps zum Umgang mit Stress.

Schlaf – Teil 2
Ziele – Schlafplan – Persönliches Profil

Setzen Sie sich Ziele und erstellen Sie Ihren Schlafplan sowie Ihr persönliches Schlafprofil.

Ziele für ein gesundes Gehirn: Schlaf

Die Beantwortung der folgenden Fragen hilft Ihnen, Ziele zur Verbesserung Ihres Schlafes und der Gesundheit Ihres Gehirns festzulegen. Am Ende des Buches finden Sie ab Seite 414 ein vollständig ausgefülltes Muster eines solchen Schlafplans.

Frage 1: Schlafdauer

Die US-amerikanische National Sleep Foundation empfiehlt Erwachsenen zwischen 18 und 64 Jahren sieben bis neun Stunden Schlaf pro Nacht, Menschen über 65 Jahren wird zu sieben bis acht Stunden geraten. Angesichts der variierenden Schlafbedürfnisse stellen Sie womöglich fest, dass für Sie etwas mehr oder etwas weniger Schlaf angemessen ist. Trotzdem: Sie sollten in keinem Fall weniger als fünf oder mehr als neun Stunden pro Nacht schlafen. Erwachsene unter 65 Jahren sollten nicht weniger als sechs Stunden pro Nacht schlafen. Erwachsene zwischen 26 und 64 Jahren sollten nicht mehr als zehn Stunden, Erwachsene zwischen 18 und 25 Jahren nicht mehr als elf Stunden pro Nacht schlafen.

a) Antworten Sie entsprechend den obengenannten Empfehlungen zur Schlafdauer.

Wie viele Stunden Schlaf brauchen Sie pro Nacht, um sich gesund und ausgeruht zu fühlen? _____

Ich schlafe momentan
zu wenig   ☐
zu viel   ☐
genau richtig   ☐

b) Antworten Sie entsprechend den Informationen, die Sie in *Aufgabe: Schlaftagebuch* eingetragen haben.

Wie viele Stunden schlafen Sie im Schnitt* pro Nacht? _____

Wie verhält sich diese Zahl zu Ihrer Einschätzung zu Beginn dieses Kapitels?

Schlafziel Nummer 1
a) Ich möchte pro Nacht _____ Stunden mehr oder _____ Stunden weniger schlafen.
b) Kein Eingreifen erforderlich: Ich bekomme den Empfehlungen entsprechend ausreichend Schlaf. ☐

Frage 2: Schlafplan
Antworten Sie entsprechend den Informationen, die Sie bei *Aufgabe: Schlaftagebuch* eingetragen haben.

Ich habe keine feste Schlafenszeit, sondern gehe meistens zu verschiedenen Zeiten ins Bett. ☐

Ich habe keine feste Aufstehzeit, sondern stehe meistens zu verschiedenen Zeiten auf. ☐

Meistens gehe ich zur selben Zeit ins Bett:
Ja ☐
Nein ☐

---

*   Um den Durchschnitt zu bestimmen, wandeln Sie die Schlafdauer jeder Nacht in Minuten um, addieren die Minuten von sieben Nächten, teilen das Ergebnis durch sieben und verwandeln es zurück in Stunden und Minuten.

An Wochen-/Werktagen gehe ich meistens um _____ Uhr ins Bett.

An freien Tagen und am Wochenende gehe ich meistens um _____ Uhr ins Bett.

Meistens stehe ich zur selben Zeit auf:

Ja   ☐
Nein ☐

An Wochen-/Werktagen stehe ich meistens um _____ Uhr auf.

An freien Tagen und am Wochenende stehe ich meistens um _____ Uhr auf.

Meistens schlafe ich _____ Stunden vor Mitternacht ein.

Die beste Einschlafzeit liegt zwischen acht Uhr abends und Mitternacht. Eine gute Faustregel ist es, von dem Zeitpunkt, an dem Sie aufstehen müssen oder gern aufstehen wollen, zurückzurechnen und so den idealen Zeitpunkt, zu dem Sie ins Bett gehen sollten, zu bestimmen.

Um ausreichend Non-REM-Schlaf und REM-Schlaf zu bekommen …

… sollte ich optimalerweise um _____ Uhr ins Bett gehen.
… sollte ich optimalerweise um _____ Uhr aufstehen.

Experimentieren Sie ruhig herum, um das für Sie am besten geeignete Schlafmuster zu finden. Beachten Sie dabei Ihr Alter, Ihre Arbeit, Ihre persönlichen Vorlieben und andere Verpflichtungen, die Ihren Zeitplan beeinflussen.

Schlafziel Nummer 2

Ich möchte daran arbeiten, jeden Abend zur selben Zeit ins Bett zu gehen:
Ja   ☐
Nein ☐

Ich möchte daran arbeiten, jeden Morgen zur selben Zeit aufzustehen:
Ja   ☐
Nein ☐

Kein Eingreifen erforderlich: Ich habe ein einheitliches Schlafmuster. ☐

Frage 3: Probleme beim Einschlafen
Antworten Sie entsprechend den Informationen, die Sie bei *Aufgabe: Schlaftagebuch* eingetragen haben.

Meistens fällt es mir schwer einzuschlafen:
Ja   ☐
Nein ☐

Diese Woche brauchte ich über dreißig Minuten, um einzuschlafen:

Drei Mal oder häufiger ☐

Ein oder zwei Mal ☐

Die ganze Woche überhaupt nicht ☐

Schlafziel Nummer 3

Ich möchte die Faktoren bestimmen, die mich am Einschlafen hindern. ☐

Kein Eingreifen erforderlich: Ich schlafe abends immer schnell ein. ☐

Frage 4: Schlafqualität

Antworten Sie entsprechend den Informationen, die Sie bei *Aufgabe: Schlaftagebuch* eingetragen haben.

Wie beurteilen Sie die allgemeine Qualität Ihres Schlafes in der vergangenen Woche?

Hervorragend ☐

Sehr gut ☐

Ziemlich gut ☐

Ziemlich schlecht ☐

Sehr schlecht ☐

An den meisten Tagen fühlte ich mich nach dem Aufwachen:

Erholt ☐

Einigermaßen erholt ☐

Müde ☐

Erschöpft ☐

Schlafziel Nummer 4

Ich möchte die Faktoren bestimmen, die die Qualität meines Schlafes beeinflussen. ☐

Kein Eingreifen erforderlich: Ich bin zufrieden mit der Qualität meines Schlafes. ☐

Frage 5: Schlafstörungen und ihre Auswirkungen

a) Mein Ergebnis bei *Aufgabe: Schlafstörungen* ist:

Keine ☐

Niedrig ☐

Mittel ☐

Hoch ☐

Schlafziel Nummer 5

Ich möchte die Faktoren, die meinen Schlaf regelmäßig stören, herausfinden und beseitigen. ☐

Kein Eingreifen erforderlich: Ich schlafe nachts durch. ☐

Kein Eingreifen erforderlich: Ich wache kurz auf (zum Beispiel wegen Harndrang), aber schlafe schnell wieder ein. ☐

b) Entsprechend den Informationen, die ich bei *Aufgabe: Schlaftagebuch* eingetragen habe, wird mein Schlaf womöglich durch folgende Punkte gestört (bitte Zutreffendes ankreuzen!):

Wachsamkeit ☐
Stimmung ☐
Konzentration ☐
Aufmerksamkeit ☐
Erinnerungen ☐
Reizbarkeit ☐
Schlaf wird nicht gestört ☐

Frage 6: Schlafhindernisse
Antworten Sie entsprechend den Informationen, die Sie bei *Aufgabe: Schlaftagebuch* eingetragen haben, und mit Bezug auf Ihre üblichen Gewohnheiten.

a) Denken Sie an Ihren üblichen Koffeinkonsum:

Ich trinke keinen Kaffee. (Gehen Sie weiter zu 6 b)

Ich kann vormittags ohne Koffein optimale Leistungen erbringen:

Ja   ☐
Nein ☐

Womöglich wirke ich mittels Koffeinkonsum meinem Schlafdefizit entgegen:

Ja   ☐
Nein ☐ .

Pro Tag nehme ich _____ Tassen Kaffee zu mir, zwischen _____ Uhr und _____ Uhr.

Schlafziel Nummer 6 a

Ich möchte meinen täglichen Koffeinkonsum einschränken.

Ja   ☐
Nein ☐

Ich möchte den Zeitpunkt meiner letzten Tasse Kaffee am Tag auf spätestens _____ Uhr vorverlegen.

Kein Eingreifen erforderlich: Mein Koffeinkonsum hat keinen Einfluss auf meinen Schlaf.

Ja   ☐
Nein ☐

b) Überlegungen zur Uhrzeit, zu der Sie gewöhnlich zu Bett gehen.

Oft bin ich noch hellwach, wenn ich zu Bett gehe:
Ja   ☐
Nein ☐

Normalerweise bin ich schon müde, wenn ich zu Bett gehe:
Ja   ☐
Nein ☐

Ich lese abends im Bett auf einem lichtaussendenden Gerät:
Ja   ☐
Nein ☐

Oft sehe ich fern oder streame Filme auf einem mobilen Gerät (Smartphone, Tablet, Laptop) im Bett:
Ja   ☐
Nein ☐

Vor dem Einschlafen folge ich einem festgelegten Ablauf, um mich zu entspannen:
Ja   ☐
Nein ☐

Schlafziel Nummer 6 b

Ich möchte meinen Gebrauch von elektronischen Geräten vor
dem Schlafengehen einschränken:

   Ja   ☐

   Nein ☐

Ich möchte mir ein Ritual zur Entspannung vor dem Schlafengehen aneignen:

   Ja   ☐

   Nein ☐

Kein Eingreifen erforderlich: Mein abendliches Ritual erfolgt
ohne den Einsatz elektronischer, lichtaussendender Geräte. ☐

Füllen Sie die folgende Tabelle mithilfe der Antworten zu Ihren
Schlafzielen aus. Das hilft Ihnen, Ihre aktuellen gesundheitsfördernden Gewohnheiten zu identifizieren und diejenigen
Schlafgewohnheiten zu priorisieren, die ein Eingreifen erfordern. Kreuzen Sie das entsprechende Feld an und übertragen
Sie anschließend die Punkte, an denen Sie arbeiten müssen, in
den Aktionsplan (Seite 122).

	Gesund	Eingreifen erforderlich	Priorität*
Anzahl an Stunden Schlaf pro Nacht			
Regelmäßiges Schlafmuster			
Zu Bett gehen – ich bekomme ausreichend Non-REM-Schlaf			
Aufstehen – ich bekomme ausreichend REM-Schlaf			
Tägliche körperliche Aktivität			
Tägliche Lichtexposition			
Abendliches Entspannungsritual			
Gebrauch elektronischer Geräte			
Schlafzimmer: Umgebung			
Koffeinkonsum			
Nikotinkonsum			
Alkoholkonsum			
Essenzeit – nächtliches Essen			
Andere			

Aktionsplan: Schlaf

Tragen Sie die Punkte Ihrer Schlafgewohnheiten, die ein Eingreifen erfordern, in die Spalte »Aktion« der folgenden Tabelle ein. Geben Sie an, ob der jeweilige Punkt relativ leicht zu lösen ist (»kurzfristig«) oder ob die Veränderung dieser speziellen

---

* Hoch, mittel oder niedrig

Gewohnheit mehr Mühe und Zeit in Anspruch nehmen wird
(»langfristig«). Die zehn Tipps, die Sie eben auf den Seiten 101
bis 110 gelesen haben, sollten Ihnen helfen, jede Aktion in einzelne, gut durchzuführende Schritte zu zerlegen. Geben Sie den
einzelnen Aktionen Nummern für die Reihenfolge, in der Sie
an ihnen arbeiten möchten (1 = zuerst in Angriff nehmen).

Aktion	Reihenfolge	Schritte	Kurzfristig	Langfristig

Persönliches Profil: Schlaf

Orientieren Sie sich an Ihren Ergebnissen des Abschnitts **Ge-sundheitsziele: Schlaf** und füllen Sie die folgende Tabelle aus. Geben Sie an, ob Ihre Ergebnisse gesund, grenzwertig oder ungesund sind. Anschließend können Sie bestimmen, ob Ihr aktuelles Verhaltensmuster Ihrer Gehirngesundheit zugute-kommt oder ein Risiko darstellt, das diese beeinträchtigt und Sie im späteren Leben anfällig für Demenz macht. Geben Sie schließlich die Aspekte an, an denen Sie arbeiten oder die Sie verbessern oder beibehalten möchten, und ordnen Sie diese nach Priorität in Ihrem maßgeschneiderten Gesamtplan für ein gesundes Gehirn in Kapitel 9. Am Ende des Buches (Seite 414 f.) finden Sie ein vollständig ausgefülltes Muster dieser Tabelle.

Aspekt	Gesund	Grenzwertig	Ungesund	Stärke	Risiko	Beibehalten	Verbessern	Eingreifen	Priorität
Dauer									
Zeitplan									
Qualität									
Störungen									
Hindernisse									
Insgesamt									

In 100 Tagen zu einem jüngeren Gehirn

TAGE 1 BIS 7: BESSER SCHLAFEN

Nun haben Sie ein klares Bild von Ihren aktuellen Schlafgewohnheiten, Ihren persönlichen Zielen und den Maßnahmen,
die Sie ergreifen sollten, um Ihre Schlafgewohnheiten zugunsten Ihrer Gehirngesundheit zu verändern. Ihr Schlafprofil werden Sie im weiteren Verlauf des 100-Tage-Plans mit den anderen
von Ihnen erstellten Profilen kombinieren, um dann in Kapitel
9 das Gesamtprofil Ihrer Gehirngesundheit zu erstellen. Zudem
werden Sie mindestens eine Ihrer Maßnahmen für einen gesünderen Schlaf auswählen und in diesen Gesamtplan integrieren.

100-TAGE-TAGEBUCH

Sie können die Schritte, die Sie auf dem Weg zur Erfüllung
Ihrer Gesamtziele erreicht haben, in das 100-Tage-Tagebuch
am Ende des Buches (Seite 389–410) eintragen. Zum Beispiel:

- Ich habe einen altmodischen Wecker gekauft.
- Ich habe vor dem Schlafengehen ein Bad genommen.
- Ich habe mein Telefon nachts unten liegen lassen, anstatt
  es auf den Nachttisch zu legen.
- Ich habe mein Schlafzimmer entrümpelt.

Sie können auch Ihre guten, die Gesundheit fördernden Gewohnheiten in dieses Tagebuch aufnehmen, um sie angemessen zu würdigen.

4

Mit Stress umgehen

Das beste Mittel gegen Stress ist unsere Fähigkeit,
einen Gedanken einem anderen vorzuziehen.

William James

Stress – Teil 1

Ein bisschen Stress kann viel bewirken: Sie motivieren, Ihre Ziele zu erreichen und tägliche Herausforderungen zu meistern. Tatsächlich kann uns Stress, sofern wir richtig mit ihm umgehen wissen, bei Herausforderungen und Veränderungen helfen, uns widerstandsfähiger machen und dafür sorgen, dass wir besser gewappnet sind gegen die Widrigkeiten des Lebens. *Kurzfristig kann Stress unsere Gedächtnisfunktion stärken. Doch chronischer Stress, mit dem man nicht richtig umgeht, und permanent erhöhte Stresshormonspiegel können unsere Lernfähigkeit und unser Erinnerungsvermögen beeinträchtigen und sich negativ auf die Größe, Struktur und Funktion unseres Gehirns auswirken.*

Die stressauslösenden Faktoren in Ihrem Leben im Blick zu haben und richtig mit Stress umzugehen ist entscheidend, wenn Sie Ihr Gehirn gesund halten wollen. Die Reaktion auf Stress, auch »Kampf-oder-Flucht-Reaktion« genannt, ermöglicht es sowohl Menschen als auch anderen Säugetieren, sich einer Bedrohung zu stellen und sie entweder zu bekämpfen oder sich umzudrehen und so schnell wie möglich wegzulaufen. Physische Stressfaktoren wie Krankheit, Verletzungen und Schmerzen können zum Ausschütten von Stresshormonen führen, aber Sie können auch psychischen Stress haben, wenn Sie sich unter Druck gesetzt fühlen und meinen, bestimmten Erwartungen nicht gerecht zu werden.

In diesem Kapitel finden Sie zehn praktische Tipps zum Umgang mit Stress. Führen Sie das Life-Balance-Tagebuch und das Stress-Tagebuch gewissenhaft und bearbeiten Sie die entsprechenden Aufgaben in diesem Kapitel, dann erfahren Sie, wie Sie Stress wahrnehmen und wie es aktuell um Ihre Stresslevel bestellt ist. So können Sie anschließend Ihr Ideallevel für Stress bestimmen, was wiederum Ihrer Gehirngesundheit zugutekommt. Mithilfe dieser Informationen können Sie Ihr persönliches Stressprofil erstellen, sich Ziele setzen und im zweiten Teil dieses Kapitels einen Aktionsplan zum Thema Stress erstellen.

Doch zunächst beschäftigen wir uns damit, was Stress eigentlich genau ist, was im Gehirn als Reaktion auf Stress passiert und welche Auswirkungen ein schlechter Umgang mit chronischem Stress auf das Gehirn haben kann.

Kurze Frage: Durchschnittlicher Stress

Im letzten Monat lag mein Stresslevel im Schnitt bei _____

1 =   immer ausgesprochen entspannt

10 = immer vollkommen gestresst

Was dem Gehirn guttut: Was ist Stress?

Der Begriff »Stress« wird oft und austauschbar im Gespräch gebraucht für die Dinge, die Stress auslösen, für die physiologischen Veränderungen, die im Körper geschehen, und auch für die psychologischen sowie neurobiologischen Aspekte des Phänomens. In gewisser Weise umfasst Stress all diese Dinge, doch um Verwirrung zu vermeiden, ist es ratsam, die einzelnen Aspekte klar zu unterscheiden.

Die Reaktion des Körpers auf Stress hat sich evolutionär entwickelt, damit wir in bestimmter Art und Weise auf Stress reagieren können und so unser Überleben bestmöglich sichern und dabei unsere Gesundheit schützen. Die Bedrohung, also die Sache, die Stress bei uns auslöst, nennen wir *Stressor oder Stressfaktor*.

Ein Stressor löst eine Abfolge koordinierter neurophysiologischer Ereignisse in Gehirn und Körper aus. Diese Ereignisse ermöglichen es uns, zu kämpfen oder zu fliehen und unseren Körper zurück in den Status quo (Homöostase, inneres Gleichgewicht) zu versetzen, in den optimalen Zustand, der durch den Stressor gestört wurde. Diese neurophysiologische Reaktion nennt man *Stressreaktion*.

Im frühen 20. Jahrhundert verortete man Stress im Kontext mit akuten körperlichen Krisen, wie Krankheit oder Verletzung. Mit der Zeit fanden Forscher allerdings heraus, dass die Stressreaktion auch durch psychologische Faktoren wie Verlust sozialer Bindungen, Kontrollverlust und fehlende Planbarkeit des Lebens ausgelöst werden kann. *Psychischer Stress* entsteht, wenn jemand das Gefühl hat, die an ihn oder sie gestellten Ansprüche nicht erfüllen zu können.

Rollschuhe und Achterbahnen

Die neurophysiologische Stressreaktion des Körpers wird ausgelöst, ganz gleich, ob die wahrgenommene Bedrohung real oder imaginär ist, und zwar als Reaktion auf unterschiedliche Stressoren bei unterschiedlichen Menschen. Stressreaktionen sind somit individuell unterschiedlich: Manche Menschen legen es geradezu auf riskante Situationen an, während andere sie lieber vermeiden. Manche fahren gern Achterbahn, während andere sich nicht einmal trauen, Rollschuhe anzuziehen. Obschon es also extreme Unterschiede im Hinblick darauf gibt, ob ein Ereignis oder ein Zustand als stressig empfunden wird, rufen manche Dinge, wie etwa eine lebensbedrohliche Verletzung, eine schwerwiegende Verbrennung oder eine gewalttätige Attacke durch eine andere Person, zuverlässig bei allen Menschen eine Stressreaktion hervor.

Diese Stressreaktion hilft uns, unsere Gesundheit zu erhalten, während unser Körper auf den Stressor reagiert. Trotzdem kann langanhaltender oder schwerer Stress sich negativ auf unsere Gesundheit, insbesondere auf unser zentrales Nervensystem, auswirken und unser Verhalten und unsere Gehirnfunktionen beeinträchtigen, inklusive der Fähigkeiten des Lernens und des Erinnerns. Chronischer Stress kann zudem das Risiko geistiger und körperlicher Erkrankungen erhöhen.

Wir nehmen Stress meistens als etwas Negatives wahr, dabei ist ein optimales Stresslevel im Leben wichtig, weil es uns motiviert, unsere Ziele zu erreichen, uns an neue Verhältnisse in unserer Umgebung anzupassen und die täglichen Herausforderungen zu meistern. Das komplette Fehlen von Stress führt zu Langeweile und Indifferenz, was beides nicht gut für die mentale Gesundheit und die unseres Gehirns ist.

Die akute neurophysiologische Reaktion auf Stress schützt Körper und Gehirn und hilft dabei, das Gleichgewicht des Körpers aufrechtzuerhalten oder, wenn nötig, wieder herzustellen. So werden Einflüsse abgewehrt, die diesen optimalen Zustand, in dem der Körper am besten funktioniert, gefährden.

Die Stressreaktion hängt von der Art des Stressors ab, seiner Intensität und Wirkungsdauer. Allgemein gesagt: Die Auswirkungen von Stress folgen einer sinusförmigen Dosis-Wirkung-Kurve, der Funktion der Stressbelastung. Das bedeutet, dass die Effekte von leichtem oder mittelhohem Stress (dargestellt im Scheitelbereich der Sinuskurve) positiv sind, während das Fehlen von Stress und eine zu hohe oder zu lang andauernde Stressbelastung (die Bereiche links und rechts des Scheitelbereichs der Sinuskurve) dem Gehirn schaden.

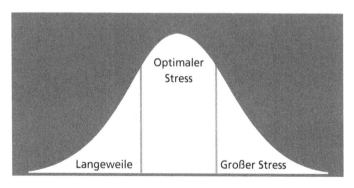

Abbildung 3: Durch Stress ausgelöste sinusförmige Dosis-Wirkung-Kurve.

Unter Stimulation

Als 1989 zum ersten Mal die Bilder Tausender rumänischer Waisenkinder ausgestellt wurden, schockierte das die Menschen weltweit. Auch wenn ihre körperlichen Bedürfnisse befriedigt worden waren, hatte man ihre emotionalen Bedürfnisse ignoriert und ihnen stimulierende Reize wie Spielen und emotionale Unterstützung entzogen. Diese Kinder sind der lebende Beweis dafür, welche Auswirkungen eine reizarme Umgebung (Deprivation) haben kann. Die EEGs (Elektroenzephalogramm, Messungen elektronischer Aktivität im Gehirn) dieser Kinder, die seit ihrer Geburt im Heim lebten, zeigten eine reduzierte neurale Aktivität. Zudem wiesen diese Kinder andere Anzeichen eines unterentwickelten Gehirns auf, und ihre sprachliche Entwicklung war deutlich verlangsamt. Es gibt andere, weniger extreme Beispiele von Reizarmut, wie etwa in Fällen von Arbeitslosigkeit und sozialer Isolation.

Schwerer und chronischer Stress kann sich auf die körperliche Gesundheit, die geistige Gesundheit und die des Gehirns auswirken und zu einer geringeren Immunität, zu Angstzuständen, Gedächtnisproblemen und vielem mehr führen.

Aufgabe: Life-Balance-Tagebuch

Führen Sie eine Woche lang ein **Life-Balance-Tagebuch**. Beginnen Sie am achten Tag Ihres 100-Tage-Plans. Benutzen Sie dazu die folgende Tabelle, und notieren Sie darin jeden Tag, wie viel Zeit Sie mit den aufgelisteten Aktivitäten verbracht haben. Sie müssen dabei nicht hypergenau sein. Versuchen Sie, diese Tabelle jeden Tag auszufüllen, um ein genaues Bild der Verteilung dieser Aktivitäten über einen Tag hinweg zu erhalten. Wenn Sie einen beachtlichen Teil des Tages mit einer Aktivität verbringen, die nicht in der Tabelle steht, dann notieren Sie die entsprechende Dauer und die Aktivität in der Zeile »andere«. *Am Ende des Buches (Seite 419) finden Sie ein vollständig ausgefülltes Muster dieser Tabelle.*

Aktivität	Tag 1	Tag 2	Tag 3	Tag 4	Tag 5	Tag 6	Tag 7
Tag (Mo, Di usw.)							
Arbeit							
Haushalt*							
Zeit mit der Familie							
Zeit, in der Arbeit das Privatleben stört							
Zeit, in der Privates die Arbeit stört							
Sport							
Hobbys/Interessen							
Drinnen							
Draußen							
Lächeln/Lachen							
Schlafen							
Andere _____							

---

*   Auch damit verbundene Aufgaben wie Einkaufen, Saubermachen, Kochen, Gartenarbeit usw.

Verwenden Sie die Informationen aus diesem Life-Balance-Tagebuch, um Frage 4 in Teil 2 (Gesundheitsziele: Stress) zu beantworten.

Aufgabe: Stress-Tagebuch

Führen Sie von Tag 8 an eine Woche lang ein genaues Stress-Tagebuch. Wenn Sie in dieser Zeit keinen Stress erfahren, dann lassen Sie diese Tabelle einfach frei. Wenn Sie mehr als einmal pro Tag Stress empfinden, schreiben Sie jede einzelne Stresssituation auf. So können Sie Ihre persönlichen Muster erkennen. Am Ende des Buches (Seite 417) finden Sie ein vollständig ausgefülltes Muster dieser Tabelle.

Dauer: Die Gesamtzeit, in der Sie sich gestresst fühlten.

Stressor: Die Sache, der Gedanke, die Person, die Situation, das Ereignis usw., die den Stress auslösten.

Ort: Wo Sie sich befanden, zum Beispiel bei der Arbeit, zu Hause, im Supermarkt, auf der Autobahn.

Aktivität: Was Sie gerade gemacht haben, zum Beispiel mit einem Kunden gesprochen, ein Problem gelöst, gestritten, sich um die Kinder gekümmert, nachgedacht, versucht einzuschlafen.

Level: Wie hoch war der Stress maximal? 1 = leicht, 2 = mittel, 3 = hoch, 4 = sehr hoch.

Häufigkeit: Geben Sie an, wie oft Sie sich durch diesen einen Faktor unter Stress gesetzt gefühlt haben.

Strategie für den Umgang: Geben Sie an, welche Strategie Sie angewandt haben, um mit dieser Stresserfahrung umzugehen.

Tag	Zeit	Dauer	Stressor	Ort	Aktivität	Level	Häufigkeit	Strategie

Verwenden Sie die Informationen aus diesem Stress-Tagebuch, um Frage 3 in Teil 2 dieses Kapitels (Gesundheitsziele: Stress) zu beantworten.

Von der Komfortzone in die optimale Zone

Wenn es um ein gesundes Gehirn geht, dann ist es nicht das Ziel, Stress komplett zu eliminieren, sondern Ihr eigenes, ganz individuelles Ideallevel für Stress zu bestimmen, an dem das Stresslevel für Sie optimal ist, Sie also subjektiv Reize, Erregungen, Wachsamkeit, Verpflichtung und sogar Spaß empfinden. Wahrscheinlich liegen all diese Empfindungen im Grenzbereich von Sicherheit und Risiko, Kontrolle und Freiheit, Spannung und Angst, wo Lernen, Wachstum, Erfolg und Veränderung stattfinden und wo Spaß und Lebendigkeit entstehen können. Das schwankt meistens und ist für jeden von uns etwas anders.

Herausforderungen, neue Erfahrungen und Lernen sind unerlässlich für ein gesundes, funktionierendes Gehirn. Ihr persönliches Ideallevel liegt dort, wo Sie sich (noch) sicher genug fühlen, um Ihre Komfortzone zu verlassen, sich selbst herauszufordern und neue Erfahrungen zu machen, bei denen Sie nicht nur Ihr Leben bereichern, sondern auch Ihr Gehirn, indem Sie Neues erlernen. Agieren Sie innerhalb dieser optimalen Zone, ermöglichen Sie Ihrem Gehirn, sich an eine immerzu wandelnde Welt anzupassen und Resistenz aufzubauen, indem es seine neurale Struktur umgestaltet.

Was passiert, wenn eine Stressreaktion aktiviert wird?

Unser Gehirn passt sich nicht einfach nur an die sozialen, psychischen und physischen Stressoren an, die auf uns einwirken, sondern es identifiziert auch die bedrohlichen Stressoren, sammelt relevante Erinnerungen und reguliert unsere physiologischen und verhaltensmäßigen Reaktionen. Bei der Stressreaktion spielen zwei entscheidende Systeme eine Rolle: das schnell handelnde vegetative (auch autonome) Nervensystem[16] und die langsamer agierende Hypothalamus-Hypophysen-Nebennierenrinden-Achse (HPA-Achse; *hypothalamic-pituitary-adrenal*) oder auch Stressachse. Auch die Amygdala, der Hippocampus und der Präfrontalkortex sind von Interesse, wenn es um die Auswirkungen von Stress auf die Gesundheit des Gehirns geht.

Wenn Adrenalin[17] durch unseren Körper strömt, löst es physiologische Veränderungen aus, die so schnell vonstattengehen, dass wir uns ihrer gar nicht bewusst sind. Das Herz schlägt schneller als üblich und pumpt Blut in die Muskeln. Die Schweißdrüsen ziehen sich zusammen und bilden so Schweißperlen auf der Haut. Unsere Atmung wird schneller, damit wir mehr Sauerstoff aufnehmen können. Das Gehirn erhält noch mehr Sauerstoff, wodurch es aufmerksamer wird. Sehen und Hören sowie die anderen Sinne werden geschärft. Glukose (Blutzucker) gelangt in unseren Blutkreislauf und liefert Energie.

Der kurze und der lange Weg der Stressreaktion

Die Amygdala und der Hypothalamus setzen all das in Gang, bevor das visuelle System eine Chance hat, das Passierte zu verarbeiten. Sensorische Informationen erreichen die Amygdala auf zwei verschiedenen Wegen: einem kurzen und einem langen.

Diese sensorischen Informationen werden zuerst über den Thalamus[18] an die Amygdala geleitet und lösen so die erste, schnelle, überstürzte Reaktion aus (kurzer Weg).

Auch vom Thalamus wird sensorische Information an die Hirnrinde weitergeleitet, um in Arealen wie dem Präfrontalkortex und anschließend in der Amygdala verarbeitet zu werden (langer Weg).

Die Hirnrinde überprüft die Informationen, ordnet ihnen Bedeutung zu und bestimmt, ob die Situation eine Bedrohung darstellt oder nicht. Anschließend wird die Amygdala informiert und ruft eine der Situation angemessene Reaktion hervor.

Der lange Weg weckt unsere Aufmerksamkeit für die Akuität einer Situation, sodass wir entscheiden können, ob wir uns in Gefahr befinden oder uns beispielsweise von einem harmlosen Geräusch haben erschrecken lassen.

Diese Veränderungen passieren so schnell, dass wir sie gar nicht bewusst wahrnehmen, aber sie retten unser Leben, bringen uns dazu zurückzuweichen, wenn ein Auto angerast kommt, ohne über diese Bewegung nachzudenken.

Sobald die Bedrohung vorbei ist, übernimmt erneut unser Parasympathikus[19] und versetzt unseren Körper zurück ins Gleichgewicht.

Kortisol

Innerhalb von zehn oder fünfzehn Minuten wird in einer stressbelasteten Situation Kortisol ausgeschüttet. Dieses Hormon gilt inzwischen als *das* Stresshormon, dabei trägt fast jede Zelle in unserem Körper Kortisolrezeptoren, das heißt, Kortisol kann viele verschiedene Wirkungen haben, je nachdem, auf welchen Typ von Zelle das Hormon wirkt. Im Kontext der Stressreaktion aktiviert der Stressor unsere HPA-Achse.

Kortisol setzt Energie frei, um auf die Bedürfnisse unserer Verhaltensreaktion auf den Stressor zu reagieren, entweder indem es bestimmte Prozesse im Körper aktiviert oder indem es diese hemmt. Die angemessene und dauerhafte Versorgung mit Blutzucker sorgt dafür, dass wir mit langanhaltenden Stressoren umgehen können. Kortisol kann zudem körpereigene Prozesse hemmen, die in der Stresssituation nicht überlebenswichtig sind, etwa Immunität, Verdauung und Wachstum.

Das Ausschütten von Kortisol wird durch eine negative Rückkoppelung reguliert, was bedeutet, dass der Kortisolspiegel das Freisetzen von Hormonen blockiert, sobald er steigt, und dadurch letztendlich wieder sinkt.

Kortisol hat einen wirklich schlechten Ruf, denn stets assoziiert man dieses Hormon mit den negativen Aspekten von chronischem Stress. Dabei benötigen wir für viele grundlegende Körperfunktionen einen stabilen Kortisolspiegel im Blut. So gelangt es beispielsweise in einem festen 24-stündigen Rhythmus in unsere Blutbahn. Unsere natürliche innere Uhr, der zirkadiane Rhythmus, erreicht in den frühen Morgenstunden einen Spitzenwert von Kortisol, der ein Wecksignal auslöst, das uns zum Aufstehen animiert, der unseren Appetit und Bewegungsdrang stimuliert. Anschließend sinkt der Kortisolspiegel im Verlauf des Tages langsam, bis er zum Zeitpunkt des Schlafengehens seinen Tiefpunkt erreicht. In der Nacht steigt er allmählich wieder an, um uns am nächsten Morgen mit neuer Energie für einen neuen Tag zu versorgen.

Gedächtnis

Die Ausschüttung der Stresshormone Kortisol und Adrenalin in einer Sofortreaktion steigert unsere Muskelaktivität, sodass wir stark genug sind, um zu kämpfen, oder schnell genug, um zu fliehen. Stresshormone strömen auch zum Hippocampus, wo sie dafür sorgen, dass wir uns an diese besonderen Momente erinnern und uns der potentiellen Gefahr bewusst werden, um damit auch in der Zukunft unser Überleben zu sichern.

Die Gedächtnisfähigkeit wird gestärkt, damit wir uns an das Ereignis erinnern und nicht noch einmal die dunkle Seitengasse nehmen oder auch damit wir nicht vergessen, wie wir es geschafft haben, einen Angreifer zu überwinden oder ihm zu entkommen. Sobald die Bedrohung vorbei ist, stellt die Stressreaktion das physiologische Gleichgewicht wieder her, der Kortisolspiegel sinkt auf das normale Niveau, und unser Nervensystem wechselt vom »Kampf-oder-Flucht-Modus« in den »Ruhe-und-Verdauung-Modus«. Chronischer Stress kann diesen natürlichen Rhythmus stören und den zirkadianen Rhythmus und unseren Schlaf beeinträchtigen, der – das haben Sie in Kapitel 3 gelesen – Voraussetzung ist für ein gesundes Gehirn.

Kurz und gut: Streben Sie ein optimales Stresslevel in Ihrem Leben an, damit Sie neue Erfahrungen genießen können, die Ihr Gehirn und Ihr Leben bereichern.

Was dem Gehirn schadet: Was passiert mit unserem Gehirn, wenn Stress chronisch wird?

Seit den Anfängen der Stressforschung ist wissenschaftlich anerkannt, dass langanhaltender Stress die Wahrscheinlichkeit einer Erkrankung erhöht. Ein Stressor, der längere Zeit andauert, kann wiederholt neurophysiologische Stressreaktionen steigern oder dazu führen, dass diese, selbst wenn sie nicht mehr nötig sind, gar nicht mehr ausgeschaltet werden. Wenn das geschieht, dann können genau diese neurophysiologischen Mechanismen, die uns in einer akuten Situation helfen, das biochemische Gleichgewicht unseres Körpers stören, Erkrankungen auslösen und unsere Gehirnfunktion beeinträchtigen.

Chronischer Stress

Wenn über lange Zeit Stresshormone ausgeschüttet werden, kann das negative Auswirkungen haben. Das Gedächtnis wird beeinträchtigt, die Immunabwehr gehemmt und überschüssige Energie als Fett eingelagert. Ignoriert man diesen chronischen Stress, kann er zu einer Verhärtung der Arterien führen, zu abdominaler Adipositas (Fettleibigkeit) und zu Bluthochdruck – alles Faktoren, die das Risiko, an Demenz zu erkranken, erhöhen und somit zum Verlust von Hirnvolumen sowie zu einem eingeschränkten Erinnerungs- und Lernvermögen führen.

Normalerweise arbeitet unser Körper sehr effizient, und die negative Rückkoppelung sorgt dafür, dass unser Kortisolspiegel unter Kontrolle bleibt. Doch wenn der Kortisolspiegel über zu lange Zeit zu hoch ist, läuft eben dieser wichtige Mechanismus aus dem Ruder. Die Produktion des Stresshormons schnellt in die Höhe, oder unser Körper schafft es nicht, ausreichend Kortisol zu bilden. Oder wir produzieren nachts haufenweise Kortisol, während wir eigentlich versuchen zu schlafen, und dafür morgens keines, wenn wir es bräuchten, um aus dem Bett zu kommen. Au weia! Kurzum: Unser Kortisolspiegel ist nicht mehr auf unsere Bedürfnisse abgestimmt.

Aufgabe: Stresswahrnehmung

Bei dieser Aufgabe geht es um Ihre Gefühle und Gedanken im zurückliegenden Monat. Anhand dieser Angaben erfahren Sie, wie Sie Stress wahrnehmen. Geben Sie immer an, wie oft Sie ein bestimmtes Gefühl oder bestimmte Gedanken hatten. Womöglich finden Sie, dass sich die Fragen ähneln, doch sie sind in Wirklichkeit verschieden, und daher ist es wichtig, dass Sie jede Frage einzeln beantworten. Antworten Sie möglichst schnell. Versuchen Sie nicht, genau zu zählen, wie oft Sie im letzten Monat ein bestimmtes Gefühl hatten, sondern kreuzen Sie einfach intuitiv die Antwort an, die Ihrer Einschätzung am nächsten kommt.

Im letzten Monat...	Nie 0	Fast nie 1	Manch-mal 2	Recht oft 3	Sehr oft 4
1. Wie oft haben Sie sich aufge-regt, weil etwas Unerwartetes pas-siert ist?					
2. Wie oft hatten Sie das Gefühl, die wichtigen Dinge in Ihrem Leben nicht unter Kontrolle zu haben?					
3. Wie oft haben Sie sich nervös und »gestresst« gefühlt?					
4. Wie oft waren Sie zuversichtlich, mit Ihren persönlichen Problemen zurechtzukommen?					
5. Wie oft hatten Sie das Gefühl, die Dinge verlaufen so, wie Sie es wollten?					
6. Wie oft hatten Sie das Gefühl, nicht mit allem, was Sie machen mussten, zurechtzukommen?					
7. Wie oft konnten Sie in Ihrem Leben Gereiztheit unter Kontrolle halten?					
8. Wie oft hatten Sie das Gefühl, über den Dingen zu stehen?					
9. Wie oft haben Sie sich über etwas, das außerhalb Ihrer Kont-rolle lag, geärgert?					
10. Wie oft hatten Sie das Gefühl, dass sich die Probleme so sehr an-häufen, dass Sie diese nicht mehr in den Griff bekommen?					

So berechnen Sie Ihr Ergebnis:

Kehren Sie die Punktwertungen für die Fragen 4, 5, 7 und 8 um.

Bei diesen vier Fragen gelten folgende Punktzahlen:

Nie = 4, fast nie = 3, manchmal = 2, recht oft = 1, sehr oft = 0.
Anschließend addieren Sie alle Punkte.
Meine Gesamtpunktzahl ist _____.

Was Ihr Ergebnis bedeutet

Individuelle Ergebnisse können zwischen 0 und 40 Punkten
liegen, wobei eine höhere Punktzahl ein höheres Niveau von
wahrgenommenem Stress bedeutet.

Eine Punktzahl von 0 bis 13 bedeutet wenig Stress.

Eine Punktzahl von 14 bis 26 bedeutet ein mittleres Niveau
von Stress.

Eine Punktzahl von 27 bis 40 bedeutet ein hohes Niveau von
wahrgenommenem Stress.

**Hinweis: Wenn Sie sich wegen Ihres Stressniveaus Sorgen
machen, ganz egal, wie Sie bei den Aufgaben in diesem Kapitel abschneiden, dann sprechen Sie ruhig mit Ihrem Arzt.**

*Übertragen Sie Ihr Ergebnis auf Frage 2 b in Teil 2 dieses Ka-
pitels (Gesundheitsziele: Stress).*

Psychischer Stress

Wie wir Stress wahrnehmen, ist wichtig. Denn psychischer
Stress ist ein Risikofaktor, wenn es um den altersbedingten Abbau unserer kognitiven Funktionen geht. In den USA leiden
mehr als 5,4 Millionen Menschen über 70 Jahren an kognitiven
Beeinträchtigungen, ohne an Demenz erkrankt zu sein. Unter-
nimmt man etwas gegen steuerbare Faktoren wie psychischen
Stress, dann reduziert man das Risiko kognitiver Beeinträchtigungen und auch das Risiko, im späteren Leben an Demenz zu

erkranken. Psychischer Stress ist ein bedeutender Risikofaktor, weil er im Zusammenhang mit einer ganzen Reihe gesundheitlicher Auswirkungen steht, die wiederum das Risiko erhöhen, kognitive Funktionen einzubüßen und an Demenz zu erkranken.

Bewerten Sie ein Ereignis oder eine Situation als stressbehaftet, dann stellt Ihr Körper kognitive Ressourcen zur Verfügung, um damit zurechtzukommen. Somit nimmt die kognitive Leistungsfähigkeit im Vergleich zu stressfreien Situationen ab. Wenn Sie sich auf einen Stressor konzentrieren und entweder ein belastendes Ereignis aus der Vergangenheit wieder und wieder durchleben oder aber mit Sorge auf ein Ereignis in der Zukunft blicken, dann wirkt sich das auf Ihre kognitiven Funktionen im Hier und Jetzt aus. Denn dieses Grübeln verbraucht Ihre begrenzte Aufmerksamkeit und die Ressourcen, die Sie eigentlich für die aktuelle Informationsverarbeitung benötigen.

Unter diesen Umständen wirkt sich kurzfristiger Stress auf Ihre kognitiven Leistungen aus, denn er schränkt Ihre Konzentrationsfähigkeit ein, sodass es Ihnen schwerer fällt, sich darauf zu konzentrieren, was Sie sagen oder tun, oder sich die einzelnen Schritte einer zu erledigenden Aufgabe zu vergegenwärtigen. Diese Art von Stress ist assoziiert mit kurzfristig höheren Entzündungswerten und verstärkter negativer Stimmung. Diese wiederum stehen beide in Verbindung mit Erschöpfung, was eine Erklärung für Ihre eingeschränkte Konzentrationsfähigkeit sein mag.

Chronischer Stress wird durchgängig mit einer niedrigeren kognitiven Leistungsfähigkeit, einem verstärkten Auftreten von Demenz und einem schnelleren Abbau der kognitiven Fä-

higkeiten im Vergleich zu weniger gestressten Probanden assoziiert. Chronischer Stress erhöht die biologische Abnutzung,
die Hormone geraten durcheinander, die Entzündungswerte
erhöhen sich, und das neuronale Netzwerk, das unsere kognitiven Funktionen stützt, vollzieht stressbedingte Veränderungen.

Was hat Stress mit unserem Gedächtnis zu tun?

Ich muss Ihnen nicht erklären, dass unser Gedächtnis eng mit
unseren Emotionen verbunden ist. Das wissen Sie aus eigener
Erfahrung. Wenn Sie einen Haufen neuer Leute auf einer Party
treffen, an wen werden Sie sich dann erinnern? Natürlich an
den Menschen, der Sie zum Lachen oder in eine peinliche Lage
gebracht hat, oder an den Menschen, mit dem Sie gestritten
haben. Mit der Zeit werden Ihre stärksten, prägnantesten Erinnerungen zu einer Art emotionaler Salienz, und diese persönliche Bedeutung kann sämtliche Gefühle beinhalten, von Spaß
bis Schmerz, von Freude bis Furcht.

Stress bereitet Sie nicht nur auf die akuten Folgen einer Bedrohung und auf die Rückkehr in die Homöostase vor, sondern
bewirkt außerdem auch langfristige adaptive Reaktionen. Eine
verbesserte Erinnerung an emotional signifikante Erfahrungen
sowie mit Stress behaftete Ereignisse ist hoch anpassungsfähig
(adaptiv) und ermöglicht es Ihnen, sich an wichtige Informationen zu erinnern, die helfen könnten, Sie in der Zukunft zu
schützen. Dennoch kann das Enkodieren emotional signifikanter Erinnerungen fehlangepasst (nicht adaptiv) sein, wenn
Stress chronisch wird oder traumatisch ist. Stress kann auch zu
Beeinträchtigungen beim Abrufen von Erinnerungen und des
Arbeitsgedächtnisses führen.

Das Seepferdchen, der Generaldirektor und die emotionale Mandel

Der präfrontale Kortex (Generaldirektor), der Hippocampus (das Seepferdchen) und die Amygdala (die emotionale Mandel) sind die Hauptakteure in Sachen Stressreaktion und Gedächtnisleistung. Chronischer Stress wirkt sich auf die Plastizität aller drei Strukturen aus, erhöht diese in der Amygdala, reduziert sie jedoch im Präfrontalkortex sowie im Hippocampus. So entsteht ein interessantes Verhaltensmuster, das sich auf unser Vermögen, Entscheidungen zugunsten unserer Gehirngesundheit zu treffen, auswirken könnte.

Die ersten Studien zu den Auswirkungen von Stress auf die kognitiven Funktionen wurden durchgeführt, als festgestellt wurde, dass Piloten, die zu Friedenszeiten hoch begabt waren, ihre Flugzeuge im Zweiten Weltkrieg abstürzen ließen – und zwar aufgrund von Denkfehlern. Frühe Forschungen zu diesem Phänomen ergaben, dass sich Stress negativ auf die Erledigung von Aufgaben auswirkt, die komplexes, flexibles Denken erfordern, jedoch die Leistungsfähigkeit bei einfacheren, gewohnten oder gut eingeübten Aufgaben verbessert. Die Aufgabentypen, die durch Stress beeinträchtigt werden, sind jene, für die der präfrontale Kortex zuständig ist.

In stressfreien Situationen reguliert der präfrontale Kortex auf intelligente Weise unser Verhalten mittels zahlreicher Verbindungen zu anderen Hirnregionen, unter anderem zur Amygdala und zum Hippocampus. Der präfrontale Kortex ermöglicht es uns, Entscheidungen zu treffen, Situationen zu beurteilen und in sozialen Situationen das angemessene Verhalten zu bestimmen. Außerdem erlaubt er uns, schnellere und stärkere Gegner oder Konkurrenten im Denken zu übertreffen.

Durch neuronale Netzwerke unterstützt er das Arbeitsgedächtnis, sodass wir Informationen zu einem kürzlich stattgefundenen Ereignis behalten, aber gleichzeitig auf Informationen aus vergangenen Erfahrungen zurückgreifen können und diese kombinierten Informationen für unsere Entscheidungsfindung, für die Regulierung unseres Verhaltens und Denkens, zur Kontrolle unserer Emotionen und zur Modifikation unserer emotionalen Reaktionen einsetzen können.

Reflektiert versus reflexartig

Mir gefällt es, vor Publikum zu sprechen. Ich empfinde eine ungeheure Freude, Informationen mit wissenshungrigen Menschen zu teilen. Doch vielen bricht bei der bloßen Vorstellung, vor anderen reden zu müssen, der Schweiß aus. Sprechen vor Publikum kann als Stressor wahrgenommen werden, und als solcher behindert er unser Arbeitsgedächtnis und unsere kognitive Flexibilität, verbessert allerdings die klassische Konditionierung[20] von negativen Reizen ebenso wie das hippocampale Gedächtnis.

Aktiviert die Amygdala stressbedingt Signalwege, wenn wir unter psychischem Stress stehen, dann werden große Mengen Noradrenalin[21] und Dopamin[22] freigesetzt, welche die Regulation des präfrontalen Kortex beeinträchtigen, jedoch die Leistung der Amygdala erhöhen.

Mit einem Mal ändern sich unsere Verhaltensmuster: von langsamen, bedachten, präfrontalen Reaktionen zu schnellen, reflexartigen, emotionalen Reaktionen.

Während dieser Wechsel von reflektierten, durch den präfrontalen Kortex regulierten Reaktionen zu schnellen, reflexartigen, durch die Amygdala und andere subkortikale Strukturen regulierten Reaktionen unser Leben retten kann, wenn wir uns in Gefahr befinden und schnell agieren müssen, so kann er negative Auswirkungen haben, wenn wir Entscheidungen treffen müssen, die ausführliches Abwägen und die Kontrolle und Unterdrückung der eigenen Impulse und Reflexe erfordern.

Kontrollverlust in Stresssituationen kann zum Rückfall in diverse Verhaltensmuster führen, die sich negativ auf unsere Gehirngesundheit auswirken, wie Rauchen, exzessiver Alkoholgenuss, Essstörungen und Drogenabhängigkeit. Zudem kann uns langanhaltender Stress anfällig für Depressionen machen. Die molekularen Vorgänge, die im Gehirn ablaufen, wenn wir von einer reflektiven zu einer reflexiven Reaktion wechseln, können ebenfalls zu degenerativen Veränderungen führen, die im Zusammenhang mit der Alzheimer-Krankheit stehen.

Mit Stress belastete Ereignisse können sich tiefgreifend auf unsere Lernfähigkeit und unser Erinnerungsvermögen auswirken. Stress hält uns davon ab, unsere Erinnerung mit neuen Informationen zu aktualisieren, sodass eine Verschiebung vom flexiblen kognitiven Lernen zu einem steiferen, gewohnheitsmäßigen Verhalten stattfindet.

Ein empfindliches Gleichgewicht

Chronischer Stress stört zudem die Beziehung zwischen Präfrontalkortex und Hippocampus, die wir für flexibles Denken und für die Festigung von Erinnerungen benötigen. Er steigert Angst und Furcht und behindert unser Arbeitsgedächtnis. Die Aktivität neuronaler Netzwerke und das Wachstum neuronaler Verknüpfungen in der Amygdala wird gesteigert, während sich die Aktivität im Hippocampus reduziert und es zu einem Verlust von neuronalen Netzwerken sowohl im Hippocampus als auch im präfrontalen Kortex kommt. Der Wachstumsfaktor BDNF erhöht sich in der Amygdala und sinkt im Hippocampus.

Chronischer Stress fördert somit Strukturen in unserem Gehirn, welche die Stressreaktion unterstützen, und schwächt solche, die negatives Feedback zu dieser Stressreaktion liefern, indem er unsere Fähigkeit hemmt, die Kontrolle zu behalten oder einfach abzuschalten.

Durch Stress ausgelöste strukturelle Änderungen im Hippocampus treten erst nach mehreren Wochen Stressbelastung auf, doch Veränderungen im präfrontalen Kortex können bereits nach einer stressreichen Woche einsetzen. Zum Glück legen Studien an Tieren nahe, dass die Veränderungen im Hippocampus und im präfrontalen Kortex reversibel sind – eine gute Motivation, um jetzt damit zu beginnen, richtig mit Stress umzugehen.

Die Erholung von stressbedingten Veränderungen in der neuronalen Architektur nach einem bestimmten stressreichen Ereignis kann als eine Form neuroplastischer Adaption angesehen werden. Resistenz gegenüber Stress ist einer der wichtigsten Aspekte eines gesunden Gehirns. Bestehen die Veränderungen jedoch noch fort, nachdem der Stress verschwunden ist, so ist das ein Zeichen für eine zu schwache Resistenz.

Stress und das alternde Gehirn

Stress in jungen Jahren und chronischer Stress im Erwachsenenleben können die Resistenz des Gehirns reduzieren und seine Verletzbarkeit gegenüber späterer Stressbelastung erhöhen, was sich wiederum negativ auf das alternde Gehirn auswirken kann. Trotzdem legen wissenschaftliche Forschungsergebnisse nahe, dass körperliche Betätigung und das Erfüllen kognitiv anspruchsvoller Aufgaben dazu beitragen können, das Gehirn gegen stressbedingten Schaden zu schützen und die neuronale Plastizität auch während des Älterwerdens zu erhalten.

Chronische oder wiederkehrende Belastung durch Stress wirkt sich am stärksten auf diejenigen Gehirnstrukturen aus, die im späteren Leben altersbedingte Veränderungen vollziehen, sowie auf solche, die sich während der Stressbelastung bei jüngeren Menschen entwickeln. Im höheren Lebensalter werden die Neurogenese und die neuronale Überlebensrate im Hippocampus durch Stress beeinträchtigt.

Beim Alterungsprozess unseres Gehirns spielt Stress eine entscheidende Rolle. Der richtige Umgang mit Stress ist also wichtig, um unser Gehirn jung zu halten. Durch physiologisches Altern herbeigeführte Veränderungen können mit chronischen Stressoren interagieren, die das Gehirn verletzlicher gegenüber einem erhöhten Stresshormonspiegel und metabolischen Herausforderungen machen und zu einer niedrigeren Stressresistenz führen. Der Hippocampus und der präfrontale Kortex sind am stärksten von altersbedingtem Verlust des Hirnvolumens, Alzheimer und anderen Formen von Demenz betroffen.

Aufgabe: Stresshäufigkeit

Geben Sie an, wie oft Sie die in der folgenden Tabelle genannten Stresssymptome aufweisen, um einen Eindruck zu bekommen, wie sich Stress auf Ihr Leben und Ihr Verhalten auswirkt.

	Nie	1 Mal pro Monat	1 Mal pro Woche	2 bis 3 Mal pro Woche	Jeden Tag	1 bis 2 Mal pro Tag	Immer
Vergesslichkeit/Zerstreutheit							
Kein Sinn für Humor							
Arbeit statt Spaß							
Ungesunde Essgewohnheiten							
Gefühl von Einsamkeit oder Isolation							
Schlaflosigkeit oder unruhiger Schlaf							
Kopfschmerzen							
Gereiztheit							
Verspannte Muskeln							
Müdigkeit oder Erschöpfung							
Langeweile							
Niedergeschlagenheit							
Gereizt, wütend oder aggressiv							
Besorgt							
Angstgefühle							
Panikattacken							
Unruhiger Magen							
Gefühl von innerer Unruhe, Rastlosigkeit, Unbehagen							

*Ihre Antworten helfen Ihnen bei der Beantwortung von Frage
1 b in Teil 2 dieses Kapitels (Gesundheitsziele: Stress).*

TYPISCHE ANZEICHEN VON STRESS

Wenn Sie lernen, die Anzeichen und Symptome von Stress zu
erkennen, können Sie besser die nötigen Schritte ergreifen,
um negative Auswirkungen von Stress zu reduzieren und die
Wahrscheinlichkeit von chronischem Stress zu minimieren.

Zunehmende Vergesslichkeit?

Zerstreutheit ist ein typisches Anzeichen für Stress. Stress beeinträchtigt unsere Lernfähigkeit und unser Gedächtnis, zudem kann er dazu führen, dass wir wichtige Verpflichtungen
in der Zukunft vergessen, wie etwa die regelmäßige Einnahme
von Medikamenten oder die Verabredung mit einem Freund.
Auch Konzentration und Schlaf können durch Stress in Mit-
leidenschaft gezogen werden. Schlaf- sowie Konzentrationsstö-
rungen wiederum können sich negativ auf unser Erinnerungsvermögen auswirken.

Alles dreht sich nur noch um die Arbeit?

Wenn Stress länger andauert oder gar chronisch wird, dann
kann er uns dazu bringen, unseren Fokus zu verschieben beziehungsweise einzuschränken. Das kann so weit gehen, dass
wir uns etwa keine Zeit mehr nehmen für Sport oder andere
Freizeitaktivitäten wie Hobbys, Musik, Kunst, Lesen oder Treffen mit Freunden und Familie. Es ist unschwer zu erkennen,
dass das unsere Gehirngesundheit beeinträchtigt.

Kein Sinn für Humor?

Stress kann uns den Sinn für Humor rauben, die Fähigkeit, die lustigen Seiten des Lebens zu sehen. Lachen ist das ultimative Mittel gegen Stress, und Humor hilft uns, mit unvorstellbaren Dingen im Leben umzugehen. Tatsächlich sorgt Lachen dafür, dass der Spiegel des Stresshormons Kortisol sinkt. Gestresste Menschen mit einem ausgeprägten Sinn für Humor werden seltener depressiv oder panisch als gestresste Menschen mit einem weniger ausgeprägten Sinn für Humor.

Ungesunde Essgewohnheiten?

Stress kann zu übermäßigem Essen und einer ungesunden Ernährung führen. Kurzfristig kann Stress unseren Appetit hemmen, aber langfristig, wenn wir unter chronischem Stress leiden und dem nicht entgegenwirken, steigert Kortisol unser Hungergefühl und unseren Drang zu essen. Koffeinhaltige Getränke und zuckerreiche Speisen können Stress verstärken, da sie die Aktivität der Amygdala erhöhen.

Schlaflosigkeit oder unruhiger Schlaf?

Stress kann dazu führen, dass wir Probleme haben, einzuschlafen und durchzuschlafen. Denn wenn sich unser Körper im Gleichgewicht befindet, wird Kortisol in einem festen 24-Stunden-Rhythmus in die Blutbahn geleitet. Chronischer Stress kann diesen Rhythmus stören.

Jeder, der bereits unter Stress und damit verbundenen Schlafstörungen gelitten hat, weiß, wie es sich anfühlt, wenn man mitten in der Nacht mit zu viel Kortisol im Körper aufwacht. Dann schläft man erst in den frühen Morgenstunden wieder ein und kommt beim Klingeln des Weckers nicht aus dem Bett, weil zu diesem Zeitpunkt der Kortisolspiegel am niedrigsten ist.

Gefühl von Einsamkeit?

Wenn uns Stress überwältigt, neigen wir manchmal dazu, uns abzuschotten, um Zeit zum Nachdenken zu haben. Womöglich meiden wir andere Menschen, weil wir sie nicht mit unserer schlechten Laune oder Gereiztheit nerven wollen. Die Mühe, die es kostet, die eigene Familie oder Freunde zu treffen, fühlt sich da mitunter wie ein weiterer Stressfaktor an, sodass wir uns lieber zurückziehen, anstatt soziale Unterstützung zu suchen. Dabei kann diese Isolation unsere Lage verschlechtern und tiefgreifende Auswirkungen auf unsere körperliche, geistige und Gehirngesundheit haben.

Anhaltender Stress kann negative, anhaltende Auswirkungen auf unsere Hirnfunktion und unser Verhalten haben. Sozial aktiv zu bleiben ist unerlässlich für ein gesundes Gehirn; anhaltender oder extremer Stress kann unser Sozialverhalten beeinflussen. Befinden wir uns in einer stressreichen Phase, so reduzieren wir vielleicht unsere sozialen Interaktionen, die – das erfahren Sie im folgenden Kapitel – wichtig für ein gesundes Gehirn sind. Durch Stress werden wir mitunter gereizt und aggressiv gegenüber anderen.

Kurz und gut: Lernen Sie, mit Stress umzugehen, um zu verhindern, dass Ihr präfrontaler Kortex und Ihr Hippocampus schwinden.

Zusammenfassung

- Optimale Stresslevel sorgen dafür, dass wir motiviert sind und uns an Veränderungen anpassen, um widerstandsfähiger zu werden.
- Psychischer Stress bezeichnet das Ausmaß, in dem ein Mensch das Gefühl hat, Anforderungen nicht gerecht zu werden.
- Stressoren können reell sein oder eingebildet – selbst ein unbedeutender Gedanke oder ein vages Gefühl kann eine Stressreaktion auslösen und zu Veränderungen des Kognitionsvermögens, der Laune, des Verhaltens und der Gesundheit führen.
- Schwerer oder langanhaltender Stress kann negative Auswirkungen auf unsere Gehirngesundheit und unser Verhalten, inklusive unserer Lernfähigkeit und unseres Erinnerungsvermögens, haben.
- Chronischer Stress kann unseren Schlaf stören, der extrem wichtig für ein gesundes Gehirn ist.
- Stress raubt uns Ressourcen, die wir für Konzentration, Lernen und Erinnern benötigen.
- Mit chronischem Stress verschieben sich unsere Verhaltensmuster von einer langsamen, reflektierten Reaktion zu einer schnellen, reflexartigen, emotionalen Reaktion. Das mag uns in Situationen akuter Gefahr das Leben retten, kann jedoch negative Auswirkungen haben, wenn es um Situationen geht, in denen wir eigentlich wohlüberlegt und analytisch vorgehen und unsere Impulse und reflexhaften Verhaltensweisen kontrollieren oder unterdrücken müssten.

- Stress verändert in der Tat die Struktur unseres Gehirns und seine Funktionsweise.
- Chronischer oder wiederkehrender Stress wirkt sich am stärksten auf diejenigen Gehirnstrukturen aus, die sich in der Entwicklung befinden, sowie auf jene, die sich im späteren Leben altersbedingt verändern.

Das Gehirn auf neue Wege bringen: Was Sie dafür tun können

Ziel ist es, Ihren persönlichen Idealpunkt zu finden. Sie wollen nicht zu viel oder zu wenig Stress in Ihrem Leben, sondern genau die richtige Dosis – ein bisschen wie im englischen Märchen »Goldlöckchen und die drei Bären«. Ihre persönlichen Stressgrenzen können Sie auf verschiedenste Weisen austesten. Machen Sie einfach etwas, das bei Ihnen Stress auslöst: Fragen Sie einen besonderen Menschen in Ihrer Firma, ob er oder sie mit Ihnen ausgeht, oder gehen Sie zu einem Vorstellungsgespräch oder allein ins Theater. Oder Sie steigern das Stresslevel langsam, indem Sie sich dem Stressor immer stärker aussetzen: Haben Sie etwa Angst vor dem Ertrinken, so können Sie diese überwinden, indem Sie Schritt für Schritt schwimmen lernen, allerdings so langsam, dass Sie damit beginnen, erst einen Zeh ins Wasser zu halten, anstatt kopfüber hineinzuspringen.

ZEHN PRAKTISCHE TIPPS
ZUM UMGANG MIT STRESS

1. Seien Sie gespannt
2. Seien Sie aktiv
3. Seien Sie präsent
4. Seien Sie positiv
5. Seien Sie ausgeglichen
6. Seien Sie realistisch
7. Seien Sie pragmatisch
8. Seien Sie interessiert
9. Seien Sie fröhlich
10. Bleiben Sie sozial verbunden

1. Seien Sie gespannt

Stress gehört von Natur aus zu unserem Leben dazu. Er sorgt dafür, dass wir motiviert bleiben, und ermöglicht es, uns zu verändern und widerstandsfähiger zu werden. Ohne Herausforderungen, Ungewissheiten und neue Dinge wäre das Leben langweilig und statisch. Wie sähe unser Leben ohne erste Dates, Vorstellungsgespräche und wichtige Auftritte oder Reden vor Publikum aus? Solange wir unseren Stress und die auslösenden Faktoren im Griff haben, uns gut vorbereiten und uns, wenn nötig, helfen lassen, können mit Stress behaftete Ereignisse eine Chance sein, persönlich zu wachsen und etwas zu erreichen.

Oft haben wir Angst oder verspüren das Bedürfnis zu fliehen, doch wenn ein solches Ereignis überstanden ist, genießen wir die Belohnung, wir fühlen uns stärker, lebendiger und sind stolz – zudem können wir zurückblicken auf diesen Moment in unserem Leben und daraus lernen. Diese kleine Verschiebung der Perspektive, von Angst zu Spannung, kann einen großen Unterschied machen. Wenn Sie das nächste Mal so ein flaues Gefühl haben, dann sehen Sie es als Spannung oder Aufregung an, nicht als Stress – diese Gefühle sind nahezu identisch. Es liegt somit in Ihrer Hand. Und nicht vergessen: Mut erwächst aus Angst.

2. Seien Sie aktiv

Sport und körperliche Betätigung reduzieren Stress und setzen Endorphine frei, die dafür sorgen, dass wir uns gut fühlen. Körperliche Aktivität hat direkte, positive Auswirkungen auf Struktur und Funktion unseres Gehirns (Kapitel 7). Außerdem fördert Sport unsere geistige und kardiologische Gesundheit, reduziert Depressionen und Angstzustände. Sich täglich Zeit für Sport und Bewegung zu nehmen ist eine hervorragende Gelegenheit, mit Stress zurechtzukommen, und eine effektive Methode, geistige Wachsamkeit, Konzentration und allgemeine kognitive Leistungsfähigkeit zu erhöhen.

Körperliche Aktivität kann auch zu besserem Schlaf führen, der in Stressphasen meist leidet. Sitzt man einen Großteil des Tages still, anstatt sich zu bewegen, kann das Angstzustände verstärken – sorgen Sie also für ausreichend Bewegung in Ihrem Tagesablauf. Schon fünf Minuten Gymnastik pro Tag wirken sich aus.

3. Seien Sie präsent

Stehen wir unter Stress, fällt es uns meist schwer, uns auf eine Aufgabe zu konzentrieren. Sind wir fokussiert und präsent bei der Sache, die wir gerade tun, so ist das ein natürliches Gegenmittel gegen durch Stress verursachte Unkonzentriertheit.

Im Hier und Jetzt zu sein hilft uns außerdem, negative Gedanken oder Erinnerungen, die zu Angstzuständen, Stress und Depression führen könnten, auszublenden. Den eigenen Körper bewusst wahrzunehmen – zu spüren, wie die Fußsohlen beim Gehen den Boden berühren, oder sich auf das Ein- und Ausatmen zu konzentrieren – hilft Ihnen, ganz in der Gegenwart zu leben.

4. Seien Sie positiv

Negative Gedanken können sowohl Ursache als auch Auswirkung von Stress sein und sind ein typisches Symptom von Angstzuständen. Trainieren Sie, positiv zu denken, so reduzieren Sie nicht nur Stress, sondern es kommt auch der Gesundheit Ihres Gehirns (Kapitel 8) zugute. Versuchen Sie einmal, sich all Ihre negativen Gedanken von der Seele zu schreiben. Das simple Festhalten auf Papier kann Sie davon entlasten, ständig an die Sache zu denken.

5. Seien Sie ausgeglichen

Ihr Körper mag Regelmäßigkeit, er braucht das innere Gleichgewicht, um seine Gesundheit aufrechtzuerhalten. Stress kann dieses Gleichgewicht stören und schwerwiegende Konsequenzen für Ihre Gesundheit haben. Essen und bewegen Sie sich regelmäßig. Gehen Sie jeden Abend zur selben Zeit zu Bett, und geben Sie Ihrem Körper Zeit, sich nach stressreichen Ereignissen auszuruhen und zu regenerieren.

Setzen Sie Grenzen, um eine gute Balance zwischen Arbeit und Privatleben zu finden. Schalten Sie E-Mail-Benachrichtigungen zum Beispiel aus und lesen Sie diese nur zu bestimmten Zeiten. Betrachten Sie Arbeit nach Möglichkeit als einen Ort, nicht als eine Sache. Nehmen Sie sich Zeit für Hobbys, soziale Aktivitäten und Entspannung.

6. Seien Sie realistisch

Seien Sie in Bezug auf das, was Sie erreichen können, realistisch. Erkennen Sie, wenn »gut genug« besser ist als »perfekt«. Und seien Sie ebenfalls realistisch in Bezug auf das, was die Menschen um Sie herum – Kollegen, Angestellte, Freunde und Familie – leisten können.

7. Seien Sie pragmatisch

Wir alle wissen, wie es sich anfühlt, wenn man am Morgen wie ein aufgescheuchtes Huhn durch das Haus rennt und seine Schlüssel sucht – einer von vielen Stressoren, den wir erst recht nicht gebrauchen können, wenn wir ohnehin schon spät dran sind.

Ganz einfache Dinge wie das Schaffen von festen Plätzen für die wichtigen Gegenstände in Ihrem Leben (Schlüssel, Portemonnaie, Brille) kann schon helfen, Stress zu reduzieren, denn dann ist Schluss mit der morgendlichen Panik und Hektik.

Führen Sie ein Stresstagebuch, um Ihre persönlichen Stressauslöser zu identifizieren, und auch, um Situationen, die Ihr Stresslevel in die Höhe treiben, zu erkennen und in Zukunft zu vermeiden.

8. Seien Sie interessiert

Manchmal treibt uns Stress dazu, nur die Dinge im Leben zu sehen, die Stress verursachen. Wir haben Scheuklappen auf, und so vergessen wir die Dinge, die uns eigentlich interessieren. Hobbys scheinen unwichtig zu sein, wir sehen sie mitunter sogar als frevelhafte Zeitverschwendung an, insbesondere wenn uns so wenig Zeit bleibt und wir so viel zu tun haben. Dabei sind Hobbys ein wunderbares Anti-Stress-Mittel, das uns ein Gefühl von Erfolg vermitteln kann, wenn wir uns unterfordert oder durch andere Aspekte unseres Lebens überfordert fühlen. Hobbys können unser Gehirn herausfordern und neue Gelegenheiten für Lernen und Spaß bieten, indem sie uns ermöglichen, einige unserer Stärken ins Spiel zu bringen. So verlieren wir uns in einer bestimmten Aktivität oder Tätigkeit, verlieren das Zeitgefühl und schaffen Distanz zu den Stressfaktoren in unserem Leben.

9. Seien Sie fröhlich

Mein Lieblingsmittel gegen Stress ist Lachen. Gemeinsam mit anderen Menschen zu lachen ist eine Bereicherung, es sorgt für Bindung, reduziert Stress und Angstgefühle. Zwar sind die neuralen Grundlagen des Lachens noch nicht ausreichend erforscht, man nimmt jedoch an, dass Lachen in gewisser Hinsicht wie ein Antidepressivum wirkt, indem es den Serotoninspiegel im Gehirn erhöht und so unsere Stimmung aufhellt. Ist das Gehirn mit Informationen überfordert, sucht es Biofeedback vom Körper. Indem Sie lachen, senden Sie Signale an Ihr Gehirn, Wirkstoffe freizusetzen, die Stress und Angstgefühle auflösen. Mehr dazu, wie Lachen Ihrem Gehirn zugutekommt, lesen Sie in Kapitel 8.

10. Bleiben Sie sozial verbunden

Widerstehen Sie dem Drang, sich bei Stress zurückzuziehen. Suchen Sie stattdessen Halt und Unterstützung bei Freunden und Familie sowie – wenn nötig – bei einem Experten. Überlegen Sie gut, mit wem Sie Ihre Zeit verbringen – Sie brauchen Unterstützung und niemanden, der noch mehr Stress in Ihren Alltag bringt. Mehr über die positiven Effekte von sozialen Aktivitäten lesen Sie im nächsten Kapitel.

Stress – Teil 2
Ziele – Aktionsplan – Persönliches Profil

Setzen Sie sich Ziele, erstellen Sie Ihren Aktionsplan sowie Ihr persönliches Stressprofil.

Gesundheitsziele: Stress

Beantworten Sie die folgenden Fragen mithilfe Ihres Life-Balance-Tagebuchs, Ihres Stress-Tagebuchs und der Ergebnisse aus den Aufgaben. Das hilft Ihnen, sich Ziele für den Umgang mit Stress zu setzen, um die Gesundheit Ihres Gehirns zu stärken.

Frage 1: Durchschnittliches Stresslevel
a) Antworten Sie entsprechend Ihrer Antwort auf *Kurze Frage: Durchschnittlicher Stress*:

Mein durchschnittliches Stresslevel ist:
  Niedrig ☐
  Mittel ☐
  Hoch ☐

b) Orientieren Sie sich an den Informationen aus *Aufgabe: Stresshäufigkeit.*

Die Tabelle zur Stresshäufigkeit sollte Ihnen eine Momentaufnahme davon verschaffen, wie sich Stress auf Ihr Leben und Ihr Verhalten auswirkt. Wenn Sie täglich oder ständig Anzeichen oder Symptome haben oder eine Vielzahl davon aufweisen, dann leiden Sie womöglich unter chronischem Stress und sollten lernen, mit Ihrem Stress besser umzugehen.

Stressziel Nummer 1

Ich möchte meinen Umgang mit Stress gern verbessern. ☐

Kein Eingreifen erforderlich: Ich bin zufrieden damit, wie ich mit Stress umgehe. ☐

Frage 2: Wahrnehmung von Stress

a) Antworten Sie auf der Grundlage dessen, wie Sie sich gewöhnlich fühlen:

Ich betrachte die Herausforderungen im Leben als Chancen:
Selten ☐
Manchmal ☐
Meistens ☐

Ich konzentriere mich auf die Dinge, die ich kontrollieren kann:
Selten ☐
Manchmal ☐
Meistens ☐

Ich konzentriere mich auf die Dinge, die ich nicht kontrollieren kann:

Selten ☐
Manchmal ☐
Meistens ☐

b) Orientieren Sie sich an Ihrem Gesamtergebnis von *Aufgabe: Stresswahrnehmung*.

Meine Wahrnehmung von Stress ist:

Niedrig ☐
Mittel ☐
Hoch ☐

Stressziel Nummer 2
Ich möchte meine Wahrnehmung von Stress ändern:

Ja ☐
Nein ☐
Kein Eingreifen erforderlich: Ich bin zufrieden damit, wie ich Stress wahrnehme. ☐

Frage 3: Täglicher Stress
Verwenden Sie die Informationen aus *Aufgabe: Stresstagebuch*, um die folgende Tabelle auszufüllen.

Geben Sie an, ob Sie sich darauf konzentrieren möchten, den Stressor oder Ihre Reaktion auf den Stressor zu verändern.

Stressor	Kontrollier-bar	Nicht kont-rollierbar	Stressor ändern	Reaktion ändern

Stressziel Nummer 3

Ich möchte meine Reaktion auf Stressoren ändern, die ich nicht kontrollieren kann:

Ja   □

Nein □

Kein Eingreifen erforderlich: Ich bin zufrieden damit, wie ich auf Stressoren außerhalb meines Einflussbereichs reagiere. □

Ich möchte die Stressoren loswerden oder ändern, die ich kontrollieren kann:

Ja   □

Nein □

Kein Eingreifen erforderlich: Ich bin zufrieden damit, wie ich mit Stressoren umgehe. □

Frage 4: Life-Balance

Ich mag den Ausdruck »Work-Life-Balance« nicht, denn er klingt so, als wäre Arbeit etwas Schlechtes, das Stress verursacht. Dabei ist das ganz individuell. Viele von uns empfinden Arbeit als Bereicherung und große Freude. Es geht nicht darum, weniger oder mehr Zeit mit der Arbeit zu verbringen, sondern darum, eine Balance zwischen den Aktivitäten, die Sie mögen, zu schaffen, damit Sie genau die richtige Dosis an Stress, Schlaf und Bewegung bekommen. Außerdem sollte noch genügend Raum bleiben für Lachen und genügend Zeit an der frischen Luft.

Verwenden Sie die Angaben von *Aufgabe: Life-Balance-Tagebuch*, um die folgende Tabelle auszufüllen.

	Selten	Manchmal	Meistens
Ich bin zufrieden mit der Anzahl an Stunden, die ich arbeite.			
Meine Arbeit erfüllt mich.			
Ich bin zufrieden mit der Anzahl an Stunden, die ich mit meinen Freunden und meiner Familie verbringe.			
Mindestens fünf Tage pro Woche bin ich körperlich aktiv.			
Ich bin zufrieden mit der Anzahl an Stunden, die ich mit meinen Hobbys und Interessen verbringe.			
Ich bin zufrieden mit der Anzahl an Stunden, die ich draußen verbringe.			
Lächeln und Lachen sind Teil meines Privatlebens.			

	Selten	Manchmal	Meistens
Lächeln und Lachen sind Teil meines beruflichen Lebens.			
Ich bin zufrieden mit der Anzahl an Stunden, die ich mit Schlafen verbringe.			

Stressziel Nummer 4

Ich möchte meine Zeit anders einteilen, um meine Life-Balance zu verbessern:

Ja ☐

Nein ☐

Kein Eingreifen erforderlich: Ich bin zufrieden mit der Einteilung meiner Zeit. ☐

Füllen Sie die folgende Tabelle mithilfe der Antworten aus dem Abschnitt *Stressziele* aus. Das hilft Ihnen, Ihre aktuellen gesundheitsfördernden Gewohnheiten zu identifizieren und diejenigen Stressgewohnheiten zu priorisieren, die ein Eingreifen erfordern. Kreuzen Sie das entsprechende Feld an und übertragen Sie anschließend die Punkte, an denen Sie arbeiten müssen, in den Aktionsplan (Seite 167).

	Gesund	Eingreifen erforderlich	Priorität*
Wie ich Stress wahrnehme (Ergebnis von Tabelle *Aufgabe: Stresswahrnehmung*, Seite 140)			
Wie ich auf Stressoren reagiere			
Tägliche körperliche Betätigung			
Zeit, die ich mit anderen Menschen verbringe			
Zeit, die ich mit Arbeit verbringe			
Zeit, die ich mit Hobbys/Interessen verbringe			
Zeit für Lächeln und Lachen			
Anzahl an Stunden Schlaf pro Nacht**			
Zeit, die ich in der Natur verbringe			
Zeit, die ich mit technischen Geräten verbringe			
Organisation und Einsatzbereitschaft			
Koffeinkonsum**			
Zuckerkonsum			
Andere			

---

*   Hoch, mittel oder niedrig

** Orientieren Sie sich bei der Antwort an Ihrem Schlaf-Tagebuch aus Kapitel 3.

Aktionsplan: Stress

Tragen Sie die Stressgewohnheiten, die ein Eingreifen erfordern, in die Spalte »Aktion« in der folgenden Tabelle ein. Geben Sie an, ob der jeweilige Punkt relativ leicht zu lösen ist (»kurzfristig«) oder ob die Veränderung dieser speziellen Gewohnheit mehr Mühe und Zeit in Anspruch nehmen wird (»langfristig«). Die zehn Tipps, die Sie eben auf den Seiten 155 bis 160 gelesen haben, sollten Ihnen helfen, jede Aktion in einzelne, gut durchzuführende Schritte zu zerlegen. Geben Sie den einzelnen Aktionen Nummern für die Reihenfolge, in der Sie an ihnen arbeiten möchten (1 = zuerst in Angriff nehmen). Am Ende des Buches (Seite 418) finden Sie ein vollständig ausgefülltes Muster dieser Tabelle.

Aktion	Reihenfolge	Schritte	Kurzfristig	Langfristig

Persönliches Profil: Stress

Orientieren Sie sich an Ihren Ergebnissen des Abschnitts **Gesundheitsziele: Stress** und füllen Sie die folgende Tabelle aus. Geben Sie an, ob Ihre Ergebnisse gesund, grenzwertig oder ungesund sind. Anschließend können Sie bestimmen, ob Ihr aktuelles Verhaltensmuster Ihrer Gehirngesundheit zugutekommt oder ein Risiko darstellt, das diese beeinträchtigt und Sie im späteren Leben anfällig für Demenz macht. Geben Sie schließlich die Aspekte an, an denen Sie arbeiten oder die Sie verbessern oder beibehalten möchten, und ordnen Sie diese nach Priorität in Ihrem maßgeschneiderten Gesamtplan für ein gesundes Gehirn in Kapitel 9.

Aspekt	Gesund	Grenzwertig	Ungesund	Stärke	Risiko	Beibehalten	Verbessern	Eingreifen	Priorität
Stresslevel									
Stresswahrnehmung									
Täglicher Stress									
Life-Balance									
Gesamtergebnis									

In 100 Tagen zu einem jüngeren Gehirn

TAGE 8 BIS 14: MIT STRESS UMGEHEN

Inzwischen sollten Sie ein klares Bild von Ihrem aktuellen Stressmuster, Ihren persönlichen Zielen und den Maßnahmen haben, die Sie ergreifen sollten, um Stress als positiven Faktor für die Gesundheit Ihres Gehirns zu nutzen. Ihr Stressprofil werden Sie im weiteren Verlauf des 100-Tage-Plans mit den anderen von Ihnen erstellten Profilen kombinieren, um dann in Kapitel 9 das Gesamtprofil Ihrer Gehirngesundheit zu erstellen. Zudem werden Sie mindestens eine Ihrer Stressmaßnahmen auswählen und in diesen Gesamtplan integrieren.

100-TAGE-TAGEBUCH

Sie können die Schritte, die Sie auf dem Weg zur Erfüllung Ihrer Gesamtziele erreicht haben, in das 100-Tage-Tagebuch am Ende des Buches (Seite 387–410) eintragen. Zum Beispiel:

- Ich war deutlich realistischer in Bezug darauf, wie viel Arbeit ich pro Tag erledigen kann.
- Ich habe meine E-Mails nur einmal am Vormittag und einmal am Nachmittag gelesen.
- Ich habe meine Mittagspause heute draußen anstatt an meinem Schreibtisch verbracht.
- Ich habe die Benachrichtigungsfunktionen auf Computer und Smartphone heute um sechs Uhr abends ausgestellt.

Sie können auch Ihre guten, die Gesundheit fördernden Gewohnheiten in dieses Tagebuch aufnehmen, um sie angemessen zu würdigen.

Sozial und mental aktiv

Es ist von so außerordentlichem Nutzen,
unser Gehirn an dem von anderen zu reiben und zu glätten.

Michel de Montaigne

Sozial und mental – Teil 1

Wenn man es recht bedenkt, sind Menschen wirklich seltsame Wesen. Unser vermeintlich logisches Denken ist mitunter ziemlich fehlerbehaftet. Wir schieben die Schuld am Abbau unserer kognitiven Fähigkeiten auf das Altern anstatt auf den Umstand, dass wir Aktivitäten, die unsere Gehirngesundheit stärken, wie Lernen und soziale Kontakte, einseitig in die Kindheit, Jugend und das frühe Erwachsenenalter verlagern. Dabei sind wir per se soziale Wesen, und soziales Verhalten stimuliert unser Gehirn, was wiederum unserer zerebralen und mentalen Gesundheit zugutekommt. Leben wir ein sozial erfülltes Leben, so erfolgt der Abbau unserer kognitiven Fähigkeiten langsamer, und die Wahrscheinlichkeit, an Alzheimer zu erkranken, sinkt. Inzwischen gibt es immer mehr Beweise dafür, dass soziales Engagement den Erhalt der kognitiven Fähigkeiten fördert.

Soziale Interaktion ist oft mit anderen Aktivitäten verbunden, die ebenfalls die Gehirngesundheit fördern, wie Lernen und kognitiv stimulierende Freizeitbeschäftigungen, denen man sich gemeinsam mit anderen widmet. Bildung und Lernen baut in jeder Phase des Lebens Reserven auf, und trotzdem konzentrieren wir als Gesellschaft unsere Bemühungen in Sachen Bildung in erster Linie auf Kinder, Jugendliche und junge Erwachsene. Manche Menschen haben das Glück, auch über das junge Erwachsenenalter hinaus noch Beschäftigungen nachzugehen, die das Gehirn stimulieren und einen herausfordern, doch die meisten von uns geben sich leider ab dem mittleren Alter damit zufrieden, auf Autopilot zu schalten und den einfachsten Weg zu nehmen.

In diesem Kapitel finden Sie zahlreiche Tipps, wie Sie Ihr Gehirn und Ihre sozialen Kontakte auf Trab halten – zugunsten Ihrer Gehirngesundheit. Wenn Sie diese Aufgaben erledigen, dann erlangen Sie ein besseres Verständnis für Ihre sozialen Bedürfnisse und mentalen Aktivitätslevel und können entsprechende Veränderungen vornehmen, die Ihrer Gehirngesundheit zugutekommen. Mithilfe dieser Informationen erstellen Sie Ihr persönliches soziales und mentales Profil, setzen sich Ziele und entwickeln im zweiten Teil dieses Kapitels einen Aktionsplan, der sich mit diesen Aspekten beschäftigt. Doch zuerst erkunden wir die Welt der Neurowissenschaft, die uns erklärt, warum wir Kontakt zu Menschen, Herausforderungen, neue Erlebnisse und Erfahrungen sowie Lernen in unserem täglichen Leben brauchen.

Kurze Frage: Sozial

Wie oft fühlen Sie sich von anderen isoliert oder ausgegrenzt?

_____

1 = Kaum

2 = Manchmal

3 = Oft

Was dem Gehirn guttut: Warum müssen Sie Ihr Gehirn auf Trab halten?

Unser Überleben hängt von unserem sozialen Verhalten ab. Instinktiv sind wir darauf programmiert, den Kontakt zu anderen Menschen zu suchen und Isolation zu vermeiden. Unser Überleben basiert auf gegenseitigen Beziehungen. Wir gehen Bindungen ein, in denen wir einander helfen. Soziale Bindungen sorgen für Sicherheit und sichern die Fortpflanzung. Menschen verkümmern, wenn sie isoliert sind. Menschen mit mehr sozialen Bindungen entwickeln im späteren Leben seltener Demenz oder kognitive Beeinträchtigungen als Menschen mit wenigen sozialen Bindungen. Menschen mit mehr sozialen Bindungen sind gesünder, weniger niedergeschlagen und leben länger.

MENSCH SEIN UND SOZIAL SEIN

Die Gehirne von Menschen, ja von Primaten im Allgemeinen scheinen sehr sensibel auf soziale Einflüsse zu reagieren. Bei der Spezies der Primaten gibt es einen Zusammenhang zwischen der Größe der sozialen Gruppe und dem relativen Volumen des Neokortex. Als Spezies sind Menschen sozial gesehen hochqualifiziert. Das menschliche Gehirn entwickelte sich mit diesen sozialen Fertigkeiten. Die komplexen Anforderungen von sozialem Leben, was die Fähigkeit, Verhaltensweisen vorherzusagen und andere zu überlisten, beinhaltet, haben womöglich zur Vergrößerung des menschlichen Gehirns und zur Entwicklung der neuralen Systeme im Gehirn geführt. Soziale Kognition ist elementar in Bezug auf das Funktionieren in der sozialen Welt, in der wir leben, denn so können wir mit anderen Menschen zurechtkommen und andere Sichtweisen einnehmen. Störungen dieser sozialen Kognition, wie eingeschränkte Empathie, abnormes soziales Verhalten und Schwierigkeiten dabei, sich in andere Menschen hineinzuversetzen, können ein frühes Kennzeichen neurodegenerativer Störungen sein.

Soziales Engagement bezieht sich auf unsere Interaktion mit anderen Menschen in unserer Umgebung. Es umfasst all unsere sozialen Interaktionen, unsere sozialen Aktivitäten, unsere sozialen Netzwerke sowie unsere gegenseitige funktionale und emotionale soziale Unterstützung. Unsere soziale Umgebung formt unser Gehirn. Die sozialen Interaktionen mit Freunden, Familie, Nachbarn, Kollegen und auch Fremden sorgen für plastische Veränderungen im Gehirn, die sowohl dessen Struktur als auch dessen Funktionen betreffen. Beantworten Sie die folgenden Fragen, um zu erfahren, wie gut Sie sozial eingebunden sind.

Aufgabe: Soziale Eingebundenheit

1. Sind Sie derzeit
   Verheiratet □
   In einer eheähnlichen Partnerschaft lebend □
   Alleinstehend (nie geheiratet) □
   Getrennt □
   Geschieden □
   Verwitwet □

2. Treffen Sie sich regelmäßig in (selbst)organisierter Form mit anderen Menschen? Zum Beispiel in einem Seniorenzentrum, in sozialen oder Arbeitsgruppen, religiösen Gruppen, Selbsthilfegruppen, wohltätigen Gruppen, ehrenamtlichen Gruppen oder Nachbarschaftstreffs?
   Ja   □
   Nein □

3. Wie oft nehmen Sie an Gottesdiensten oder religiösen Treffen teil?
   Nie oder fast nie □
   Ein oder zwei Mal pro Jahr □
   Alle paar Monate □
   Ein oder zwei Mal pro Monat □
   Einmal pro Woche □
   Mehr als einmal pro Woche □

4. Wie viele enge Freunde, bei denen Sie sich wohl fühlen und mit denen Sie über Persönliches sprechen können, haben Sie?

Keine ☐
1 oder 2 ☐
3 bis 5 ☐
6 bis 9 ☐
10 oder mehr ☐

5. Wie viele enge Verwandte, bei denen Sie sich wohl fühlen und mit denen Sie über Persönliches sprechen können, haben Sie?

Keine ☐
1 oder 2 ☐
3 bis 5 ☐
6 bis 9 ☐
10 oder mehr ☐

Frage	Soziale Eingebundenheit	Ergebnis
1	Beziehungsstatus Verheiratet oder in einer Partnerschaft (1) Alle anderen (0)	
2	Teilnahme an Gruppen oder Treffen Ja (1) Nein (0)	
3	Teilnahme an Gottesdiensten oder religiösen Treffen Ein oder zwei Mal pro Monat oder häufiger (1) Alle paar Monate oder seltener (0)	
4 & 5	Enge Freunde und Verwandte 2 Freunde/Verwandte oder weniger (0) Alle anderen Antworten (1)	
	Gesamtergebnis soziale Eingebundenheit (max. 4)	

* Die Antworten auf Frage 2 und 3 sollten sich nicht widersprechen.

Was Ihr Ergebnis bedeutet

0 Punkte oder 1 Punkt weisen auf soziale Isolation hin, während 2 bis 4 Punkte ein höheres Niveau an sozialer Eingebundenheit bedeuten.

Übertragen Sie Ihr Ergebnis auf Frage 3 in Teil 2 des Kapitels (Gesundheitsziele: Sozial und mental).

Unsere Interaktionen mit anderen formen die neuronalen Schaltkreise, die unserem sozialen Verhalten zugrunde liegen. Ein sozial engagiertes Leben und eine stimulierende Umgebung stehen in Zusammenhang mit dem Wachstum neuer Neuronen und mit einer höheren Dichte der Synapsen. Soziale Aktivität erhöht das Hirnvolumen und führt zu einem effizienteren Gebrauch der zerebralen Netzwerke. *Nur zehn Minuten soziale Interaktion können Ihre Hirnleistung bereits verbessern.*

Das soziale Gehirn

Jedes Mal, wenn wir sozial interagieren, bedarf es komplexer Hirnaktivität und unglaublicher kognitiver Geschicklichkeit, damit wir die Worte und Taten anderer Menschen verstehen, ihre Emotionen lesen, unsere eigenen Gedanken filtern und angemessene Antworten formulieren können. Oft geschieht das, während wir noch andere Dinge tun wie etwa gehen, einen Becher in der einen Hand halten und die andere nach einem Häppchen austrecken.

Das komplexe Netzwerk der verschiedenen Hirnregionen, die bei sozialen Interaktionen und sozialer Kognition eingeschaltet werden, bezeichnet man insgesamt als das soziale Gehirn. Dieses Netzwerk ist an zahlreichen sozialen Prozessen beteiligt, die es uns ermöglichen, andere Menschen zu erkennen – ihre Gesichter, Gesten und Emotionen –, mit anderen zu kommunizieren, unser eigenes Verhalten zu erklären, das Verhalten anderer zu verstehen und vorherzusagen und die Annahmen, Absichten, Wünsche, Stimmungen und Taten anderer einzuschätzen.

Einige soziale Prozesse laufen automatisch und unbewusst ab, was bedeutet, dass Sie diese nicht bewusst kontrollieren können. Dank des präfrontalen Kortex können Sie jedoch viele Ihrer sozialen Verhaltensweisen bewusst steuern. Zum Beispiel können Sie sich selbst Einhalt gebieten, wenn Sie einem Freund Ihre ehrliche, aber durchaus verletzende Meinung zu seinem neuen Haarschnitt mitteilen wollen.

Diese Form der Selbstregulierung ermöglicht es uns, wichtige Beziehungen aufrechtzuerhalten und dafür zu sorgen, dass sich unsere Emotionen und Handlungen in einem sozial akzeptablen Bereich bewegen. Schlafmangel, Stress, Alterungsprozess, Verletzungen, Hirnkrankheiten und einige Störungen können die Fähigkeit des Gehirns, diese Selbstregulierung zu leisten, beeinträchtigen – was viele von uns auf unangenehme Weise zu spüren bekommen, wenn wir nämlich etwas Falsches sagen oder ungefiltert sprechen, sobald wir gestresst oder übermüdet sind.

Während bestimmte Bereiche im Gehirn aktiv werden, sobald wir sozial agieren oder auch nur über Menschen oder soziale Beziehungen nachdenken, funktioniert das soziale Gehirn nicht im Zustand der Isolation. Dabei spielen auch Hirnregionen eine Rolle, die für das Verarbeiten von nicht sozialen Informationen zuständig sind. Soziales und emotionales Verhalten sind eng miteinander verknüpft, und Hirnstrukturen, die Emotionen verarbeiten, sind ebenfalls an unserem sozialen Verhalten beteiligt. Soziales Engagement erfordert das koordinierte Funktionieren von Hirnregionen, die über das gesamte Gehirn verteilt sind. Diese Regionen sind auf das Verarbeiten von sozialer, nicht sozialer und emotionaler Information spezialisiert.

Inhalt und Kontext

Welche Hirnregionen zu einem bestimmten Zeitpunkt aktiviert werden, hängt vor allem vom Inhalt und Kontext ab. So aktivieren Gesichter zum Beispiel die Fusiform Face Area (FFA), einen Teil des Gehirns, der im hinteren Bereich des Temporallappens liegt. Um allerdings die durch Gesichtsausdrücke dargestellten Emotionen zu erkennen, werden andere Teile des Gehirns aktiviert, nämlich solche, die emotionale Signale dekodieren. Drückt das Gesicht, auf das Sie blicken, Angst oder Furcht aus, so wird die Amygdala aktiviert. Bei Ekel oder Schmerz wird ein Teil des Gehirns aktiviert, der Inselrinde oder auch Inselkortex heißt. Emotionen sind sehr starke soziale Signale, die es uns ermöglichen, auf andere zu reagieren und zu beeinflussen, wie andere auf uns reagieren.

Der evolutionär jüngste Teil des Gehirns, der Neokortex, kann als das »denkende Gehirn« bezeichnet werden. Der älteste Teil des Gehirns, der oben an der Wirbelsäule liegt, ist der Hirnstamm. Das limbische System, auch bekannt als emotionales Gehirn, liegt zwischen den beiden. Den Hirnstamm brauchen wir, um die grundlegenden Überlebensfunktionen unseres Körpers zu steuern, wie Herzschlag, Atmung und Verdauung. Das limbische Gehirn kümmert sich um Liebe, Wut, Schuld und andere Emotionen, während der Neokortex, der auch die Frontallappen umfasst, in der Lage ist, hochkomplexe und manchmal widersprüchliche Informationen zu interpretieren und auszugestalten.

Bei sozialen Interaktionen arbeiten diese drei »Gehirne« – Hirnstamm, limbisches System, Neokortex – mittels verschiedener Systeme zusammen, teils koordiniert, teils im Konflikt, je nach Kontext. Einem Schokoladedessert zu widerstehen ist ein Paradebeispiel für den Konflikt, der zwischen den Systemen entstehen kann: Sie wollen den Kuchen essen (grundlegende Funktion), denn dadurch werden Sie sich gut fühlen (Emotion), aber Sie wollen in den neuen Anzug passen, damit Sie bei der Hochzeit Ihrer Freundin eine gute Figur machen (Denken). Also essen Sie den Kuchen nicht!

Spiegelneuronen

Unser Gehirn enthält auch Zellen namens Spiegelneuronen, die nicht nur aktiviert werden, wenn man selbst eine Aktivität abschließt, sondern auch dann, wenn jemand anderes das tut und man zuschaut. Diese Hirnzellen spiegeln die Handlung, die man sieht, und sind extrem wichtig im Hinblick darauf, wie man selbst eine Aktivität vollzieht und wie man die Handlungen anderer wahrnimmt und interpretiert. Im Grunde genommen sorgen diese Spiegelneuronen dafür, dass wir uns in jemand anderen hineinversetzen können, wobei diese Form der Simulation so schnell geschieht, dass wir uns ihrer gar nicht bewusst sind.

Bestimmte Teile des Gehirns wie der prämotorische Kortex simulieren die Handlungen, die wir beobachten, und diese Simulation löst Aktivitäten in den Hirnregionen aus, die bei Emotionen eine Rolle spielen, wie etwa die Amygdala. So verstärkt sich die Verknüpfung zwischen der Imitation der Handlung und der Identifikation mit der Person, die die Handlung ausführt. Deshalb zeigen wir ähnliche emotionale und physiologische Reaktionen, wenn wir Menschen beobachten, die Freude oder Schmerz erfahren, so als wären wir selbst betroffen. Diese Verknüpfung kann auch als Erklärung dafür dienen, warum wir manchmal zusammenzucken, wenn wir sehen, wie sich jemand verletzt, oder warum wir weinen, wenn unser Lieblingskandidat bei *The Voice*, *DSDS* oder *Let's Dance* ausscheidet.

Wenn wir bei unserem Lieblingssport zuschauen, dann wird dabei das motorische System unseres Gehirns aktiviert, so als würden wir selbst den Ball schießen, einen Aufschlag annehmen oder den Golfschläger schwingen. Sobald unsere emotionalen Zentren aktiviert werden, spüren wir die gleiche Ekstase angesichts eines Sieges und die gleiche Angst vor einer Niederlage. So verstehen wir die mentalen Zustände anderer, können ihre Handlungen und Absichten interpretieren und vorhersagen und mit ihnen mitfühlen.

Soziales Engagement

Wir sind uns nicht vollkommen sicher, warum ein sozial aktiver Lebensstil sich positiv auf die kognitiven Funktionen auswirkt. Natürlich ist es möglich, dass Veränderungen der Intensität sozialen Engagements eine Folge des Abbaus der kognitiven Funktionen sind, und nicht andersherum. Eine schlechtere kognitive Leistungsfähigkeit kann unsere Fähigkeit, sozial zu funktionieren, einschränken; das Stigma von kognitivem Abbau oder das Gefühl von Scham aufgrund von Gedächtnisverlust kann Menschen dazu bringen, sich zurückzuziehen. Eingeschränkte Mobilität und die Angst vor Stürzen außerhalb der eigenen vier Wände können ebenfalls die Gelegenheiten sozialer Stimulation bei älteren Menschen reduzieren.

Was wir jedoch sicher wissen, ist, dass zwischenmenschlicher Kontakt eng mit unserer kognitiven Funktion verbunden ist, mit Gehirngesundheit, körperlicher Gesundheit, geistiger Gesundheit und emotionalem Wohlbefinden. Möglicherweise kommt es der kognitiven Funktion zugute, dass soziale Beziehungen die negativen Effekte von chronischem Stress auf unser Gehirn abfangen.

Soziale Faktoren können kognitive Erfolge beeinflussen, weil soziales Engagement gegebenenfalls zu gesünderen Verhaltensmustern führt. Gemeint ist: Wenn wir keine Freunde oder Familienmitglieder in unser Leben lassen, dann tendieren wir dazu, uns selbst zu vernachlässigen, bis zu dem Punkt, an dem dieses Verhalten unserer Gesundheit schadet und das Risiko kognitiven Verfalls erhöht. Immer mehr Anzeichen deuten darauf hin, dass soziales Engagement eine Form kognitiver Stimulation ist, die zu kognitiven Erfolgen durch das Aufbauen von kognitiver Reserve beiträgt.

MENTALE STIMULATION

Neben dem sozialen Engagement spielt für die kognitive Reserve auch das Ausführen mental stimulierender oder kognitiv anspruchsvoller Aufgaben, der Beruf und das Bildungsniveau eines Menschen eine Rolle. Bildung ist, was die Breite und Konsistenz angeht, eindeutig der erfolgreichste kognitive Verstärker, sogar besser als Drogen oder hochentwickelte Technologien. In Kapitel 1 habe ich bereits erwähnt, dass mit dem

weltweiten Anstieg der älteren Population die Anzahl der Demenzpatienten im Jahr 2050 die Zahl von 132 Millionen erreichen wird. Während es einige früh eintretende Formen von
Demenz gibt, handelt es sich dabei doch in erster Linie um eine
Krankheit, die im späteren Leben einsetzt. Daraus folgt: Gibt es
mehr ältere Menschen innerhalb einer Bevölkerung, so gibt es
auch mehr Menschen, die mit Demenz leben müssen.

Dennoch zeigt sich in den USA und einigen europäischen
Ländern ein optimistisch stimmender Trend: Das altersbedingte Demenzrisiko ist in den letzten Jahren gesunken, was
den aufgrund der wachsenden Anzahl älterer Menschen pro-
gnostizierten Anstieg der Demenzerkrankungen etwas re-
lativiert. Diese positive Tendenz eines abnehmenden Demenzrisikos basiert in erster Linie auf dem immer höheren
Bildungsniveau der nachfolgenden Generationen sowie auf der
breit angelegten und erfolgreichen Behandlung kardiovaskulärer Risikofaktoren.

In Bildung zu investieren bedeutet in die kognitive Reserve
zu investieren. Eine direkte Konsequenz dieser Investition ist
nämlich der Ausbau kompensatorischer neuronaler Schaltkreise innerhalb des Gehirns, die unsere Widerstandsfähigkeit
gegenüber Schäden stärken und so das Einsetzen von Demenz
verzögern und den kognitiven Verfall auf der Lebensachse weiter nach hinten verschieben, so wie es bei Peter der Fall war
(siehe Einführung). Beantworten Sie nun die folgenden Fragen,
um Ihr persönliches Profil zum Thema Bildung und Beruf zu
erstellen.

Aufgabe: Bildung und Beruf

A. Schulbildung

Wie viele Jahre sind Sie insgesamt zur Schule/Hochschule gegangen? _____

Dazu zählen Grundschule, weiterführende Schule und (Fach-) Hochschule/Universität. Die Jahre müssen nicht unmittelbar aufeinanderfolgen, addieren Sie einfach die Jahre, in denen Sie eine Schule oder Hochschule besucht haben, unabhängig von Pausen zwischen diesen Phasen.

Weniger als acht Jahre = 0 Punkte
Mehr als acht Jahre = 1 Punkt
Punktzahl Schulbildung: _____

Übertragen Sie Ihr Ergebnis auf Frage 2 a in Teil 2 dieses Kapitels (Gesundheitsziele: Sozial und mental).

B. Akademische Ausbildung

Was ist Ihr höchster akademischer Grad? _____

Zum Beispiel Abitur, Bachelor, Master/M. A., Diplom, Promotion

Kreisen Sie die Punktzahl ein, die Ihrem höchsten erlangten akademischen Grad entspricht.

Niveau/Qualifikation	Punktzahl
Promotion	20
Master	18
Diplom	18

Niveau/Qualifikation	Punktzahl
Bachelor an Universität oder Fachhochschule	16
Abitur	11
Wenn Sie Ihre Schulbildung ohne Abschlussprüfung/Befähigungsnachweise beendet haben, tragen Sie die Anzahl der absolvierten Schuljahre als Punktzahl ein, maximal jedoch 10 Punkte.	

Ergebnis akademische Bildung: _____

Übertragen Sie Ihr Ergebnis auf Frage 2 b in Teil 2 dieses Kapitels (Gesundheitsziele: Sozial und mental).

C. Beruf
Gegenwart
Was ist Ihre aktuelle Beschäftigungssituation?

- ☐ Im Ruhestand
- ☐ Angestellt
- ☐ Selbstständig
- ☐ Arbeitslos
- ☐ Arbeitsunfähig aufgrund von Krankheit oder Behinderung
- ☐ Ich kümmere mich um Haus und/oder Familie
- ☐ In Aus-, Fort- oder Weiterbildung

Rückblick
Wenn Sie auf Ihr Berufsleben zurückblicken, wie viele Jahre haben Sie in den unten aufgelisteten Kategorien gearbeitet? Tragen Sie die Anzahl voller Jahre in die entsprechende Zeile der jeweiligen Berufskategorie ein. Lassen Sie das Feld frei, wenn Sie nie in der entsprechenden Kategorie gearbeitet haben.

Geben Sie an, ob Sie während der jeweiligen Beschäftigung vorwiegend allein (allein) oder zusammen mit anderen (sozial) gearbeitet haben.

Die Kategorien wirken etwas künstlich, aber sie geben eine grobe Orientierung in Bezug auf die mentalen und sozialen Aktivitätslevel pro Berufskategorie. Wenn Sie nicht sicher sind, wählen Sie einfach die Kategorie, die dem geistigen und intellektuellen Anspruch Ihrer Beschäftigung am nächsten kommt.

Addiert ergeben die Jahre pro Kategorie die Gesamtanzahl der Jahre, die Sie gearbeitet haben.

Wenn Sie nie beruflich gearbeitet haben, dann ist Ihre Antwort 0.

Beschäftigungskategorie	Jahre	Sozial	Allein
Manuelle, ungelernte oder niedrig qualifizierte Arbeit			
Facharbeitertätigkeit, Handwerk			
Bürotätigkeit (Ausbildungsberuf)			
Fachkraft, Experte			
Akademiker, mittleres oder höheres Management			
Gesamtanzahl Berufsjahre			

Multiplizieren Sie die Anzahl der Jahre pro Kategorie mit dem Faktor in der folgenden Tabelle. Addieren Sie die Punkte pro Kategorie. So erhalten Sie Ihr Gesamtergebnis für Ihre Berufsjahre.

Beruf	Jahre	Faktor	Punkte
Ungelernte, manuelle Arbeit – vorwiegend allein		1	
Ungelernte, manuelle Arbeit – vorwiegend sozial		1,25	
Facharbeitertätigkeit, Handwerk – vorwiegend allein		2	
Facharbeitertätigkeit, Handwerk – vorwiegend sozial		2,25	
Bürotätigkeit (Ausbildungsberuf) – vorwiegend allein		3	
Bürotätigkeit (Ausbildungsberuf) – vorwiegend sozial		3,25	
Fachkraft, Experte		4	
Akademiker, mittleres oder höheres Management		5	
Gesamtergebnis Berufsjahre			

Ergebnis Berufsjahre _____

Übertragen Sie Ihr Ergebnis auf Frage 2 c in Teil 2 dieses Kapitels (Gesundheitsziele: Sozial und mental).

Lebenslanges Lernen

Die zusätzlichen Vorteile von Investitionen in die eigene Bildung können kognitiv stärker stimulierende Berufstätigkeiten sein, ein höherer ökonomischer Status und ein gesundheitsbewussteres Verhalten. So relevant, wie Bildung für die Gesundheit unseres Gehirns ist, darf Bildung nicht mit der Schulzeit aufhören, sondern muss ein Leben lang weitergehen. Lebenslanges Lernen ist essentiell für die Gesundheit des Gehirns. Bildung, Berufstätigkeit und mentale Stimulation haben einen schützenden Effekt auf unsere kognitive Reserve und reduzieren dabei das Risiko, an Demenz zu erkranken, beinahe um die Hälfte. Eine längere Ausbildung ist nicht nur mit einem niedrigeren Demenzrisiko assoziiert, sondern auch mit einem höheren Hirngewicht und damit mit einer größeren zerebralen Reserve.

Es gibt keine Relation zwischen den Jahren, die wir mit Schulbildung und Studium verbringen, und neurodegenerativen oder vaskulären pathologischen Veränderungen im Gehirn. Bildung bietet somit keinen Schutz vor diesen Veränderungen, aber sie scheint sehr wohl die Auswirkungen jener pathologischen Veränderungen auf den klinischen Verlauf von Demenz abzuschwächen. *Bildung verhindert nicht, dass unser Gehirn erkrankt, aber sie kann die Auswirkungen der Hirnerkrankung auf die kognitiven Funktionen offenbar schwächen, sehr wahrscheinlich durch die zerebrale und kognitive Reserve.*

In Freizeit investieren

Lesen, Hobbys, künstlerische und kreative Freizeitbeschäftigungen können auch dem kognitiven Verfall entgegenwirken. Eine Studie untersuchte, ob das Ausüben kognitiv stimulierender Freizeitaktivitäten (Lesen, Schreiben, Kreuzworträtsel, Karten-/Brettspiele, Diskussionsrunden, Musizieren) im späteren Leben den Verlauf des Gedächtnisverlusts beeinflussen kann.

Im Verlauf der Studie erkrankten 101 der 488 Teilnehmer an Demenz. Bei diesen Demenzpatienten verzögerte jeder einzelne Tag, an dem sie sich den genannten Freizeitaktivitäten widmeten, das Einsetzen des beschleunigten Gedächtnisverlustes um zwei Monate. Somit scheinen diese Aktivitäten (Widerstandsfähigkeit) aufzubauen und es Menschen zu ermöglichen, mit den durch Alzheimer verursachten Veränderungen im Gehirn zurechtzukommen oder sie gar zu kompensieren, lange bevor sie schwerwiegende Gedächtnisverluste erleiden.

Dieser positive Effekt vollzog sich unabhängig vom Bildungsniveau der Teilnehmer – es spielte keine Rolle, ob sie die Schule früh abgebrochen oder einen hohen akademischen Grad erlangt hatten. Diese Erkenntnis erscheint umso wichtiger, wenn man bedenkt, dass nach dem Alter ein niedriges Bildungsniveau der größte Risikofaktor für Demenz ist. Füllen Sie die folgende Tabelle aus, um Ihre Freizeitaktivitäten zu bewerten.

Aufgabe: Freizeit

Häufigkeit: Geben Sie an, wie oft Sie den genannten Aktivitäten jeweils nachgehen. Täglich = 5, ein oder zwei Mal pro Woche = 3, ein Mal pro Monat oder seltener = 1, selten oder nie = 0.

Sozial/Allein: Wenn Sie die Aktivität gemeinsam mit anderen ausüben, dann übertragen Sie die Punktzahl der Häufigkeit in die Spalte »sozial«. Gehen Sie der Aktivität allein nach, übertragen Sie die entsprechende Punktzahl in die Spalte »allein«.

Mental: Wenn die Aktivität Sie herausfordert, tragen Sie die Punktzahl ebenfalls in die Spalte »herausfordernd« ein. Geht es bei der Aktivität um Lernen, dann tragen Sie die Punktzahl auch in die Spalte »Lernen« ein. Verfahren Sie ebenso mit »Neues«, wenn die Aktivität beinhaltet, dass Sie dabei etwas Neues tun. Beinhaltet die Aktivität keinen dieser Aspekte oder besteht nur ein kleiner Teil der jeweiligen Aktivität aus diesen Aspekten, dann lassen Sie die Spalten frei.

Freizeitaktivität	Häufigkeit	Sozial	Allein	Herausfordernd	Neues	Lernen
Beispiel: Lesen	5		5			5
Beispiel: Kino	2	2				
Ins Kino, Theater, zu Konzerten gehen						
An Kursen, Vorträgen teilnehmen/andere Arten der Fortbildung						
Verreisen						
In Garten, Haus oder am Auto arbeiten						
Bücher oder Zeitschriften lesen, auch digital						
Musik oder Radio hören						
Spiele spielen, z. B. Karten, Schach, Kreuzworträtsel, Puzzles oder Computerspiele, bei denen es um Strategie und Problemlösungen geht						
In die Kneipe gehen						
Im Restaurant essen						
Sport, Training, Bewegung						
Familie oder Freunde besuchen, Besuch empfangen, telefonieren mit Freunden oder Familie						
Ehrenamtliche Tätigkeiten						
Kreative Tätigkeiten						
Andere Hobbys und Interessen						
Museen, Galerien, Ausstellungen besuchen						
Gesamtpunktzahl Freizeit:						

Was Ihr Ergebnis bedeutet

Häufigkeit: Wenn Sie für neun oder mehr Aktivitäten 0 Punkte erreicht haben, dann haben Sie wahrscheinlich ein erhöhtes Risiko, an Demenz zu erkranken, und sollten die Anzahl Ihrer Freizeitaktivitäten/Hobbys erhöhen. Wenn Sie sechs oder mehr Freizeitaktivitäten mindestens einmal pro Monat nachgehen, dann ist Ihr Risiko niedriger.

Übertragen Sie Ihre Ergebnisse der Spalten »Herausfordernd«, »Lernen« und »Neues« auf Frage 1 in Teil 2 dieses Kapitels (Gesundheitsziele: Sozial und mental).

Übertragen Sie Ihre Ergebnisse der Spalten »Sozial« und »Allein« auf Frage 5 in Teil 2 dieses Kapitels (Gesundheitsziele: Sozial und mental).

Herausforderungen, Lernen, Neues erleben

Während alltägliche Freizeitaktivitäten positive Effekte haben, können Sie Ihre Gehirngesundheit steigern, wenn Sie sich selbst herausfordern, neue Dinge erleben und erlernen. So fordern Sie nämlich auch Ihr Gehirn heraus, dadurch werden die Verknüpfungen zwischen den Neuronen stimuliert und vor allem die Neuroplastizität gefördert. Solche Freizeitaktivitäten können also helfen, den Abbau Ihrer geistigen Fähigkeiten, wie des Gedächtnisses, aufzuhalten und Sie gegen die Alterskrankheit Demenz, aber auch gegen andere Krankheiten wie Multiple Sklerose, die bereits bei Zwanzig- bis Dreißigjährigen auftreten können, zu schützen.

Ihr plastisches Gehirn kann sich immer wieder neu formen, wenn Sie lernen und neue Erinnerungen schaffen. Doch das Netz der Neuronen muss dafür gefordert werden, anderenfalls reorganisiert es sich nicht wirksam. Seien Sie offen, verlassen Sie Ihre Komfortzone oder begeben Sie sich absichtlich in Situationen, in denen Sie mit Herausforderungen zurechtkommen müssen – so beeinflussen Sie die Chemie Ihres Gehirns, was sich positiv auf Ihre Stimmung und Hirnfunktion auswirken wird.

Belohnung

In unseren Frontallappen erleichtert der Neurotransmitter Dopamin den Informationsaustausch zwischen den Hirnregionen. Nervenzellen im Gehirn, in denen Dopamin erzeugt wird (dopaminerge Nervenzellen), werden aktiviert, wenn unerwartet etwas Gutes passiert. Die empfundene Befriedigung nach einer gemeisterten Herausforderung sorgt dafür, dass Dopamin ausgeschüttet wird; wir fühlen uns gut, sind positiver gestimmt und weniger deprimiert. Dopamin wird freigesetzt, wenn wir damit rechnen, eine Art Belohnung, etwa in Form von Essen oder Musik, zu bekommen, oder wenn wir eine Herausforderung meistern. Dopamin informiert unser Gehirn darüber, dass wir von einer bestimmten Erfahrung mehr wollen. Das kann dabei helfen, unsere Verhaltensweisen dahingehend zu verändern, dass wir mehr solcher Belohnungen erhalten und unsere Gesundheitsziele erreichen.

Sich auf Neues einlassen

Unser Dopaminsystem reagiert am stärksten auf neue und unerwartete Belohnungen. Zwar strebt unser Gehirn nach Regelmäßigkeit und Planbarkeit, doch paradoxerweise treibt das Bedürfnis nach Planbarkeit unser Gehirn dazu, Neues zu suchen. Je mehr Informationen das Gehirn über unsere Umgebung vorliegen hat, desto besser kann es Erfahrungen vergleichen und die Wahrscheinlichkeit eines bestimmten Ausgangs vorhersagen. Durch die Belohnungen neuer Ereignisse begreifen wir unsere Umgebung besser. Ein neues Ereignis oder eine neue Sache sorgt zudem dafür, dass das Gehirn Noradrenalin ausschüttet, das die Bildung neuer Hirnverbindungen unterstützt. Die Erfahrung von etwas Neuem, das Kennenlernen neuer Menschen und neuer Situationen sind ein wichtiges Element der Neuroplastizität.

Wenn Ihr Gehirn mental stimulierende Aktivitäten ausübt, stärken Sie Ihre Synapsen. Ihr Gehirn profitiert davon, wenn Sie sich konstant herausfordern. Routinierte Tätigkeiten fordern Ihr Gehirn nicht heraus – Sie müssen sich schon motivieren oder gar zwingen, weiter zu gehen, etwas Neues auszuprobieren oder zu lernen.

Lernen ändert alles

Lernen ist eine wirksame Droge, die das Gehirn verändert, indem sie neue Gehirnzellen hervorbringt, die Netzwerke im Gehirn kräftigt und neue Pfade öffnet, die unser Gehirn nutzen kann, um Schäden zu kompensieren. Lebenslanges Lernen hat vielerlei Vorteile zur Folge, unter anderem ein niedrigeres Risiko der sozialen Isolation, eine stärkere mentale und soziale Aktivität und eine verbesserte Lebensqualität sowie Wohlbefinden.

Lebenslanges Lernen kommt auch unserer Gehirngesundheit zugute, reduziert das Demenzrisiko und erhöht die Chance, auch im fortgeschrittenen Alter noch unabhängig und selbstbestimmt leben zu können. Das menschliche Gehirn ist auf Lernen und Veränderungen ausgerichtet, damit wir uns an eine sich stets wandelnde Welt anpassen können. **Unser Gehirn ver-**

leiht uns die Fähigkeit, morgen das zu tun, was wir heute nicht tun konnten. Lernen ist nicht nur etwas für junge Menschen. Sondern für jeden.

Lernen dient nicht nur dem Leben, es ist das Leben.

Kurz und gut: Neues und Unerwartetes spielen eine entscheidende Rolle für die Neuroplastizität Ihres Gehirns. Lassen Sie sich also auf neue Menschen und Erfahrungen ein.

Was dem Gehirn schadet: Was passiert, wenn unserem Gehirn soziale und mentale Stimulation entzogen wird?

Für das Altern gilt: *Use it or lose it* – was wir nicht nutzen, geht verloren. Vernachlässigen wir soziale und mentale Aktivitäten, bedeutet das, dass wir unser Gehirn nicht gebrauchen, was wiederum zu Hirnatrophie führen kann. Ungenutzte Verzweigungen in unserem Gehirn verkümmern, während regelmäßig geforderte Verbindungen gestärkt werden – ein ganz natürlicher Vorgang. Doch im Alter werden die Neuronen, die nicht gebraucht werden, beschädigt und sterben.

Wenn Sie jemals probiert haben, eine berühmte Rede, einen Vortrag oder ein längeres Gedicht auswendig zu lernen, dann wissen Sie, dass das eine ziemlich anspruchsvolle Aufgabe ist. In etwa so, wie wenn man sich einen Weg durch ein dichtes Gestrüpp bahnen will. Anfangs geht es sehr schwer, doch durch mehrmalige Anwendung oder durch Wiederholung entsteht ein richtiger Weg oder Pfad durch das Gestrüpp hindurch. Schließlich entsteht eine unauslöschliche Erinnerung – so wie ein Pfad durchs Gestrüpp.

Wenn Sie sich ausgiebiger mit einer Fähigkeit beschäftigen, sei es Rappen oder Reimen, Musik, Tanz oder Design, so werden ganze Regionen Ihres Gehirns dadurch neu gestaltet. Einige Veränderungen dauern Jahre, andere können sehr schnell geschehen. Verbindet man Ihnen etwa für zwei Stunden die Augen, werden über das Hirnareal, das normal für das Sehen zuständig ist, zusätzliche Tastsignale umgeleitet, sodass irgendwann das gesamte Areal seine Funktion umstellen kann. Das Gehirn lässt nämlich nicht zu, dass Regionen ungenutzt bleiben – blinde Menschen nutzen das Areal, das eigentlich für das Sehen zuständig ist, daher zum Hören.

Umleiten, wiederverwenden, umschalten

Das Umleiten ist eine wichtige Strategie des Gehirns, mit Schäden umzugehen. Statt ein beschädigtes Netzwerk zu reparieren, nehmen Neuronen manchmal den Weg um ein Hindernis herum und bemühen sich, soweit möglich, einen Ersatzschaltkreis wiederherzustellen. Wenn Sie beim Anlegen eines Weges durch das Gestrüpp auf einen Findling stoßen, versuchen Sie diesen dann zu bewegen, oder arbeiten Sie lieber an einem alternativen Weg, der um diesen Stein herum führt, um ans Ziel zu gelangen?

Tierstudien haben gezeigt, dass Hirnzellen in der Nähe einer beschädigten Hirnregion neue Funktionen und Formen übernehmen, um so die Aufgaben ihrer beschädigten Nachbarn zu erledigen. Diese Erkenntnis ist von großer Bedeutung für die Rehabilitation von Menschen, die aufgrund eines Schlaganfalls eine Hirnverletzung erlitten oder die Gehirnfunktionen durch Krankheiten wie etwa Multiple Sklerose eingebüßt haben. Führt eine Person aufgrund eines Schlaganfalls oder einer Hirnverletzung eine bestimmte Bewegung nicht mehr aus, so erhalten die beschädigten Hirnzellen und das umgebende Gewebe keinerlei Stimulation mehr; sie sterben sehr wahrscheinlich ab. Inzwischen wissen wir, dass es durch die richtigen Übungen und das richtige Training zur richtigen Zeit eine große Bandbreite an Möglichkeiten zur Kompensation und Genesung des Gehirns gibt. Das ist Anlass zur Hoffnung und eine Motivation für harte Arbeit.

Die Kosten von sozialem Stress

Unser Gehirn und unser Körper sind durch interaktive biochemische und neurale regulierende Schaltkreise eng miteinander verbunden, die sowohl Immunsystem, Hormonhaushalt und auch unser Nervensystem betreffen. All die physiologischen Vorgänge, die ablaufen, wenn wir unsere alltäglichen Verhaltensweisen ausleben, wenn wir einfach nur *wir* sind, sind nur möglich, weil unser Körper und unser Gehirn zusammenarbeiten. Diese Vorgänge können nur im Kontext unserer Umgebung verstanden werden. Dazu zählen auch die reale, die körperliche und die soziale Umgebung, in der wir handeln. Dabei sind die körperliche und die soziale Umgebung untrennbar miteinander verbunden.

Egal, was in der Außenwelt vor sich geht, ob es kalt oder warm ist, hektisch oder ruhig, wir benötigen ein stabiles, inneres Umfeld in jeder einzelnen Zelle von Körper und Gehirn. Der Hypothalamus im Gehirn sorgt für den Erhalt optimaler Bedingungen im gesamten System (Homöostase), was wiede-

rum entscheidend ist für unsere Gesundheit und unser Überleben. Doch jedes Mal, wenn unser Körper auf einen Stressor
reagiert (wie extreme Kälte, Krankheit oder einen Schrecken),
geht das Wiederherstellen der Homöostase auf Kosten unseres
Körpers. Anders als körperlicher Stress, wie Hantelheben im
Fitnessstudio, der zu Muskelaufbau und Stärkung der Knochen
führt, erhöht andauernder sozialer Stress, wie permanente soziale Isolation und chronische Einsamkeit, die Abnutzung von
Körper und Gehirn.

Isolation und Einsamkeit

Unsere Tendenz, uns primär mit Menschen unseres Alters zu
umgeben, verhindert, dass wir in den vollen Genuss der Vorteile von sozialen Bindungen kommen. Teils liegt das daran,
dass – und das kann man leider nicht netter ausdrücken – dann
unser Freundeskreis im höheren Alter immer kleiner wird, da
diese Freunde nach und nach sterben.

Natürlich ist es in mancher Hinsicht sinnvoll, dass wir vorwiegend mit Gleichaltrigen Umgang pflegen, denn wir teilen
die gleichen Erfahrungen, befinden uns in etwa am selben
Punkt im Leben. Doch wir müssen auch bewusst Möglichkeiten suchen, soziale Kontakte mit Menschen zu knüpfen, die
jünger oder älter als wir selbst sind, damit wir als Gesellschaft
und als Individuen die Vorteile sozialer Integration in jeder
Phase des Lebens voll ausschöpfen können.

Menschen, die in geringerem Umfang am sozialen Leben
teilnehmen, die weniger soziale Kontakte haben, die besonders einsam sind, erkranken mit höherer Wahrscheinlichkeit
an Demenz als andere. Zum Vergleich: Das Demenzrisiko aufgrund von sozialer Isolation und Einsamkeit ist in seiner Stärke

vergleichbar mit den altbekannten Risikofaktoren für die Alzheimer-Krankheit, wie etwa körperliche Untätigkeit, niedriges Bildungsniveau, Bluthochdruck im mittleren Alter, Typ-2-Diabetes, Rauchen und Depression.

Das Gesundheitsverhalten (insbesondere Ernährung und körperliche Aktivität) einsamer junger Menschen ist nicht schlechter als das ihrer sozial integrierten Altersgenossen. Das ändert sich allerdings mit der Zeit, sodass das Gesundheitsverhalten einsamer Menschen mittleren Alters schlechter wird. Ältere Menschen, die einsam sind, bewegen sich täglich weniger als sozial zufriedene Senioren. Sie nehmen zudem aufgrund zu fetten Essens deutlich mehr Kalorien auf als ihre sozial eingebundenen, zufriedenen Altersgenossen.

Allein sein ist nicht dasselbe wie sich einsam fühlen

Der deutsch-amerikanische Religionsphilosoph Paul Tillich behauptete, wir hätten das Wort »Einsamkeit« erfunden, um den Schmerz des Alleinseins auszudrücken, und das Wort »Alleinsein«, um die schöne Seite desselben Zustandes auszudrücken. Sich einsam zu fühlen ist also nicht dasselbe wie allein zu sein. Wir können sehr wohl allein sein, uns dabei aber nicht einsam fühlen. Wenn es um unsere soziale Zufriedenheit geht, hat jeder von uns andere Bedürfnisse.

Das Gefühl von Einsamkeit und sozialer Isolation ist sehr individuell und nicht immer direkt mit der Größe oder Reichweite unseres sozialen Netzwerks verbunden. Manche Menschen brauchen ständig den Kontakt zu anderen, häufige soziale Interaktionen und einen großen Freundes- und Bekanntenkreis, während andere mit ein oder zwei intensiven, bedeutenden sozialen Interaktionen pro Monat vollkommen zufrieden sind.

Das Gefühl von Einsamkeit stellt sich ein, wenn es ein Miss-
verhältnis gibt zwischen dem, was wir brauchen, und dem, was
wir in Bezug auf Qualität und Quantität unserer sozialen Beziehungen bekommen. Wir können uns einsam, entfremdet und
isoliert fühlen, obwohl wir mit Menschen zusammen sind. Das
Zusammensein mit Freunden oder der Familie bedeutet nicht
zwangsläufig, dass unser Bedürfnis nach sozialer Nähe gestillt
wird.

Haben Sie sich schon einmal einsam gefühlt, bedeutet das
einfach nur, dass Sie ein Mensch sind. Einige Menschen neigen
verstärkt und somit häufiger zu Einsamkeitsgefühlen, die meisten von uns hingegen verspüren Einsamkeit nur zu bestimmten
Gelegenheiten in ihrem Leben. Einige typische Momente im
Leben, in denen man sich einsam fühlt, sind: der erste Tag an
der Universität, zum ersten Mal Mutter werden, die erste Scheidung, die ersten Tage in Rente, wenn der Partner gestorben ist,
bei der Pflege eines an Demenz erkrankten Partners, wenn wir
allein leben, bei Arbeitslosigkeit oder auch im Homeoffice.

Wenn wir uns einsam fühlen, dann gebrauchen wir unsere
sozialen Kompetenzen seltener, und mit der Zeit verlieren wir
diese und verhalten uns in sozialen Situationen somit seltsam.
Doch wir werden nicht einsam, nur weil wir seltsam sind, sondern wir werden aufgrund von sozialer Isolation und Einsamkeit seltsam. Und genau darum geht es in der nächsten Aufgabe.

Aufgabe: Einsamkeit

Bedenken Sie bei den Antworten, dass es keine richtige oder falsche Antwort gibt – seien Sie also vollkommen ehrlich. Denken Sie dabei an Ihr Leben, wie es sich derzeit allgemein darstellt (wir alle haben mal gute und mal schlechte Tage).

	Kaum	Manchmal	Oft
Wie oft haben Sie das Gefühl, es fehlt Ihnen Gesellschaft?			
Wie oft fühlen Sie sich ausgeschlossen?			
Wie oft fühlen Sie sich von anderen ausgegrenzt?			

Die Punktzahlen für die Antworten sind wie folgt:

Kaum	Manchmal	Oft
1	2	3

Was Ihr Ergebnis bedeutet

Addieren Sie Ihre Punktzahl aller Antworten. So erhalten Sie ein Ergebnis zwischen 3 und 9 Punkten.

Ein Ergebnis von 3 bis 5 Punkten bedeutet, dass Sie eher nicht einsam sind.

Ein Ergebnis von 6 oder mehr Punkten bedeutet, dass Sie eher einsam sind.

Übertragen Sie Ihr Ergebnis auf Frage 4 in Teil 2 dieses Kapitels (Gesundheitsziele: Sozial und mental).

Warum fühlen wir uns einsam?

Das Gefühl von Einsamkeit hat sich entwickelt, weil es uns hilft, unser Überleben als menschliche Spezies zu sichern. Einsamkeit ist eine schmerzhafte Erfahrung. Wir benutzen das Wort »Schmerz«, um eine Reihe unangenehmer Empfindungen und emotionaler Erfahrungen zu umschreiben. Die Schmerzinformation wird an das zentrale Nervensystem weitergeleitet. Schmerz ist ein Signal, das wir nicht ignorieren können. Er signalisiert uns, dass wir uns sofort aus einer bestimmten Situation befreien müssen. Menschen, die mit einer Form von Schmerzunempfindlichkeit geboren wurden, sind höchst anfällig für Verletzungen und sterben meistens früh. Genauso wie körperlicher Schmerz uns vor körperlichen Gefahren schützt, soll uns der soziale Schmerz, den wir bei Einsamkeit empfinden, vor der Gefahr der Isolation schützen. Denn Einsamkeit ist ein unangenehmes Gefühl, das wir vermeiden möchten.

Eine Reihe biologischer Mechanismen, die Psychologen unter dem Begriff »aversive Signale« zusammenfassen, motivieren uns zu bestimmen Verhaltensweisen, die unser Überleben garantieren. So verleitet uns das Hungergefühl, ausgelöst durch einen niedrigen Blutzuckerspiegel, dazu zu essen, und das Verspüren von Durst dazu, zu trinken. Einsamkeit in kleinen Dosen wirkt adaptiv, denn sie verleitet uns dazu, soziale Kontakte zu suchen. Ignorieren wir dieses Signal jedoch, dann kann Einsamkeit chronisch werden und somit zu einer ernsthaften Bedrohung unserer allgemeinen Gesundheit und derjenigen unseres Gehirns.

Einsamkeit ist tödlich

Soziale Isolation und insbesondere wahrgenommene Isolation wirken sich negativ auf unsere Gesundheit aus, genauer gesagt auf das Gehirn, die Stressreaktion des Körpers, Schlaf, Blutdruck, Entzündungsgeschehen und Immunsystem. Menschen, die allein leben, einsam oder sozial isoliert sind, haben ein erhöhtes Risiko, frühzeitig zu sterben – wahrscheinlich eine Folge der Auswirkungen von sozialen Defiziten auf Erkrankungen, die schließlich zum Tod führen.

Ist man Mitglied einer sozial agierenden Spezies, so bringt das Vorteile (Schutz und Hilfe), aber auch Kosten (Infektionsrisiko und Konkurrenz in Bezug auf Nahrung und Sexualpartner) mit sich. Evolutionär betrachtet bedeutet die Isolation von der sozialen Gruppe Gefahr, denn so werden wir zur leichten Beute für Fressfeinde. Das Gefühl von Einsamkeit fungiert als biologische Warnung, als Alarmglocke, die uns dazu bringt zu handeln, um Isolation zu vermeiden.

Trotzdem schaltet das Gehirn in den Selbsterhaltungsmodus um, sobald wir uns sozial isoliert fühlen. Im Gehirn gehen Veränderungen vor, die uns wachsamer gegenüber Gefahren, misstrauischer und weniger empathisch gegenüber anderen werden lassen. Ironischerweise kann genau das dazu führen, dass wir uns noch stärker sozial isolieren. Bleiben wir über einen längeren Zeitraum einsam und allein, dann verlernen wir unsere sozialen Fertigkeiten, da wir sie nicht mehr einsetzen.

Langanhaltende Einsamkeit kann ein chronischer Stressor sein und somit die Aktivität und Anzahl neuraler Verbindungen im Angstzentrum unseres Gehirns (Amygdala) erhöhen, uns in Alarmbereitschaft und den erwähnten Selbsterhaltungsmodus versetzen. Einsamkeit sorgt dafür, dass wir uns nicht nur unglücklich fühlen, sondern auch unsicher, zudem kann sie unser Schlafverhalten stören, was sich wiederum verheerend auf Gesundheit und Wohlbefinden auswirkt.

Das Freisetzen von Kortisol und das Auslösen des »Flucht-oder-Kampf«-Mechanismus im Sympathikus[23] kann auch die Entzündungsreaktion überstimulieren und die Immunreaktion unterdrücken. Die Auswirkungen von Stress auf unser Immunsystem können zudem indirekt sein – wenn wir beispielsweise versuchen, die Einsamkeit durch Trinken oder Rauchen zu ertragen. Chronischer Stress kann zum Schrumpfen des präfrontalen Kortex führen, der eine maßgebliche Rolle bei der Regulierung unseres Sozialverhaltens spielt, der es uns ermöglicht, mit anderen mitzufühlen und die Welt zu verstehen. Einsamkeit steht ferner im Zusammenhang mit schlechtem Schlaf und hohem Blutdruck, die beide negative Auswirkungen auf unsere kognitive Funktion haben und somit zu einem erhöhten Demenzrisiko beitragen.

Einsamkeit ist also ein ernst zu nehmendes Problem, das tief in unserer Biologie und unserer sozialen Umwelt verwurzelt ist. Wir müssen uns dessen bewusst sein, dass die automatischen und unbewussten Reaktionen unseres Gehirns unsere Wahrnehmung der Welt beeinflussen, unsere Fähigkeit, Mitgefühl zu empfinden, ausschalten können und uns mitunter dort eine Bedrohung oder Gefahr sehen lassen, wo gar keine ist.

Bewusst sozial sein

Doch obgleich einige dieser Reaktionen automatisch und unbewusst ablaufen, müssen wir uns immer wieder bewusst machen, dass wir in gewissem Umfang auch kognitive Kontrolle haben. Wir können uns bewusst für etwas entscheiden. Wir können bewusst handeln, soziales Engagement als Teil unseres Alltags auffassen, und wenn wir andere sehen, die einsam sind, sollten wir ihnen helfen, sich wieder sozial zu integrieren unter Berücksichtigung der Veränderungen in ihrem Gehirn, die diese Menschen ängstlicher, weniger empathisch und möglicherweise sozial unfähig haben werden lassen.

Kurz und gut: *Use it or lose it.* Sorgen Sie für soziale Interaktion und mentale Stimulation in Ihrem Alltag.

Zusammenfassung

- Ein Leben, in dem man sozial integriert und engagiert ist, wird in Verbindung gebracht mit einem langsameren Abbau der kognitiven Fähigkeiten. Menschen mit vielen sozialen Bindungen leiden seltener unter Demenz oder anderen kognitiven Beeinträchtigungen.
- Soziale Interaktionen führen zu strukturellen und funktionalen plastischen Veränderungen im Gehirn.
- Interaktionen mit anderen Menschen formen die neuronalen Schaltkreise, welche die Grundlage unseres sozialen Verhaltens bilden.
- Eine sozial engagierte Lebensweise und ein stimulierendes Umfeld werden mit dem Wachstum neuer Neuronen und mit einer erhöhten Synapsendichte assoziiert.
- Soziale Aktivität erhöht das Hirnvolumen und führt zu einem effizienteren Gebrauch der Netzwerke im Gehirn.
- Soziales Engagement ist möglicherweise eine Art kogni-

tive Stimulation, die zu positiven kognitiven Effekten durch den Aufbau der kognitiven Reserve führt.

- Bildung ist der in Bezug auf Reichweite und Konsistenz erfolgreichste kognitive Verstärker, besser als Drogen oder hochentwickelte Technologien.
- Bildung schützt unser Gehirn nicht vor Erkrankungen, mindert aber die Effekte der entsprechenden Erkrankung auf unsere kognitiven Fähigkeiten.
- Wenn Sie das Gehirn stimulierenden Freizeitaktivitäten nachgehen, dann können Sie so besser mit den durch Alzheimer verursachten Veränderungen umgehen und den Gedächtnisverlust hinauszögern.
- Fordern Sie Ihr Gehirn, dann fördern Sie die Neuroplastizität.
- Sich auf Neues einzulassen – neue Erfahrungen, neue Leute und neue Situationen – ist ein entscheidender Faktor für Neuroplastizität.
- Lebenslanges Lernen reduziert das Risiko sozialer Isolation.
- Lernen wirkt wie eine starke, das Gehirn verändernde Droge, führt zum Wachstum neuer Gehirnzellen, erweitert die Netzwerke des Gehirns und eröffnet neue Wege, die das Gehirn nutzen kann, um Schäden zu kompensieren.
- *Use it or lose it.* Wenn wir älter werden, nehmen Neuronen, die nicht gebraucht werden, Schaden und sterben ab.
- Andauernder sozialer Stress, wie soziale Isolation und chronische Einsamkeit, verstärken die Abnutzung im gesamten Körper.
- Das Demenzrisiko durch Einsamkeit und soziale Isola-

tion ist quantitativ vergleichbar mit den uns bekannten Risikofaktoren für Alzheimer, nämlich körperliche Untätigkeit, niedriges Bildungsniveau, Bluthochdruck im mittleren Alter, Typ-2-Diabetes, Rauchen und Depression.

- Einsamkeit führt zu einem Gefühl der Unsicherheit.
- Einsamkeit ist tödlich.
- Wenn Sie sich schon einmal einsam gefühlt haben, bedeutet das nur, dass Sie ein Mensch sind.
- Während manche Reaktionen in Verbindung mit Einsamkeit und sozialer Isolation automatisch und unbewusst ablaufen, verfügen wir doch zu einem gewissen Teil über kognitive Kontrolle. Wir können unseren Kortex dazu bringen, Entscheidungen zu treffen, die unsere soziale Integration fördern.

Das Gehirn auf neue Wege bringen: Was Sie dafür tun können

Das Ziel besteht darin, das richtige Maß sozialer Interaktion zu finden, das Ihren persönlichen Bedürfnissen entspricht und Ihr Gehirn stimuliert, ohne es dabei zu überfordern. Wie die passende mentale Stimulation aussieht, ist von Mensch zu Mensch unterschiedlich. Am wichtigsten sind Herausforderungen, Neues und Lernen – entsprechend Ihrem aktuellen Stand. Machen Sie langsam Fortschritte und arbeiten Sie auf ein langfristiges Ziel hin; wenn Sie nämlich kleine, nicht allzu hoch gegriffene Ziele erreichen, haben Sie Erfolgserlebnisse, die Sie motivieren, weiter zu lernen und sich selbst herauszufordern. Achten Sie darauf, sich mit anderen Menschen zu umgeben, die dafür sorgen, dass Sie selbst sich wohl fühlen, und wählen Sie Aktivitäten aus, die Sie gern tun. Setzen Sie sich Ziele, die Ihnen etwas bedeuten.

ZEHN PRAKTISCHE TIPPS, UM SOZIAL UND MENTAL AKTIV ZU BLEIBEN

1. Engagieren Sie sich ehrenamtlich.
2. Seien Sie wählerisch.
3. Schaffen Sie sich ein buntes und aktives soziales Umfeld.
4. Seien Sie online sozial aktiv.
5. Fangen Sie klein an.
6. Seien Sie offen gegenüber Neuem.
7. Lernen Sie mit Begeisterung.
8. Bilden Sie sich weiter.
9. Sorgen Sie für Herausforderungen.
10. Schlagen Sie mehrere Fliegen mit einer Klappe.

1. Engagieren Sie sich ehrenamtlich

Ehrenamtliches Engagement ist eine großartige Möglichkeit, sozial aktiver zu sein, mit anderen Menschen zu interagieren und für ausreichend Stimulation im eigenen Leben zu sorgen. Es kann Ihnen sogar helfen, länger zu leben und die Gesundheit Ihres Gehirns zu stärken. Menschen, die ehrenamtlich arbeiten, sind meist glücklicher, seltener depressiv und insgesamt gesünder als Menschen, die sich nicht ehrenamtlich engagieren.

Die Mitarbeit im Tierheim oder bei einer Initiative für Obdachlose, einer Wohltätigkeitsorganisation, einer Nachbarschaftsinitiative oder in einem Sportverein ist ein guter Start. Wenn Sie schon eine ganze Weile nicht mehr mit anderen Menschen zu tun hatten, machen Sie zunächst Smalltalk über das Wetter, ein Fußballspiel, Ihr Haustier oder über das Essen. Das kann beruhigend wirken und die positiven Veränderungen in der Chemie Ihres Gehirns auslösen, die dazu führen, dass Sie keine Angst verspüren, sondern sich beim Praktizieren Ihrer etwas eingerosteten sozialen Kompetenzen wohl fühlen.

2. Seien Sie wählerisch

Wenn Sie auf der Suche nach Möglichkeiten für mehr soziale Interaktion sind, dann konzentrieren Sie sich auf die Dinge, die Sie mögen und gern tun. So ist es wahrscheinlicher, dass Sie andere Menschen mit ähnlichen Interessen treffen und weiterhin in Kontakt bleiben. Qualität ist wichtig – seien Sie daher wählerisch, mit wem Sie sich umgeben, denn die sozialen Beziehungen, die Sie eingehen, sollten Ihnen Freude bringen und Ihnen etwas bedeuten.

Nicht alle sozialen Beziehungen sind positiv, und das Letzte, was Sie wollen, ist eine soziale Beziehung, die Ihre Gehirngesundheit durch Stress verschlechtert. Schädliche soziale Bindungen können zudem Ihre Bemühungen, Ihren Gesundheitszustand durch bestimmte Gewohnheiten zu verbessern, zunichtemachen. Seien Sie sich der »sozialen Ansteckung« gesundheitsschädigender Gewohnheiten bewusst, wenn etwa Ihr eigenes Risiko, Übergewicht zu bekommen, durch einen übergewichtigen Partner oder Freund erhöht wird. Ebenso kann ein sehr risikofreudiger Kumpel dazu beitragen, dass Sie sich öfter und schneller mit Alkohol betrinken.

Es ist daher wichtig, dass Sie zumindest einen vertrauenswürdigen, verlässlichen Menschen in Ihrem Leben haben, mit dem Sie regelmäßig sprechen können. Für viele ist das jemand, den Sie seit der Kindheit kennen, oder auch der Ehe- oder Lebenspartner. Es ist eine Überlegung wert, noch weitere derartige Beziehungen aufzubauen, denn leider kann es sein, dass wir mit zunehmendem Alter eine dieser engen Bezugspersonen aufgrund von Krankheit oder Tod verlieren. Und auch wenn niemand diese eine, bestimmte Person je wird ersetzen können, so ist es doch wichtig, stets jemanden an unserer Seite zu wissen, der uns zuhört, uns unterstützt und dem wir vertrauen.

3. Schaffen Sie sich ein buntes und aktives soziales Umfeld

Mit jeder nachfolgenden Generation haben wir weniger Zeit, und die Anforderungen des modernen Lebens sorgen mitunter dafür, dass wir meinen, das Knüpfen und Pflegen von Kontakten stünde ganz unten auf unserer To-do-Liste. Nach dem Lesen dieses Kapitels hoffe ich, dass Sie soziale Interaktion als eine Grundvoraussetzung für ein gesundes Gehirn ansehen, die unbedingt einen festen Platz in Ihrem Leben benötigt.

Versuchen Sie, sich mit Verwandten, Freunden, Nachbarn oder Kollegen zu umgeben und sie regelmäßig zu treffen, um Gedanken, Ideen, Sorgen, Pläne, Hoffnungen und Träume auszutauschen. Nutzen Sie Mahlzeiten als Gelegenheit für gemeinsam verbrachte Zeit und für soziale Interaktion – zu Hause mit der eigenen Familie oder im lokalen Gemeindezentrum, oder verabreden Sie sich mit Freunden zum Mittag- oder Abendessen.

Freizeit- und Sportgruppen, Sprach- und andere Kurse, zum Beispiel bei der Volkshochschule (wie etwa Koch- oder

Malkurse), Bürgerinitiativen oder Nachbarschaftstreffs sind tolle Gelegenheiten, um andere Leute jeden Alters zu treffen. Suchen Sie Aktivitäten, bei denen Sie Freundschaften mit Menschen verschiedener Altersgruppen schließen und pflegen können. Achten Sie, wenn Sie sich unterhalten, darauf, ob Sie mit Vorurteilen behaftet sind, legen Sie diese ab und gehen Sie offen auf jeden Menschen, egal welchen Alters, zu.

4. Seien Sie online sozial aktiv

Durch die Nutzung des Internets fühlt man sich oft weniger einsam, ist sozial verbundener und kann sich gegenseitig unterstützen. Wenn Freunde und Familie weit weg wohnen, dann kann das Internet helfen, den Kontakt über E-Mails, Messaging, soziale Netzwerke oder Videocall- oder -konferenzsysteme wie Skype aufrechtzuerhalten. Sie können die digitale Technologie natürlich auch nutzen, um Ihre sozialen Kontakte zu erweitern und den Kontakt zu alten Freunden, wie ehemaligen Schulkameraden, wieder aufzunehmen.

Wenn es um das Bekämpfen von sozialer Isolation und Einsamkeit geht, sollte soziales Netzwerken eher nur als Sprungbrett dafür dienen, mit dem betreffenden Menschen von Angesicht zu Angesicht in Kontakt zu kommen, als dass es ein dauerhafter Ersatz für die persönliche Begegnung sein sollte. Dennoch zeigen Studien, dass ältere Menschen, die sich in Online-Communities engagieren, von dieser intellektuellen Stimulation und der emotionalen Unterstützung profitieren. Soziale Interaktion mit digitalen Medien kann also helfen, den Verlust anderer zwischenmenschlicher Beziehungen zu kompensieren und einen stressfreien intimen Raum für sich zu schaffen.

5. Fangen Sie klein an

Wenn Sie oder jemand, der Ihnen nahesteht, sich derzeit sozial isoliert oder über einen längeren Zeitraum einsam fühlt, ist es ratsam, es langsam anzugehen. Stecken Sie vorsichtig zunächst nur einen Zeh ins Wasser – tauchen Sie nicht gleich komplett ein. Da man sich oft unnötig bedroht fühlt, muss man zunächst in einer sicheren Umgebung üben. Gegebenenfalls ist es hilfreich, sich die übervorsichtigen Vorgänge in Ihrem Gehirn zu vergegenwärtigen, die dafür sorgen, dass Sie dort eine Bedrohung sehen, wo keine ist. Derselbe Vorgang kann auch dazu führen, dass es Ihnen anfangs schwerfällt, die Sichtweisen anderer Menschen zu verstehen.

Arbeiten Sie daran, einen anderen Blickwinkel einzunehmen, damit Sie in anderen Menschen die guten Seiten und nicht die schlechten sehen. Das wird Zeit brauchen, doch wenn Sie als Erstes stets die negativen Seiten der sozialen Interaktion sehen, dann halten Sie für einen Augenblick inne und hinterfragen Sie Ihre Reaktion. Vielleicht können Sie sie zum Positiven wenden? Seien Sie geduldig mit sich und Ihrem Gehirn. Seien Sie realistisch: Es wird durchaus Zeit kosten, Ihr Gehirn umzugewöhnen, vor allem wenn Sie chronisch einsam waren.

Beginnen Sie mit kleinen Dingen – halten Sie anderen die Tür auf oder lächeln Sie jemanden an. Nicken oder winken Sie einem Nachbarn oder jemandem, den Sie flüchtig kennen, im Geschäft oder Supermarkt zu.

Wenn Sie oder ein geliebter Partner aus welchen Gründen auch immer in Ihrer Mobilität so eingeschränkt sind, dass es Ihnen deshalb schwerfällt oder unmöglich ist, soziale Kontakte zu knüpfen, dann ist es eine Option, einer Online-Community beizutreten oder entsprechende Organisationen oder Gruppen vor Ort zu kontaktieren. Lokale Sozial- und Wohltätigkeitseinrichtungen oder auch Gesundheitszentren sollten Ihnen weiterhelfen können, wenn Sie mit solchen Gruppen oder Organisationen in Kontakt treten möchten.

6. Seien Sie offen gegenüber Neuem

Das Akzeptieren von etwas Neuem im Leben kann eine wahre Herausforderung sein, aber Ihr Gehirn wird davon profitieren, wenn Sie sich auf diese Herausforderung einlassen. Wenn Sie immer den einfachsten Weg nehmen, bleiben Sie irgendwann stecken, und Ihr Gehirn kann mit Herausforderungen nicht mehr umgehen. Zudem riskieren Sie, dass Ihr Leben dann voller Langeweile, Apathie und Depressionen ist. Seien Sie also innovativ und experimentierfreudig, denn es gibt so viele Möglichkeiten, neue Dinge in Ihr Leben zu lassen. Die folgende Liste soll nur als Anstoß dienen:

- Hören Sie eine Musikrichtung, die Sie noch nicht kennen.
- Lesen Sie eine Rubrik in der Tageszeitung, die Sie sonst nicht lesen, oder lesen Sie ein Buch aus einem Ihnen neuen Genre.
- Hören Sie mal einen anderen Radiosender.
- Nehmen Sie sich die Zeit, etwas über andere Kulturen oder Sichtweisen, die neu für Sie sind, zu lesen.
- Bringen Sie Ihr Hobby auf das nächste Level: Lösen Sie komplizierte Kreuzworträtsel, kochen oder backen Sie nach anspruchsvolleren Rezepten, lernen Sie ein neues Handwerk, füllen Sie Ihre Playlist mit neuen Songs...
- Probieren Sie ein neues Restaurant aus oder bestellen Sie etwas Neues von der Speisekarte in Ihrem Lieblingslo-

kal – am besten etwas, das Sie noch nie zuvor gegessen
haben.

- Ändern Sie die Route auf dem Weg zu Ihrer Arbeit. Ändern Sie Ihre Joggingstrecke. Fangen Sie eine neue Sportart an, oder probieren Sie neue Techniken in Ihrer bisherigen Sportart.
- Besuchen Sie neue Orte, machen Sie Gelegenheiten ausfindig, neue Leute kennenzulernen, werden Sie zum Touristen in Ihrer eigenen Stadt.

7. Lernen Sie mit Begeisterung

Genau wie Kinder treibt uns Neugier an. Wir stellen Fragen, und wenn die Antwort unsere Neugier nicht stillt, fragen wir immer weiter. Wir interagieren mit der Welt und gebrauchen dabei all unsere Sinne. Wir versuchen, Dinge allein herauszufinden. Wenn wir etwas Neues sehen, wollen wir es gleich ausprobieren. Leider geht im Laufe des Lebens oft die Freude am Erlernen und Entdecken verloren, wenn wir auswendig lernen oder uns auf Tests und Prüfungen vorbereiten müssen. Infolgedessen assoziieren wir Lernen häufig mit negativen Emotionen, wie unangenehmem Stress, Scheitern oder sogar Langeweile. Wenn wir in akademischer Hinsicht erfolgreich sind, dann entspringt unsere Zufriedenheit der Belohnung in Form von guten Noten, Qualifikationen, Auszeichnungen oder Beförderungen und nicht der Freude am Lernen.

Wenn Sie diese wahre, ursprüngliche Freude am Lernen verloren haben, dann ist es wahrscheinlich an der Zeit, Ihre Neugier erneut zu entfachen. Schreiben Sie auf eine Liste all die Dinge, die Sie schon immer fasziniert haben, und nehmen Sie sich fest vor, mehr darüber zu erfahren. Seien Sie neugierig und entdecken Sie die Welt, in der Sie leben. Versuchen Sie, die Welt durch die Augen eines Kleinkindes oder eines Außerirdischen zu sehen. Nehmen Sie sich die Zeit, darüber zu staunen, wie Dinge funktionieren, oder zu hinterfragen, warum wir bestimmte Sachen so machen, wie wir sie machen. Stellen Sie sich selbst, anderen und auch Google Fragen. Lassen Sie sich von Alltäglichem verzaubern. Vermeiden Sie zynisches Achselzucken und Antworten wie »Von mir aus« oder »Was soll's«. Überprüfen Sie, ob Ihre Annahmen stimmen.

Beschränken Sie Ihre Welt nicht nur auf das Ihnen Bekannte. Gönnen Sie sich den Luxus, Unbekanntes zu entdecken. Erweitern Sie Ihre Interessen. Nehmen Sie nicht einfach an, Ihre Sichtweise oder Ihr Weltbild seien korrekt, hinterfragen Sie diese und informieren Sie sich. Seien Sie neugierig gegenüber anderen Sichtweisen, Weltbildern und Kulturen. Lassen Sie sich von der Welt und den Menschen um Sie herum bezaubern und begeistern.

8. Bilden Sie sich weiter

Verpflichten Sie sich zu lebenslangem Lernen. Das kann formell oder informell stattfinden, online oder als Präsenzveranstaltung, aus Gründen der persönlichen Erfüllung oder um des beruflichen Erfolgs willen. Wenn Sie etwas erlernen, das Sie interessiert und Ihnen Spaß macht, sind Ihre Erfolgsaussichten besser. Ich persönlich kann es nur empfehlen, noch einmal zu studieren. Natürlich ist mir klar, dass die Rückkehr zu einem Vollzeitstudium für die meisten Menschen aus finanziellen oder zeitlichen Gründen keine Option ist, aber es gibt so viele Möglichkeiten – viele davon gratis.

Auch online finden sich zahlreiche kostenfreie Kurse, darunter Hunderte von MOOCs (*Massive Open Online Course*). Das Angebot deckt alle Interessen und Geschmäcker ab: Sprachen, Literatur, Politik, Wirtschaft, Kultur, Wissenschaft, Psychologie, Natur, Geschichte, bildende Kunst, Technik, Programmieren und vieles mehr. Viele MOOCs sind Lernplattformen und soziale Medien in einem, denn dort lernt man, indem man miteinander spricht; die Teilnehmer eines Kurses kommunizieren untereinander und mit dem Kursleiter über Online-Foren. Die Online-Kurse, für die man oft nicht allzu viel Zeit investieren muss (zwei bis drei Stunden pro Woche), haben die verschiedensten Formen: Videos, Textdateien, Quiz usw.

Ganz egal, ob Sie beim Lesen auf ein Thema stoßen, das Sie interessiert, ob Sie an einem Abendkurs teilnehmen, einen Lesezirkel oder einen Geschichtsverein aufsuchen oder noch einmal studieren, lassen Sie sich unbedingt auf dieses lebenslange Lernen ein.

9. Sorgen Sie für Herausforderungen

Hier liegt die Kunst darin, Herausforderungen zu finden, die Sie ein Stück weit aus Ihrer Komfortzone locken, Sie aber nicht zu weit hinauskatapultieren. Das richtige Maß variiert von Mensch zu Mensch. Besser klappt diese Herausforderung, wenn Sie sich etwas aussuchen, das Sie gern tun, oder wenn es dabei um ein Ziel geht, das Sie unbedingt erreichen wollen. Sie können auch einfach eine neue Aktivität aufnehmen, die Ihre Denkweise herausfordert.

Wenn Sie allerdings schon eine kognitiv stimulierende Aktivität ausüben, warum wagen Sie sich dann nicht einen Schritt weiter? Spielen Sie etwa ein Musikinstrument, so versuchen Sie sich einmal an einem schwierigeren Stück, das Sie an die

Grenzen Ihrer musikalischen Fähigkeiten bringt, treten Sie bei einem Konzert auf, oder denken Sie über das Erlernen eines weiteren Instruments nach. Nach diesem Prinzip können Sie auch bei allen anderen Fertigkeiten, Aktivitäten, Künsten, kreativen Ambitionen, Sportarten, Hobbys, Freizeitbeschäftigungen oder intellektuellen Aktivitäten vorgehen.

Inzwischen sind Spiele zum Thema Gehirnjogging oder Gehirntraining ein großes Thema. Deshalb sei an dieser Stelle ein offener Brief von 75 Wissenschaftlern aus dem Jahr 2014 erwähnt. Darin erklärten sie, dass, auch wenn einige Gehirntrainingsprogramme statistisch signifikante Verbesserungen der trainierten Fähigkeiten herbeiführen, die Versprechungen und die Werbung der Hersteller von vielen Gehirntrainingsprogrammen und -spielen übertrieben und bisweilen irreführend sind. Das heißt nicht, dass sie nicht irgendwann in der Zukunft Effekte zeigen, sondern lediglich, dass es noch weiterer Forschung auf diesem Gebiet bedarf und dass die Ergebnisse durch unabhängige Forscher, die keine finanziellen Interessen an den entsprechenden Produkten haben, verifiziert werden müssen.

Jede neue Erfahrung, die mentale Anstrengungen erfordert, führt zu Veränderungen im neuralen System, die schließlich das Erlangen der neuen Fähigkeit unterstützen und tragen. Deshalb führen Computerspiele zu Veränderungen, doch diese Veränderungen vollziehen sich auch bei jeder anderen neuen, mental stimulierenden Aktivität, etwa wenn man Jonglieren, eine neue Sprache, ein neues Instrument lernt oder auch wenn man sich, etwa im Urlaub, in einer neuen Stadt zurechtfinden muss. Der erwähnte offene Brief der Wissenschaftler spiegelt meine Ansicht wider, dass die Zeit, die wir mit Computer- oder Videospielen verbringen, Zeit ist, die wir eben nicht mit anderen Aktivitäten wie sozialer Interaktion, Sport oder Lesen verbringen, die wiederum unsere körperliche, mentale und zerebrale Gesundheit fördern.

10. Schlagen Sie mehrere Fliegen mit einer Klappe

Warum suchen Sie sich nicht ein Hobby, das Sie gemeinsam mit jemand anderem ausüben können, oder eine Aktivität, die soziale Interaktion erfordert? Treten Sie einem Chor oder einem Lesezirkel bei, dann stimulieren Sie nicht nur Ihr Gehirn, sondern tun auch Ihrer mentalen Gesundheit etwas Gutes. Als Teil einer Gruppe oder eines »Tandems« macht es womöglich mehr Spaß, und Sie sind motiviert weiterzumachen. Fordern Sie sich selbst heraus, indem Sie eine neue Sportart erlernen – so stimulieren Sie Ihr Gehirn. Wenn Sie einen Teamsport auswählen, nutzen Sie zugleich die sozialen Vorteile. Und darüber hinaus kommt die körperliche Betätigung Ihrer Gehirn- und Herzgesundheit zugute.

Im nächsten Kapitel erfahren Sie mehr dazu, warum ein gesundes Herz wichtig ist für ein gesundes Gehirn.

Sozial und mental – Teil 2
Ziele – Aktionsplan – Persönliches Profil

Setzen Sie sich Ziele, erstellen Sie Ihren Aktionsplan sowie Ihr persönliches Profil zu sozialer Interaktion und mentaler Stimulation.

Gesundheitsziele: Sozial und mental

Die Beantwortung der folgenden Fragen hilft Ihnen, sich Ziele für Ihre sozialen und mentalen Aktivitäten zu setzen, damit Ihr Gehirn fit bleibt.

Frage 1: Freizeit
Orientieren Sie sich an Ihrem Gesamtergebnis von *Aufgabe: Freizeit.*

Punktzahl Herausforderung: _____

Punktzahl Lernen: _____

Punktzahl Neues: _____

Es gibt keine Obergrenze für die Punktzahl und keine Empfehlung für die tägliche Dosis an mentaler Stimulation. Allerdings wissen wir, dass unser Gehirn davon profitiert, wenn wir auch in der Freizeit herausgefordert werden, neue Dinge lernen und neue Erfahrungen machen.

Schauen Sie sich die Tabelle unter *Aufgabe: Freizeit* auf Seite 190 erneut an und suchen Sie nach Möglichkeiten, wie Sie Ihre Freizeit zugunsten Ihres Gehirns nutzen können. Denken

Sie dabei etwa an die regelmäßigere Ausübung von Aktivitäten oder die Aufnahme von Aktivitäten, denen Sie weniger oft oder überhaupt nicht nachgehen.

Mentales Ziel Nummer 1: Freizeit

Ich möchte mehr Freizeitaktivitäten nachgehen:

Ja ☐

Nein ☐

Ich möchte Folgendes in meine Freizeitaktivitäten aufnehmen …

… mehr Herausforderungen:

Ja ☐

Nein ☐

… mehr Neues:

Ja ☐

Nein ☐

… mehr Lernen:

Ja ☐

Nein ☐

Kein Eingreifen erforderlich: Ich bin zufrieden mit der Anzahl an Freizeitaktivitäten, die ich ausübe. ☐

Ich fühle mich bei meinen Freizeitaktivitäten herausgefordert. ☐

Ich mache regelmäßig neue Erfahrungen in meiner Freizeit. ☐

Ich lerne in meiner Freizeit ständig dazu. ☐

Frage 2: Bildung und Beruf

Antworten Sie entsprechend Ihren Ergebnissen aus *Aufgabe: Bildung und Beruf*, Abschnitt A (Schulbildung), B (akademische Bildung) und C (Beruf).

a) Ergebnis Schulbildung: _____

b) Ergebnis akademische Bildung: _____

c) Ergebnis Beruf: _____

Mentales Ziel Nummer 2: Bildung und Beruf

Ich möchte mich formal weiterbilden:

Ja □

Nein □

Ich möchte mich informell weiterbilden:

Ja   □

Nein □

Ich möchte in meiner Freizeit an einem Kurs teilnehmen:

Ja   □

Nein □

Ich möchte an meiner Arbeitsstelle an einem (Weiterbildungs-) Kurs teilnehmen:

Ja   □

Nein □

Ich möchte mehr Zeit in meine (Weiter-)Bildung investieren:

Ja ☐

Nein ☐

Kein Eingreifen erforderlich. Ich bin so (aus)gebildet, wie ich es sein will:

Ja ☐

Nein ☐

Frage 3: Soziale Eingebundenheit

Antworten Sie entsprechend Ihrem Ergebnis aus *Aufgabe: Soziale Eingebundenheit.*

Meine soziale Eingebundenheit ist:

Niedrig ☐

Mittel ☐

Hoch ☐

Soziales Ziel Nummer 3

Ich würde meine soziale Eingebundenheit gern steigern:

Ja ☐

Nein ☐

Kein Eingreifen erforderlich: Ich bin mit dem Maß meiner sozialen Eingebundenheit zufrieden. ☐

Frage 4: Einsamkeit

Antworten Sie entsprechend Ihrem Ergebnis aus *Aufgabe: Einsamkeit.*

Ich bin:

… einsam   ☐
… nicht einsam   ☐

Ich denke, dieses Ergebnis spiegelt meine Gefühle korrekt wider:

Ja   ☐
Nein ☐

Soziales Ziel Nummer 4

Ich möchte etwas gegen mein Einsamkeitsgefühl unternehmen:

Ja   ☐
Nein ☐

Kein Eingreifen erforderlich: Ich fühle mich nicht einsam. ☐

Frage 5: Gleichgewicht sozial – allein

Antworten Sie entsprechend Ihrem Ergebnis aus *Aufgabe: Freizeit.*

a) Meine Punktzahl für »Freizeitaktivität sozial«: _____
b) Meine Punktzahl für »Freizeitaktivität allein«: _____

Ziel ist es, hier eine gute Balance zwischen Solo- und Gruppen-Freizeitaktivitäten zu finden.

Soziales Ziel Nummer 5

Ich möchte, dass meine Freizeitaktivitäten mehr ...

... soziale Interaktion enthalten:

　Ja　　☐

　Nein　☐

... Aktivitäten enthalten, die ich allein mache:

　Ja　　☐

　Nein　☐

Kein Eingreifen erforderlich. Ich bin zufrieden mit:

　der Menge an sozialen Aktivitäten ☐

　der Menge an Aktivitäten, die ich allein mache ☐

Füllen Sie die folgende Tabelle mithilfe der Antworten aus dem Abschnitt *Soziale und mentale Ziele* aus. Das hilft Ihnen, Ihre aktuellen gesundheitsfördernden Gewohnheiten zu identifizieren und diejenigen sozialen und mentalen Gewohnheiten zu priorisieren, die ein Eingreifen erfordern. Kreuzen Sie das entsprechende Feld an und übertragen Sie anschließend die Punkte, an denen Sie arbeiten müssen, in den Aktionsplan (Seite 225).

	Gesund	Eingreifen erforderlich	Priorität*
Aktivitäten, die mich mental herausfordern			
Aktivitäten, die neue Erfahrungen beinhalten			
Aktivitäten, die Lernen beinhalten			
Soziale Aktivitäten			
Solo-Aktivitäten			
Soziale Eingebundenheit			
Einsamkeit			
Andere			

Aktionsplan: Sozial und mental

Tragen Sie die sozialen und mentalen Gewohnheiten, die ein Eingreifen erfordern, in die Spalte »Aktion« der folgenden Tabelle ein. Geben Sie an, ob der jeweilige Punkt relativ leicht zu lösen ist (»kurzfristig«) oder ob die Veränderung dieser speziellen Gewohnheit mehr Mühe und Zeit in Anspruch nehmen wird (»langfristig«). Die zehn Tipps, die Sie auf den Seiten 207 bis 217 gelesen haben, sollten Ihnen helfen, jede Aktion in einzelne, gut durchzuführende Schritte zu zerlegen. Geben Sie den einzelnen Aktionen Nummern für die Reihenfolge, in der Sie an ihnen arbeiten möchten (1 = zuerst in Angriff nehmen). Am

---

*   Hoch, mittel oder niedrig

Ende des Buches (Seite 419) finden Sie ein vollständig ausgefülltes Muster dieser Tabelle.

Aktion	Reihenfolge	Schritte	kurzfristig	langfristig

Persönliches Profil: Sozial und mental

Orientieren Sie sich an Ihren Ergebnissen des Abschnitts **Gesundheitsziele: Sozial und mental** und füllen Sie die folgende
Tabelle aus. Geben Sie an, ob Ihre Ergebnisse gesund, grenzwertig oder ungesund sind. Anschließend können Sie bestimmen,
ob Ihr aktuelles Verhaltensmuster Ihrer Gehirngesundheit zugutekommt oder ein Risiko darstellt, das diese beeinträchtigt
und Sie im späteren Leben anfällig für Demenz macht. Geben
Sie schließlich die Aspekte an, an denen Sie arbeiten oder die
Sie verbessern oder beibehalten möchten, und ordnen Sie diese
nach Priorität in Ihrem maßgeschneiderten Gesamtplan für ein
gesundes Gehirn in Kapitel 9.

Aspekt	Gesund	Grenzwertig	Ungesund	Stärke	Risiko	Beibehalten	Verbessern	Eingreifen	Priorität
Freizeit									
Bildung									
Beruf									
Eingebundenheit									
Einsamkeit									
Balance: sozial/allein									
Insgesamt									

In 100 Tagen zu einem jüngeren Gehirn

TAGE 15 UND 16:

Werden Sie sozial und mental aktiv

In dieser Woche brauchen Sie kein Tagebuch auszufüllen. Nutzen Sie diese zwei Tage, um die Fragebögen in diesem Kapitel auszufüllen und das Angebot an Aktivitäten und Kursen, die Sie interessieren, vor Ort und im Internet genauer unter die Lupe zu nehmen. Wenn Sie einen Plan erstellen, dann bedenken Sie: Es ist gut, Ihre Komfortzone zu verlassen.

Inzwischen sollten Sie ein klares Bild von der Struktur Ihrer derzeitigen sozialen und mentalen Aktivitäten, von Ihren persönlichen Zielen und den Maßnahmen haben, die Sie ergreifen sollten, um die Gesundheit Ihres Gehirns zu stärken.

Ihr Sozial-Mental-Profil werden Sie im weiteren Verlauf des 100-Tage-Plans mit den anderen von Ihnen erstellten Profilen kombinieren, um dann in Kapitel 9 das Gesamtprofil Ihrer Gehirngesundheit zu erstellen. Zudem werden Sie mindestens eine Ihrer Maßnahmen zum Thema »sozial und mental« auswählen und in diesen Gesamtplan integrieren.

100-TAGE-TAGEBUCH

Sie können die Schritte, die Sie auf dem Weg zur Erfüllung Ihrer Gesamtziele erreicht haben, in das 100-Tage-Tagebuch am Ende des Buches (Seite 387–410) eintragen. Zum Beispiel:

- Ich habe mit meiner Familie zu Abend gegessen.
- Ich habe mit einer anderen Person in der Schlange im Supermarkt geredet.
- Ich habe mich über ehrenamtliche Tätigkeiten vor Ort informiert.
- Ich habe eine Rubrik in der Zeitung gelesen, die ich normalerweise nicht lese.
- Ich habe einen Klassiker gelesen, den ich in einem Wohltätigkeitsladen gekauft habe.
- Ich habe heute einen wissenschaftlichen Podcast gehört.
- Ich habe im Internet über die Azteken gelesen und erfahren, warum Sterne leuchten.

Sie können auch Ihre guten, die Gesundheit fördernden Gewohnheiten in dieses Tagebuch aufnehmen, um sie angemessen zu würdigen.

6

Lieben Sie Ihr Herz

Unser Körper ist ein Garten, und unser Wille der Gärtner.

William Shakespeare

Herz – Teil 1

Folgen Sie in Fragen des Lebens Ihrem Kopf oder Ihrem Herzen? Die Gesundheit Ihres Herzens und die Ihres Gehirns sind eng miteinander verbunden – kümmern Sie sich um Ihr Herz, dann folgt auch Ihr Kopf. In den vergangenen fünfundzwanzig Jahren haben sich die kardiovaskulären Risikofaktoren stark erhöht, inklusive Diabetes, Bluthochdruck und Übergewicht. Diese Risikofaktoren kommen für gewöhnlich im mittleren Alter aufgrund gesundheitsschädlicher Lebensgewohnheiten auf, wie Rauchen, mangelnde Bewegung, salz- sowie zuckerreiche Ernährung (Fastfood, verarbeitete Lebensmittel). Diese Faktoren stehen auch in Verbindung mit einem erhöhten Demenzrisiko.

Allerdings ist positiv zu vermerken, dass es im Hinblick auf die Behandlung und Beherrschung dieser kardiovaskulären Risikofaktoren in den vergangenen Jahren große Fortschritte gab, was auch für Bluthochdruck sowie hohe Cholesterol- und Blutzuckerspiegel gilt. Dadurch hat sich die Herzgesundheit der Bevölkerung insgesamt verbessert, was sich wiederum positiv auf unsere Gehirngesundheit auswirkt. Solche Fortschritte haben die Fallzahl von Herzerkrankungen reduziert; zusammen mit einem höheren Bildungsniveau gilt das in den zurückliegenden Jahren als Hauptursache für den Trend eines abnehmenden altersbedingten Demenzrisikos.

Dieses Kapitel steckt voller praktischer Tipps und Aufgaben, mit deren Hilfe Sie zu einem genaueren Verständnis Ihrer aktuellen Gesundheit und Ihrer Risikofaktoren gelangen werden. Das Ernährungstagebuch wird Ihnen helfen, Ihren Speiseplan so anzupassen, dass er Ihre Herzgesundheit stärkt und als Folge davon auch Ihre Gehirngesundheit.

Im zweiten Teil des Kapitels werden Sie ein persönliches Herzprofil erstellen, sich Ziele setzen und einen Aktionsplan entwickeln. Doch lassen Sie uns zunächst in die Welt der Neurowissenschaft eintauchen und herausfinden, warum die Gesundheit unseres Herzens so eng mit der unseres Gehirns verbunden ist und was passieren kann, wenn diese Verbindung kollabiert. Wenn Sie sich gut um Ihr Herz kümmern, profitiert davon auch Ihr Gehirn. Lesen Sie weiter, es ist an der Zeit, Ihrem Herz Ihre Liebe zu zeigen.

Kurze Frage: Herz

Wurde bei Ihnen je Bluthochdruck diagnostiziert?

Ja ☐

Nein ☐

Weiß nicht ☐

Was dem Gehirn guttut: Was hat unser Herz mit der Gehirngesundheit zu tun?

Unser Gehirn verbraucht mehr Energie als jedes andere Organ im Körper. Diese Energie gelangt über den Blutkreislauf ins Gehirn. Jedes Mal, wenn unser Herz schlägt, pumpt es Sauerstoff und Nährstoffe, die für ein gesundes Gehirn unerlässlich sind, über ein großes Netzwerk aus Blutgefäßen in unser Gehirn. Erleidet dieses vaskuläre System Schaden, kann das katastrophale Auswirkungen auf uns und unser Gehirn haben. Jedes Jahr ist rund ein Viertel aller Todesfälle in den USA und in Großbritannien auf Herzerkrankungen zurückzuführen. In Deutschland sind Herz-Kreislauf-Erkrankungen seit Jahren die häufigste Todesursache, 2019 zeichneten sie für mehr als ein Drittel aller Todesfälle verantwortlich – was ziemlich schockierend ist, wenn man bedenkt, dass neunzig Prozent der kardiovaskulären Erkrankungen vermeidbar sind. Im Kontext mit Gehirngesundheit sind kardiovaskuläre Risiken nicht nur mit Herzerkrankungen und Todesfällen assoziiert, sondern sie stehen auch in enger Verbindung mit kognitiven Einschränkungen und Demenzerkrankungen. Tatsächlich kann ein Drittel aller Demenzfälle auf kardiovaskuläre Probleme zurückgeführt werden.

Das Gehirn ist darauf angewiesen, dass Herz und vaskuläres System (Blutkreislauf) effizient und effektiv arbeiten. Hirnatrophie (Schwund) steht in engem Zusammenhang mit kardiovaskulären Erkrankungen, Übergewicht und Diabetes. Ungesunde Lebensentscheidungen können zu verengten Blutgefäßen und mit der Zeit zum Verhärten der Arterien in Körper und Gehirn führen. Der Aufbau von fetten Plaques in den Arterien oder die

Verhärtung Letzterer führt nicht nur zu einem kranken Herzen, sondern kann auch den Transport von mit Sauerstoff angereichertem Blut in die Gehirnzellen behindern. Ohne ausreichend Sauerstoff und Nährstoffe kann unser Gehirn nicht arbeiten, unsere kognitiven Fähigkeiten verschlechtern sich. Wird dem Gehirn auf einmal eine große Menge Sauerstoff entzogen, erleidet man einen Schlaganfall. Zusätzlich zu den dadurch verursachten kognitiven Einschränkungen entwickelt einer von drei Menschen nach dem Erleiden eines Schlaganfalls – sofern er ihn überlebt – Demenz. Deshalb ist es umso wichtiger, dass Sie in Sachen Herzgesundheit Bescheid wissen. Die folgenden Aufgaben und Fragen helfen Ihnen dabei.

Aufgabe: Herzgesundheit

Blutdruck
Schreiben Sie Ihren Blutdruck auf:

_____/_____
Weiß ich nicht ☐

Wenn Sie Ihren Blutdruck nicht kennen, dann lassen Sie ihn innerhalb einer Woche von einem Arzt oder Apotheker messen. Viele Apotheken bieten diesen Service kostenfrei (oder gegen eine geringe Schutzgebühr von 0,50 – 2 €) an.

Wenn Ihnen von einem Arzt oder anderen Gesundheitsexperten gesagt wurde, dass Sie unter hohem Blutdruck oder Hypertonie leiden: Wie gehen Sie damit um?

Übertragen Sie die Ergebnisse Ihrer medizinischen Untersuchung auf Frage 1 in Teil 2 dieses Kapitels (Gesundheitsziele: Herz).

Cholesterin

Hat ein Arzt bei Ihnen jemals einen anormalen oder ungesunden Cholesterinspiegel festgestellt?

Ja ☐
Nein ☐

Falls ja, was unternehmen Sie diesbezüglich?

_____

Notieren Sie hier Ihren Cholesterinwert/HDL-Wert _____
Weiß ich nicht _____

Übertragen Sie die Ergebnisse Ihrer medizinischen Untersuchung auf Frage 2 in Teil 2 dieses Kapitels (Gesundheitsziele: Herz).

Diabetes und Blutzucker

Kreuzen Sie die auf Sie zutreffenden Diagnosen an:

Typ-2-Diabetes ☐
Typ-1-Diabetes ☐
Anderer Typ Diabetes ☐
Prädiabetes, metabolisches Syndrom ☐

Hat ein Arzt bei Ihnen jemals einen anormalen oder ungesunden Blutzuckerspiegel festgestellt?

Ja ☐

Nein ☐

Falls ja, wie gehen Sie damit um?

_____

Übertragen Sie die Ergebnisse Ihrer medizinischen Untersuchung auf Frage 3 in Teil 2 dieses Kapitels (Gesundheitsziele: Herz).

Durch die funktionelle Magnetresonanztomographie (fMRT) haben wir seit den 1990er-Jahren viel in Sachen Hirnfunktion dazugelernt. Dieses nicht-invasive bildgebende Verfahren hat uns einen neuen Zugang zum Innenleben des menschlichen Gehirns eröffnet. Jeder Gedanke, jedes Gefühl, jede noch so kleine Tat wird möglich gemacht durch die elektrischen und chemischen Signale der Milliarden Hirnzellen in unserem Kopf. Wackeln wir mit dem Zeh, erhöht sich die elektrische Aktivität in den Hirnarealen, die für Bewegungserzeugung zuständig sind. Um den steigenden Bedarf zu stillen, leitet das Blut mehr Sauerstoff in diesen Teil des Gehirns.

Die aus fMRT gewonnenen Informationen verraten uns jedoch nicht alles. Manchmal sind die Bilder schwer zu interpretieren, denn die bei diesem Verfahren aufleuchtenden Hirnregionen haben mehr als nur eine Funktion. Doch für unsere Zwecke ist zunächst einmal nur Folgendes wichtig: Wenn wir einer kognitiven Aktivität wie Lesen oder Klavierspielen nachgehen, dann benötigen die involvierten Hirnregionen mehr Sauerstoff, um die erhöhte elektrische Aktivität zu gewährleisten.

Blutdruck

Der Blutdruck ist besonders entscheidend für die Gesundheit unseres Gehirns. Unser Herz arbeitet wie eine Pumpe: Wenn es sich zusammenzieht, erzeugt es Druck, um Blut – wie Wasser in einem Gartenschlauch – in unseren Arterien durch den gesamten Körper und zum Gehirn zu transportieren. Mithilfe dieses Drucks und der Unmengen an »Schläuchen« (die hintereinandergelegt zweimal um die Welt reichen würden) stellt unser Herz sicher, dass jeder Teil unseres Körpers und Gehirns gut versorgt wird.

Sie wollen natürlich weder zu hohen noch zu niedrigen Blutdruck haben. Sondern das richtige Mittelmaß. Wenn er zu niedrig ist, fühlen Sie sich schwummerig, verlieren vielleicht sogar das Bewusstsein oder klappen zusammen. Bei zu hohem Blutdruck haben Sie womöglich keinerlei Symptome. Und wahrscheinlich sehen Sie von außen auch gut aus, aber im Inneren Ihres Körpers schadet Bluthochdruck den Arterien und belastet das Herz. Bei fehlender medizinischer Behandlung kann so nach längerer Zeit die Zufuhr wichtiger Nährstoffe zum Gehirn gestört werden. Eine gesunde Ernährung kann helfen, das Bluthochdruckrisiko zu senken. Zudem fördert sie die Gehirngesundheit und reduziert das Risiko von Herzerkrankungen, hohem Cholesterin und Diabetes. Außerdem kann eine gesunde Ernährung helfen, Übergewicht zu vermeiden.

Energie fürs Gehirn

Unser Gehirn muss permanent mit Energie versorgt werden. Diese stammt aus der Nahrung, die wir zu uns nehmen – was wir essen, wirkt sich also direkt auf die Funktion und Struktur unseres Gehirns aus. Nahrungsmittel, die unserem Herzen guttun, bewirken auch eine Etage weiter oben Gutes. Wir können uns also ein besseres und gesünderes Gehirn anfuttern! Das Sprichwort »Du bist, was du isst« gilt also auch für unser Gehirn! Um genauer zu sein: Du bist, was du isst, trinkst und inhalierst.

Das Gehirn besteht zu 73 Prozent aus Wasser und ist ein durstiges Organ, denn es muss stets gut mit Flüssigkeit versorgt werden, um einwandfrei zu funktionieren. Wenn man einem Gehirn die Flüssigkeit entziehen würde (bitte nicht zu Hause ausprobieren!), würde man feststellen, dass die Bestandteile der getrockneten Hirnsuppe Fette, Proteine, Aminosäuren, Mineralien, Vitamine[24] und Glukose sind. Jeder einzelne dieser Makronährstoffe (Fette, Proteine und Kohlenhydrate) und Mikronährstoffe (Vitamine und Mineralien) wirkt sich auf die Entwicklung und Funktion unseres Gehirns sowie auf unsere Energie und Stimmung aus.

Aufgabe: Gewicht

Hat ein Arzt bei Ihnen jemals Folgendes festgestellt:
   Adipositas ☐
   Übergewicht ☐
   Untergewicht ☐
   Body-Mass-Index (BMI):
   Gewicht _____ kg
   Körpergröße _____ cm
   BMI = _____ (Gewicht geteilt durch Größe in Metern zum Quadrat)
   Taillenumfang: _____

Übertragen Sie die Messergebnisse auf Frage 4 a in Teil 2
dieses Kapitels (Gesundheitsziele: Herz).

Aufgabe: Ernährungstagebuch

Führen Sie von Tag 17 bis Tag 23 ein Ernährungstagebuch. Notieren Sie alles, was Sie essen, egal wie viel oder wie wenig. Sofern möglich, notieren Sie auch den Salz-, Fett- und Zuckerge-
halt. Versuchen Sie, das Tagebuch möglichst kontinuierlich und
vollständig auszufüllen. Gebrauchen Sie dazu eine App, wenn
Sie das möchten – online gibt es auch einige tolle Alkohol-Tra-
cker. Seien Sie, was die Angabe der Mengen angeht, so genau
wie möglich, und vergleichen Sie Ihre tägliche Aufnahme mit
den empfohlenen Tagesmengen (siehe dazu zum Beispiel offi-
zielle Seiten, wie etwa die des Bundeszentrums für Ernährung
www.bfze.de). Tag 17 Ihres 100-Tage-Plans ist Tag 1 – der erste
Morgen, an dem Sie mit dem Ernährungstagebuch beginnen.
Am Ende des Buches finden Sie ein ausgefülltes Muster dieses
Tagebuchs.

	Tag 1	Tag 2	Tag 3	Tag 4	Tag 5	Tag 6	Tag 7
Tag (z. B. Mo)							
Frühstück							
Mittagessen							
Abendessen							
Snacks							

	Tag 1	Tag 2	Tag 3	Tag 4	Tag 5	Tag 6	Tag 7
Wasser							
Flüssigkeiten							
Alkohol							
Anmerkungen							
Fett							
Salz							
Zucker							
Zigaretten							

Verwenden Sie die Angaben aus dieser Tabelle für die Beantwortung von Frage 4 b in Teil 2 dieses Kapitels (Gesundheitsziele: Herz).

Fette

Omega-3-Fettsäuren sind entscheidend für die Gesundheit unserer Hirnzellen. Unser Körper kann jene nicht selbst produzieren, deshalb müssen wir sie über die Nahrung aufnehmen (fettreicher Fisch, Nussöle und einige Pflanzen). Wahrscheinlich wissen Sie bereits, dass diese sogenannten guten Fette helfen können, das Risiko von Herzerkrankungen zu reduzieren, doch Omega-3-Fettsäuren sind auch in hoher Konzentration im Gehirn vorhanden und deshalb so wichtig für die Leistungsfähigkeit dieses Organs, für das Gedächtnis und das Verhalten. Womöglich stellen sie sogar einen Schutz gegen die Alzheimer-Krankheit und Demenz dar.

Steroide

Cholesterin befindet sich in unserem Blut. Sie wissen sicher, dass ein hoher Cholesterinspiegel nicht gut für Ihr Herz ist. Aber wussten Sie auch, dass Cholesterin wichtig für Ihre Hirnfunktionen ist? Cholesterin ist nämlich ein für die Gesundheit essentielles Steroid, das Bausteine für Hormone bildet, darunter Kortisol, was wiederum an der Stressreaktion des Körpers beteiligt ist.

Protein

Um gut zu funktionieren, benötigen unser Gehirn und unser Nervensystem außerdem eine angemessene Versorgung mit Aminosäuren, die in proteinreichen Lebensmitteln stecken. Diese Aminosäuren haben ebenfalls die Funktion von Bausteinen. Sie sind das Rohmaterial, das wir brauchen, um Neurotransmitter herzustellen, die chemischen Botenstoffe, die Signale durch unser Gehirn leiten.

Dopamin, Noradrenalin und Serotonin sind die wichtigsten Neurotransmitter, wenn es um unsere kognitive Leistung, also um Aufmerksamkeit, Lernen und Gedächtnisleistung, geht. Sie beeinflussen auch unsere Stimmung und unser Empfinden von Furcht oder Freude. Aminosäuren in den Proteinen, die wir essen, sind im Grunde die Vorläufer der Neurotransmitter, die eine maßgebliche Rolle in unserem Leben spielen.

Vitamine und Mineralien

Unser Gehirn profitiert von Spurenelementen, B-Vitaminen und Antioxidantien[25]. Mineralien wie Eisen, Kupfer, Zink und Natrium im richtigen Maß sind entscheidend für ein gesundes Gehirn und die kognitive Entwicklung.

Als Kind war mir Eisen nur aus den *Popeye*-Cartoons ein

Begriff, denn bei *Popeye* blies sich jedes Mal, wenn er eine Dose Spinat verschlang, der Bizeps auf (Googeln Sie das ruhig, wenn das vor Ihrer Zeit war). Natürlich hat die Einnahme von Eisen keinen sofortigen Effekt auf unsere Muskeln, aber es erhöht die Energielevel und steigert unsere körperliche Leistungsfähigkeit. Doch darüber hinaus erfüllt Eisen viele wichtige Funktionen in unserem Körper – unter anderem transportiert und speichert es Sauerstoff und steuert unseren Energieumsatz. Unser Gehirn bekommt durch Eisen einen wahren Schub, denn schließlich braucht es Sauerstoff, um gut zu funktionieren. Blut transportiert lebenswichtige Sauerstoffmengen zu unseren Hirnzellen, und für diesen Vorgang wird Eisen benötigt.

B-Vitamine haben spezifische Wirkungen auf die Hirnfunktionen. So spielt Vitamin B_{12} etwa eine entscheidende Rolle bei Produktion und Erhalt der Myelinhüllen, welche die Axone beschützen und so die schnelle und effektive Weiterleitung neuraler Signale gewährleisten.

Antioxidantien, die vorwiegend in Obst und Gemüse stecken, sind Experten in Sachen Schadensbegrenzung: Sie verhindern an vorderster Front Zellschäden, indem sie freie Radikale ausschalten, die Hirnzellen beschädigen und zerstören können. Die häufigsten Mikronährstoffe, die als Antioxidantien wirken, sind Beta-Carotin und Vitamin C und E. Unser Körper kann diese nicht selbst herstellen, deshalb müssen wir auch sie über unsere Nahrung aufnehmen.

Energie: Glukose und Sauerstoff

Unser Gehirn verbraucht unglaublich viel Energie, und diese stammt aus dem, was wir essen. Moleküle wie Zucker, Fette und Proteine sind starke Energielieferanten, denn die Energie, die benötigt wird, um sie zu bilden, wird innerhalb der chemischen Verbindungen gespeichert, die diese Nahrungsmoleküle zusammenhalten. Unser Verdauungssystem wandelt die über die Nahrung aufgenommenen Kohlenhydrate (Zucker und Stärke) in Glukose um, die im Magen und Dünndarm absorbiert wird und in den Blutkreislauf gelangt. Unser Gehirn nutzt fast ausschließlich Glukose als Energiequelle.

Die Milliarden Neuronen im Gehirn verbrauchen etwa ein Fünftel des Sauerstoffs und der Glukose, die sich gerade im Blutkreislauf befinden. Während die meiste Energie für die Kommunikation zwischen den Neuronen verwendet wird, geht ein Drittel in die Pflege und Instandhaltung, damit Hirnzellen und -gewebe gesund bleiben.

Neurale Aktivität und Blutversorgung

Aktive Hirnregionen verbrauchen mehr Energie als inaktive. Unser Gehirn verfügt über eine sehr begrenzte Kapazität, Energie zu speichern, daher wird die in einer aktiven Hirnregion benötigte zusätzliche Energie lokal durch Glukose und Sauerstoff produziert und über lokale, kleine Blutgefäße geliefert. Diese Gefäße dehnen sich weiter aus, damit mehr Blut die jeweilige Region erreicht und so die für die neurale Aktivität erforderliche Energie dort bereitgestellt wird.

Unser Blut muss die entsprechenden Areale mit genau der richtigen Menge Sauerstoff und Glukose versorgen. Dafür gibt es im Gehirn raffiniert eingebaute Systeme, die diese Mengen regulieren. Die Zellen in unserem Gehirn und unsere Blutgefäße arbeiten zusammen, um sicherzustellen, dass die jeweiligen Hirnregionen ausreichend Energie für die erforderliche Hirnaktivität bekommen – ganz gleich, ob wir einen Zeh ins

Wasser tauchen, einen selbstverliebten Roman schreiben oder schwimmen gehen.

Grenzkontrolle

Unsere Hirnzellen reagieren höchst sensibel auf chemische Veränderungen und funktionieren am besten in einer stabilen Umgebung mit effizienter Abfallentsorgung und angemessenem Schutz vor Toxinen. Die wichtigen Blutgefäße im Gehirn sind von einer Art Barriere umgeben, die sie vor schädlichen Substanzen schützt und so als Grenze zwischen Blut und Gehirn fungiert. Nur die Moleküle mit den richtigen Referenzen dürfen bestimmte Hirnareale, die von dieser Barriere »bewacht« werden, betreten oder wieder verlassen. Ein Schlaganfall kann diese Grenze stören, das Hirn somit verletzlich gegenüber eindringenden toxischen Substanzen machen. Unser kardiovaskuläres System ist entscheidend für die Abfallentsorgung, denn es verhindert, dass aus Hirnaktivität und Metabolismus entstehende schädliche Stoffe wie Beta-Amyloide und Tau-Proteine aufgebaut werden, die wiederum eine Rolle bei Alzheimer spielen.

Das Gehirn wurde mehrfach als die komplexeste Struktur im gesamten Universum beschrieben. Es ist in der Lage, unglaubliche Dinge zu vollbringen, doch zugleich ist es sehr verletzlich und extrem abhängig von uns, weil wir es mit Energie, Wasser, Nährstoffen und Sauerstoff versorgen müssen. Behandeln wir unser Gehirn schlecht, indem wir uns falsch ernähren und toxische Stoffe einatmen, kann unser Gehirn sein Potential nicht entfalten und muss im Extremfall sogar um sein Überleben kämpfen. Bedenken Sie also: Wenn Sie Essen einkaufen, kaufen Sie für Ihr Gehirn ein!

> **Kurz und gut:** Lassen Sie Blutdruck, Cholesterin- und
> Glukosespiegel kontrollieren und folgen Sie den Empfeh-
> lungen Ihres Arztes, damit diese Werte in einem gesunden
> Bereich bleiben.

Was dem Gehirn schadet: Was passiert mit unserem Gehirn, wenn wir unser Herz nicht lieben?

Wenn wir in unserem Leben wiederholt vaskulären Risikofaktoren ausgesetzt sind, dann erhöht sich unser Risiko, einen
Schlaganfall zu erleiden, an Demenz zu erkranken oder andere
neurologische Erkrankungen zu bekommen. Einfach gesagt:
Bluthochdruck, hohes Cholesterin und Diabetes sind genau die
vaskulären Risikofaktoren, die die Blutgefäße im Gehirn zerstören, somit den zerebralen Blutfluss, die lokale neuronale Aktivität und Autoregulation stören, was zu neurovaskulären Fehl-
funktionen und einer suboptimalen Gehirngesundheit führt.

Hirnschlag

Ein Schlaganfall oder Hirnschlag geschieht, wenn der Blutzufluss zu einer bestimmten Hirnregion unterbrochen wird, weil
die Blutgefäße entweder verstopft, beschädigt oder geplatzt
sind. Schlaganfälle und die auslösenden Faktoren spielen ebenfalls eine Schlüsselrolle bei kognitiven Beeinträchtigungen und
Demenz. Ein Schlaganfall ist im Grunde eine Erkrankung der
Blutgefäße, die für die Versorgung des Gehirns zuständig sind.
Trotz der Tatsache, dass achtzig Prozent aller Schlaganfälle ver-

meidbar sind, ist der Schlaganfall die Hauptursache für Behinderungen in den USA und in Großbritannien. In Deutschland steht Schlaganfall auf Rang 4 der Todesursachen, rund ein Drittel der jährlich 200 000 Schlaganfallpatienten bleiben dauerhaft behindert, und fast eine Million Bundesbürger leiden an den Folgen dieser Erkrankung. *Mit jeder Minute, die ein Schlaganfall unbehandelt bleibt, verliert der Patient rund 1,9 Millionen Neuronen, 14 Milliarden Synapsen und 12 Kilometer neuronale Verknüpfungen.*

Verdeckte Schlaganfälle

Viele ältere Menschen erleiden vaskuläre Hirnverletzungen, die als subklinisch, stumm oder verdeckt eingestuft werden. Diese subtilen Verletzungen werden durch winzige Blockaden der kleinen Blutgefäße im Gehirn verursacht. Doch obgleich diese Verletzungen des vaskulären Systems im Gehirn nicht so schwerwiegend sind, dass sie aufgrund von eindeutigen Symptomen als Schlaganfall wahrgenommen werden, bedeutet das nicht, dass sie ungefährlich sind. Sie rufen sehr wohl Schaden hervor und können tatsächlich zu kognitiven Beeinträchtigungen und einem höheren Schlaganfallrisiko führen.

Diese stummen Schlaganfälle treten bis zu zwanzig Mal häufiger als offenkundige Schlaganfälle auf. Meistens werden sie durch das Absterben von Hirngewebe ausgelöst. Das passiert, wenn die betroffenen Areale nicht mehr ausreichend mit Blut versorgt werden können oder wenn durch Myelin verursachte Schäden, ein Verlust von Axonen sowie Hirn-Mikroblutungen vorliegen. Diese Form mikroskopischer Schäden erhöht ebenfalls die Wahrscheinlichkeit, später an Demenz zu erkranken.

Bluthochdruck

Bluthochdruck im mittleren Alter ist die häufigste Ursache für einen Schlaganfall. Zudem wird er in Verbindung gebracht mit stummen Hirnverletzungen bei Menschen über sechzig. Wenn unser Blutdruck über einen längeren Zeitraum erhöht ist, dann kann das zu einem höheren Demenzrisiko führen. Chronischer Bluthochdruck stört die Versorgung des Gehirns mit wichtigen Nährstoffen und Sauerstoff, weshalb das Gehirn irgendwann nicht mehr korrekt funktioniert. Bleibt dieser Zustand ohne Behandlung, kann Bluthochdruck im mittleren Alter das Risiko von vaskulärer Demenz und das von Alzheimer im späteren Leben erhöhen.

Hoher Blutdruck ist ein Warnsignal, das uns zeigt, wie dringend wir unsere Lebensweise verändern müssen.

Lebenswichtige Nährstoffe für unser Gehirn

Wenn es darum geht, was wir essen, trinken und inhalieren, dann können die von uns getroffenen Entscheidungen einen direkten und langanhaltenden Einfluss auf unser Gehirn haben.

Fette

Omega-3-Fettsäuren sind lebenswichtig für unsere Hirnfunktionen. Ein Mangel an Omega-3-Fettsäuren äußert sich meistens in Form von Gedächtnisproblemen, Müdigkeit, Stimmungsschwankungen, Depressionen sowie Herzproblemen und schlechter Durchblutung. Diverse Studien zeigen, dass eine zu geringe Aufnahme von Omega-3-Fettsäuren mit einem erhöhten Risiko altersbedingter kognitiver Beeinträchtigungen oder Demenz, inklusive Alzheimer, assoziiert ist.

Cholesterin

In der Leber stellt unser Körper sein eigenes Cholesterin her. Er kann tatsächlich das Cholesterin, das er für das Ausführen der vielen grundlegenden Aufgaben braucht, selber produzieren und einen gesunden Cholesterinspiegel im Blut aufrechterhalten, was bedeutet, dass wir *keine* Lebensmittel, die Cholesterin enthalten, in unseren Speiseplan aufnehmen müssen.

Zu viel Cholesterin kann mit der Zeit zu einer Verengung oder gar Verstopfung der Arterien und somit zu einem Herzinfarkt oder einem Schlaganfall führen. Die Aufnahme von Transfetten kann für anormal hohe Cholesterinwerte sorgen. Zudem können diese Fette unserer Gehirngesundheit schaden, denn sie erhöhen das Risiko von Herzerkrankungen, Schlaganfällen und von Typ-2-Diabetes.

Demenz-Doppelgänger

Einige behandelbare Nährstoffmängel können unsere kognitive Leistungsfähigkeit beeinträchtigen und zu mimischer Demenz führen.

Vitamin B$_{12}$

Wenn wir an Vitamin-B$_{12}$-Mangel leiden, weisen wir womöglich Symptome auf, die denen von Demenz sehr ähneln, wie Gedächtnisabbau, Probleme bei der Entscheidungsfindung, Veränderungen in der Persönlichkeit und Reizbarkeit. Ein Vitamin-B$_{12}$-Mangel wirkt sich auch auf das Risiko für einen Schlaganfall aus. Ältere Menschen sind häufiger von einem Mangel an Vitamin B$_{12}$ betroffen als jüngere.

Wenn wir älter werden, sorgen Veränderungen in unserem Verdauungssystem für eine schwächere Absorption dieses Vitamins. Zusätzlich dazu sinken die B_{12}-Spiegel schlichtweg, weil wir im höheren Alter dazu tendieren, weniger zu essen. Tägliche Injektionen mit Vitamin B_{12} sind eine verlässliche und einfache Lösung des B_{12}-Mangels und sorgen für ein Verschwinden der demenzähnlichen Symptome.

Wasser

Unser Gehirn besteht zum Großteil aus Wasser. Wir brauchen es in unserem Blut zum Transport von Sauerstoff, Nährstoffen und Abfallprodukten. Allgemein gesagt trinken wir nicht genügend. Die altersbedingte Abnahme des Durstgefühls sowie der Nierenleistung erzeugt das Problem der dauerhaften Dehydration bei älteren Erwachsenen. Diese verspüren weniger Durst und trinken somit weniger. Im fortgeschrittenen Alter verspüren wir häufiger den Drang, zur Toilette zu gehen, also trinken wir weniger. Wie auch immer: All das kann zur Dehydration führen, und wenn sie schwerwiegend ist, dann verursacht sie kognitive Defizite beim Kurzzeitgedächtnis und beeinträchtigt unsere Stimmung. Schwerwiegende Dehydration ähnelt von den Symptomen her Demenz und ruft manchmal einen Zustand geistiger Verwirrung (Delirium) hervor.

Delirium

Die Symptome von Demenz und Delirium können einander ähneln, doch Letzteres tritt sehr plötzlich ein, während Demenz sich durch einen eher graduellen, langsam fortschreitenden Abbau auszeichnet. Ein Delirium kann auf eine oder mehrere Ursachen zurückgeführt werden – dazu zählen Entzündungen der Harnwege oder andere Infektionen, eine schwere Erkrankung, aber auch ein niedriger Natriumwert oder ein bestimmtes Medikament. Hat man den Auslöser erst einmal identifiziert und entsprechend behandelt, verschwindet der Zustand des Deliriums meistens schnell wieder. Allerdings kann bei älteren Menschen durch ein Delirium ein Abbau der kognitiven Leistungsfähigkeit, der bereits vor dem Delirium im Gang war, beschleunigt werden. Daher ist es äußerst wichtig, ausreichend zu trinken und Infektionen frühzeitig zu behandeln.

Glukose

Befindet sich in unserem Gehirn zu wenig Glukose, kann dadurch die Kommunikation zwischen den Neuronen zusammenbrechen, weil die chemischen Botenstoffe (Neurotransmitter) nicht mehr produziert werden. Ein niedriger Glukosespiegel (Hypoglykämie), eine Komplikation von Diabetes, steht in einem Zusammenhang mit schwachen kognitiven Leistungen und Aufmerksamkeitsproblemen. Die Frontallappen reagieren so empfindlich auf eine Abnahme der Glukosespiegel, dass die Veränderung der mentalen Funktion als ein erstes Anzeichen von Glukosemangel gesehen wird. Zuckerreiche Speisepläne fördern oxidativen Stress[26] und beeinträchtigen Hirnfunktionen. Eine ausgewogene Ernährung mit reichlich Vitaminen, Mineralien und Antioxidantien kann unser Gehirn vor oxidativem Stress schützen.

Rauchen

Unser Gehirn kann nur wenige Minuten ohne Sauerstoff auskommen. Rauchen erhöht den Herzschlag und die Konzentration von Kohlenstoffmonoxid im Körper. Viel Kohlenstoffmonoxid im Blut sorgt dafür, dass an den Arterienwänden Fett eingelagert wird, sodass sich die Arterien verengen und weniger

Blut durchfließen kann. Zwar wird noch Blut durch die Arterien bis ins Gehirn gepumpt, doch die Versorgung mit Sauerstoff ist durch das Kohlenmonoxid geschwächt. Nikotin wirkt sich negativ auf das Herz, die Blutgefäße, die Hormone und die Hirnfunktion aus. Zudem verursacht es Veränderungen im Gehirn, die dazu führen, dass man nikotinabhängig wird.

Aufgabe: Rauchen und Alkohol

Rauchen

Haben Sie jemals täglich über einen Zeitraum von mindestens einem Jahr Zigaretten, Zigarren, Zigarillos oder Pfeife geraucht?

Ja ☐
Nein ☐

Rauchstatus:
　Nichtraucher ☐
　Raucher ☐

Wie viele Zigaretten rauchen Sie im Schnitt pro Tag? _____

Ehemaliger Raucher ☐
　Wie alt waren Sie, als Sie mit dem Rauchen aufgehört haben? _____
　Wie viele Jahre haben Sie (insgesamt) geraucht? _____

Rauchen schädigt beinahe jedes Organ in unserem Körper. Es tötet Menschen und Hirnzellen. Bereits seit Langem wird Rauchen mit Herzproblemen, Krebs und Lungenkrankheiten in Verbindung gebracht. Doch wussten Sie auch, dass Raucher eine dünnere Hirnrinde (Kortex – die äußeren Schichten des Gehirns) haben als Nichtraucher? Je länger man raucht, desto dünner wird der Kortex. Und wir brauchen diesen Kortex, um zu denken, zu sprechen, zu handeln und Informationen zu verarbeiten, daher ist es nicht gerade schlau, ihn durch Rauchen zu verkleinern.

Alkohol

Antworten Sie entsprechend den Informationen aus Ihrem **Schlaftagebuch** *aus Woche 2 und Ihrem* **Ernährungstagebuch** *aus dieser Woche, sofern diese Wochen repräsentativ für Ihren üblichen Alkoholgenuss sind.*

Wie viele Einheiten Alkohol nehmen Sie im Schnitt pro Woche zu sich? _____

Wie viele alkoholfreie Tage hat Ihre Woche im Schnitt? _____

Trinken Sie manchmal mehr als sechs Gläser pro Tag?
Ja ☐
Nein ☐

Übertragen Sie Ihr Ergebnis auf Frage 6 in Teil 2 dieses Kapitels (Gesundheitsziele: Herz).

Kurz und gut: Ernähren Sie sich ausgewogen, achten Sie auf ein gesundes Körpergewicht, trinken Sie ausreichend und hören Sie mit dem Rauchen auf.

Zusammenfassung

- Das Gehirn ist auf Herz und Blutgefäße angewiesen, damit es Nährstoffe und Sauerstoff bekommt, die lebenswichtig sind für das Funktionieren und Überleben der Hirnzellen.

- Vaskuläre Schäden können sich katastrophal auf uns und unser Gehirn auswirken. Etwa ein Drittel aller Demenzfälle lässt sich auf vaskuläre Probleme zurückführen.

- Der richtige Blutdruck ist besonders wichtig für ein gesundes Gehirn. Bluthochdruck kann zu Schäden an Arterien und Herz führen, was auf Dauer wiederum die Versorgung des Gehirns mit essentiellen Nährstoffen stören kann.

- Schlaganfall und die Auslöser eines solchen spielen eine Schlüsselrolle bei kognitiver Beeinträchtigung und Demenz.

- Was wir essen und trinken, hat unmittelbare Auswirkungen auf unsere Hirnfunktion und Hirnstruktur. Unser Gehirn ist unglaublich empfindlich und stark darauf angewiesen, dass wir es mit Energie, Wasser, Nährstoffen und Sauerstoff, die es zum Funktionieren benötigt, versorgen. Bei einem Mangel an Omega-3-Fettsäuren bekommen wir Gedächtnisstörungen, während ein Mangel an Vitamin B_{12} zu einem demenzähnlichen Zustand führen kann. Chronische Dehydration kann das Risiko von Bluthochdruck und Schlaganfall erhöhen.

- Eine zuckerreiche Ernährung verursacht oxidativen Stress, der zu Erkrankungen des Herzens und der Blutgefäße sowie zu neurodegenerativen Krankheiten führen kann. Mit einer ausgewogenen Ernährung, die reich an Vitaminen, Mineralien und Antioxidantien ist, können wir unser Gehirn vor oxidativem Stress schützen.

- Rauchen tötet Gehirnzellen. Raucher haben dünnere Hirnrinden als Nichtraucher. Je länger man raucht, desto dünner wird der Kortex.

Das Gehirn auf neue Wege bringen: Was Sie dafür tun können

Ihre Lebensgewohnheiten wirken sich unmittelbar auf den Gesundheitszustand Ihres Herzens aus. Es gibt viele Möglichkeiten, wie Sie Ihr Herz schützen und somit Ihr Gehirn stärken können. Es ist extrem wichtig, dass Sie Ihren Gesundheitszustand immer im Blick haben und entsprechend handeln – lassen Sie also Ihren Blutdruck, Ihren Glukose- und Cholesterinspiegel regelmäßig messen, insbesondere wenn Sie über fünfzig Jahre alt sind.

Ganz egal, wie alt Sie sind, eine gesunde Ernährung ist unerlässlich. Achten Sie darauf, ein angemessenes Gewicht zu halten und nur in geringem Umfang Alkohol und stark verarbeitete Lebensmittel zu sich zu nehmen, um keine kardiovaskulären Erkrankungen zu riskieren. Wenn Sie im mittleren Alter Blutdruck und Körpergewicht im Griff und keinen Diabetes haben und sich auch genug bewegen, dann reduzieren Sie Ihr Risiko, später an Demenz zu erkranken. Auch Stressmanagement ist wichtig. Wenn Sie Raucher sind, hören Sie jetzt mit dem Rauchen auf. Sie sind es sich selbst und Ihrem Körper schuldig, jetzt Verantwortung für diese Risiken zu übernehmen und sie zu mindern. Ihr Herz zu lieben und es zu schützen ist das größte Geschenk, das Sie sich selbst bereiten können.

ZEHN PRAKTISCHE TIPPS, WIE SIE IHR HERZ SCHÜTZEN

1. Kontrollieren Sie regelmäßig Ihren Blutdruck.
2. Vermeiden Sie Diabetes.
3. Kaufen Sie im Sinne Ihres Gehirns ein.
4. Achten Sie auf Ihr Cholesterin.
5. Verzichten Sie auf Salz.
6. Trinken Sie ausreichend.
7. Achten Sie darauf, was Sie trinken.
8. Gehen Sie richtig mit Stress um und bleiben Sie in Kontakt mit anderen Menschen.
9. Hören Sie mit dem Rauchen auf.
10. Versuchen Sie, ein gesundes Gewicht zu erreichen und es auch zu halten.

1. Kontrollieren Sie regelmäßig Ihren Blutdruck

Eine einfache Sache, die Sie tun können, ist, regelmäßig Ihren Blutdruck zu messen oder messen zu lassen. Bluthochdruck (Hypertonie) wird auch der »stille Killer« genannt, weil so viele Menschen gar nicht wissen, dass sie an Bluthochdruck leiden, und weil es keine sichtbaren Symptome gibt. So erhalten etwa die Hälfte der Menschen mit Bluthochdruck keine entsprechende Diagnose. Von denen, die von ihrem Bluthochdruck wissen, lässt sich nur die Hälfte behandeln, und von diesen wiederum bekommt die Hälfte ihren Blutdruck nicht unter Kontrolle.

Die einzige Möglichkeit, wie Sie herausfinden können, ob Sie Bluthochdruck haben, besteht darin, Ihren Blutdruck messen zu lassen. Wenn wir älter werden, kann der Blutdruck still und heimlich in die Höhe schießen. Auch wenn er also heute normal hoch ist, sollten wir ihn regelmäßig kontrollieren lassen, um unangenehme Überraschungen zu einem späteren Zeitpunkt zu vermeiden.

Wenn Sie Ihren Blutdruck gerade nicht wissen, dann lassen sie ihn schnellstmöglich messen.

Beeinflussbare Risikofaktoren für Bluthochdruck

Ungesunde Ernährung – Nehmen Sie viel Natrium, Kalorien, Zucker und Fette (gesättigte und Transfette) zu sich, dann erhöht diese Art der Ernährung Ihr Risiko für Bluthochdruck. Zu viel Salz sorgt dafür, dass zusätzlich Flüssigkeit gespeichert wird, was ebenfalls den Druck erhöht. Zu wenig Kalium wiederum kann zu einem erhöhten Natriumspiegel führen.

Übergewicht oder Adipositas – Je dicker Sie sind, desto mehr Blut benötigen Sie, um Ihr Gewebe, auch das im Gehirn, mit Nährstoffen und Sauerstoff zu versorgen. Dieses größere Blutvolumen erhöht auch den Druck auf die Arterienwände und belastet Ihr Herz zusätzlich, sodass das Risiko von Bluthochdruck steigt.

Körperliche Untätigkeit – Bewegungsarme Menschen haben einen höheren Puls, was bedeutet, dass ihr Herz bei jeder Kontraktion mehr arbeiten muss. Dies wiederum erhöht den Druck auf die Arterien.

Rauchen – Rauchen erhöht den Blutdruck temporär und beschädigt die Auskleidung der Arterienwände, wodurch es zu Verengungen und erhöhtem Blutdruck kommt. Passives Rauchen und auch das Kauen von Tabak kann den Blutdruck ebenfalls in die Höhe treiben.

Alkohol – Schon 20 Gramm (Frauen) oder 30 Gramm (Männer) können sich negativ auf den Blutdruck auswirken.

Stress – Stress kann Ihren Blutdruck temporär erhöhen.

2. Vermeiden Sie Diabetes

Zwar ist Diabetes therapierbar, doch die Tatsache, dass Diabetes das Risiko einer Herzerkrankung und eines Schlaganfalls erhöht, ist unumstritten. Zudem ist Diabetes einer der Risikofaktoren von Demenz, den Sie beeinflussen können.

Nicht diagnostizierter Diabetes ist weit verbreitet. Tatsächlich gilt die 50-Prozent-Regel auch für Diabetes, was bedeutet, dass die Hälfte der Menschen mit Diabetes keine entsprechende Diagnose hat. Und von denen, bei denen Diabetes festgestellt wurde, erhalten nur 50 Prozent eine angemessene Behandlung, während von diesen wiederum nur 50 Prozent die Behandlungsziele erreichen. Zudem hat von diesem geringen Anteil auch wiederum nur die Hälfte keine durch Diabetes verursachte Komplikationen mehr.

Dabei muss das nicht so sein. Regierungen und Gesundheitsexperten müssen noch hart daran arbeiten, um ein Bewusstsein für Diabetes zu schaffen und zu besseren Diagnosen und Ergebnissen zu gelangen. Doch auch jeder Einzelne hat dafür eine persönliche Verantwortung, und wir schulden es uns selbst, Maßnahmen zu ergreifen, um das Diabetesrisiko zu senken oder unseren Zustand zu verbessern, wenn wir bereits mit Diabetes diagnostiziert wurden. Als ersten Schritt sollten Sie, sofern Sie zur Risikogruppe gehören, einen Termin mit Ihrem Arzt vereinbaren, um gegebenenfalls Blut und Urin auf Zucker testen zu lassen.

Von Land zu Land sind die Richtlinien unterschiedlich, doch insgesamt wird für jeden Menschen mit einem BMI über 25 und zusätzlichen Risikofaktoren für Diabetes (wie Bewegungsarmut, Bluthochdruck, hohes Cholesterin, Diabetes in der engeren Verwandtschaft, Schwangerschaftsdiabetes) empfohlen, ein Diabetes-Screening durchzuführen. Jeder über 45 sollte einen Blutzuckertest machen. Wenn die Ergebnisse des ersten Screenings normal ausfallen, sollten die Tests alle drei Jahre wiederholt werden. Sprechen Sie mit Ihrem Arzt über die Testmöglichkeiten – das kann ein Blutzuckertest auf nüchternen Magen sein, aber auch ein Blutzuckertest zu einem beliebigen Zeitpunkt.

Die meisten Fälle von Typ-2-Diabetes sind vermeidbar, viele sind sogar heilbar.

Beeinflussbare Risikofaktoren, die Ihr Risiko für Typ-2-Diabetes erhöhen:

Übergewicht oder Adipositas – Je mehr Fettgewebe Sie haben, desto resistenter werden Ihre Zellen gegenüber Insulin.

Bluthochdruck – Dieser erhöht Ihr Typ-2-Diabetes-Risiko.

Körperliche Untätigkeit – Wenn man aktiv ist, wird Glukose in Energie umgewandelt, die Zellen werden empfindlicher gegenüber Insulin. Je weniger Sie sich bewegen, desto höher ist Ihr Risiko, an Diabetes zu erkranken.

Anormale Cholesterin- und Triglyceridwerte – Ihr Diabetesrisiko nimmt zu, wenn Ihr HDL abnimmt. Hohe Triglyceridwerte erhöhen ebenfalls das Risiko für Typ-2-Diabetes.

Wenn Sie Diabetes vermeiden oder unter Kontrolle bekommen möchten, müssen Sie darauf achten, was Sie essen, wie viel Sie wiegen und wie viel Sie sich bewegen. Wenn Sie körperlich aktiver werden (siehe Kapitel 7), einem mediterranen Speiseplan folgen (siehe Tipp 3 weiter unten) und ein gesundes Körpergewicht erreichen und auch halten (siehe Tipp 10), dann hilft das sehr.

3. Kaufen Sie im Sinne Ihres Gehirns ein

Eine ausgewogene Ernährung ist das A und O für ein gesundes Herz. Sie sollten ein Bewusstsein dafür haben, was genau Sie essen, ferner versuchen, frische Lebensmittel zu essen und richtig zu kochen. Wenn Sie verarbeitete oder vorgekochte Lebensmittel zu sich nehmen müssen, dann lesen Sie die Etiketten ganz genau und wählen sorgfältig aus.

Statt mit einer Liste aller Mikro- und Makronährstoffe, die Ihr Gehirn benötigt, in den Supermarkt zu gehen, könnten Sie das große Ganze betrachten und Ihr Herz und Ihr Gehirn mithilfe eines mediterran orientierten Speiseplans in Form halten. Menschen, die sich mediterran ernähren, erleiden seltener Herzerkrankungen und haben ein geringeres Risiko für kognitive Beeinträchtigungen und Alzheimer.

Bei einem mediterranen Speiseplan spielen Lebensmittel mit

vielen Omega-3-Fettsäuren eine wichtige Rolle, ebenso Vollkornprodukte, frisches Obst und Gemüse, Fisch und Knoblauch. Nehmen Sie über einen längeren Zeitraum Transfette zu sich, dann schadet das Ihrer Gesundheit. Zum mediterranen Speiseplan gehört auch, Olivenöl als Hauptquelle von Fett zu sich zu nehmen. Ein mediterraner Speiseplan ist ausgewogener, was das Verhältnis von Omega-3- und Omega-6-Fettsäuren angeht, als andere westliche Speisepläne, und die richtige Relation ebendieser Fettsäuren ist extrem wichtig. Omega-3-Fettsäuren reduzieren Entzündungen, während viele Omega-6-Fettsäuren diese fördern. Beide dieser essentiellen Fettsäuren, die degenerative Hirnerkrankungen verhindern können, müssen über Lebensmittel aufgenommen werden, da der Körper sie nicht selbst herstellen kann.

Ihr Gehirn liebt nichts mehr, als ausgiebig Sauerstoff zu erhalten, wenn Sie Sport treiben. Doch um die Vorteile dieser Aktivität voll zu nutzen, benötigt Ihr Körper ausreichend Eisen im Blut. Das bedeutet, Sie sollten genügend grünes Blattgemüse wie Spinat, Vollkornprodukte, Trockenfrüchte und Hülsenfrüchte zu sich nehmen.

Bedenken Sie: Es sind nicht einzelne Nährstoffe, die für sich allein für die Gesundheit Ihres Gehirns verantwortlich sind. Setzen Sie daher lieber auf eine bunte Mischung aus Lebensmitteln und verschiedenen Nährstoffen eines ausgewogenen Speiseplans.

4. Achten Sie auf Ihr Cholesterin

Am besten vermeiden Sie kardiovaskuläre Erkrankungen, indem Sie Ihr Cholesterin im Auge behalten. Den eigenen Cholesterinwert zu kennen ist entscheidend, wenn es darum geht, das Risiko für Herzkrankheiten gering zu halten. Bitten Sie daher Ihren Arzt, einen Cholesterintest zu machen, insbesondere wenn jemand in Ihrer näheren Verwandtschaft einen hohen Cholesterinwert hat, herzkrank ist oder einen Schlaganfall erlitten hat. Hohes Cholesterin steht oft in Verbindung mit Bluthochdruck und wird durch ähnliche Lebensgewohnheiten ausgelöst: körperliche Untätigkeit, Übergewicht, erhöhter Alkoholgenuss und zuckerreiche Ernährung.

Hohes Cholesterin betrifft Menschen jeden Alters, und schon kleine Veränderungen können einen immensen Unterschied machen. Manchmal sorgen erblich bedingte Gesundheitsprobleme für anormale Cholesterinwerte, meistens ist jedoch die Einnahme von zu vielen tierischen Fetten oder zu fetten Lebensmitteln der Grund. Und diesen können Sie selbst beseitigen.

Mittels eines einfachen Bluttests können das Gesamtcholesterin, LDL und HDL, also das sogenannte schlechte und das gute Cholesterin, sowie Triglyceride bestimmt werden. LDL transportiert Cholesterin im Blut durch unseren Körper. Wenn sich LDL an den Wänden der Arterien festsetzt, werden sie hart und eng, wodurch sich das Risiko einer Herzerkrankung erhöht. Ein niedriger LDL-Wert ist somit besser für unsere Gesundheit.

HDL nimmt überschüssiges Cholesterin auf und leitet es aus dem Blutkreislauf hinaus in die Leber, sodass dieses sich nicht in den Arterien ablagern kann. Ein hoher HDL-Wert ist also gut für unsere Gesundheit.

Unser Blut enthält ebenfalls Triglyceride, eine Form von Fett im Blut. Die Kalorien, die wir aufnehmen, aber nicht direkt verbrauchen, werden in Triglyceride umgewandelt und in Fettzellen gespeichert.

Beeinflussbare Risikofaktoren, die zu einem hohen Cholesterinspiegel führen können

Ungesunde Ernährung – Gesättigte Fette, Transfette, rotes Fleisch und Milchprodukte mit vollem Fettgehalt erhöhen den Cholesterinwert.

Übergewicht – Ein BMI von 30 oder mehr.

Großer Taillenumfang – Bei Männern: 102 cm / bei Frauen: 89 cm.

Bewegungsarmut – Körperliche Betätigung erhöht unser HDL und sorgt dafür, dass das in unserem Körper befindliche LDL weniger schädlich ist.

Rauchen – Der durch Rauchen verursachte Schaden in unseren Blutgefäßen sorgt dafür, dass sich Fettdepots schneller aufbauen; zudem kann Rauchen den HDL-Wert senken.

Diabetes – Ein hoher Blutzuckergehalt schadet der Auskleidung der Arterien und kann zu höheren LDL- und niedrigeren HDL-Werten führen.

5. Verzichten Sie auf Salz

Natrium ist ein wichtiges Mineral. Es hilft, Nervensignale zu senden, und steuert außerdem den Flüssigkeitshaushalt in unserem Körper. Wenn sich allerdings zu viel Natrium in unserem Blutkreislauf befindet, zieht es zusätzlich Wasser in die Blutgefäße, erhöht die Gesamtmenge Blut in den Gefäßen, belastet Ihr Herz und verursacht Bluthochdruck. Bei manchen

Menschen führt zu viel Natrium zu Hypertonie. Eine natriumarme Ernährung kann helfen, Bluthochdruck zu vermeiden oder ihn zu senken.

Sie können nach und nach Änderungen vornehmen. Geben Sie heute einfach einmal kein Salz in Ihr Essen. Fehlt es Ihnen an Würze, gebrauchen Sie schwarzen Pfeffer, andere Gewürze oder Zitrone anstelle von Salz. Meiden Sie verarbeitete Lebensmittel, Fastfood und Takeaways, die häufig viel zusätzliches Salz enthalten. Warum probieren Sie nicht aus, eine Woche komplett auf verarbeitetes Essen zu verzichten? Wenn Sie einkaufen gehen, lesen Sie die Etiketten genau und achten Sie insbesondere auf den Natriumgehalt.

6. Trinken Sie ausreichend

Achten Sie darauf, dass Sie über den Tag verteilt genug Flüssigkeit zu sich nehmen, damit Ihr Gehirn hydriert ist und die nötigen Nährstoffe und Energie erhält. Nicht vergessen: Sie brauchen Wasser auch, um Toxine aus Ihrem Gehirn zu schwemmen. Oft hört man, man solle acht Gläser Wasser pro Tag trinken, doch das ist zu einfach ausgedrückt. Eine bessere Faustregel ist folgende: Nehmen Sie pro Kilo Körpergewicht täglich 30 ml Flüssigkeit zu sich.

Trinken Sie vor, während und nach körperlicher Anstrengung. Achten Sie bei heißem Wetter auf eine erhöhte Aufnahme von Flüssigkeit. Müssen Sie öfter oder seltener auf die Toilette, oder gibt es sonstige Veränderungen, kann das auf eine Infektion hindeuten. Trinken Sie nicht weniger, weil Sie hoffen, dadurch weniger Harndrang zu verspüren und die Toilette seltener aufsuchen zu müssen, denn das kann zu Dehydration führen, vor allem wenn Sie an einer Harnwegs- oder Niereninfektion leiden. Vereinbaren Sie stattdessen lieber einen Termin beim Arzt und befolgen dessen Verordnungen.

7. Achten Sie darauf, was Sie trinken

Wählen Sie weise aus, was Sie trinken. Verzichten Sie gegebenenfalls auf Tee während der Mahlzeiten, denn dieser verhindert die Aufnahme von Eisen. Vermeiden Sie außerdem zuckerhaltige Getränke und Koffein.

Genießen Sie alkoholhaltige Getränke in Maßen. Unkontrollierter Alkoholgenuss schadet der Gesundheit des Gehirns. Denken Sie dran: Übermäßiges Trinken führt zu Bluthochdruck, schadet Ihrem Herzen und kann Auslöser eines Schlaganfalls und schwerer Hirnschäden sein. Außerdem wirkt es sich negativ auf Ihr Körpergewicht und Schlafverhalten aus.

Auch wenn bisher einiges dafür gesprochen hat, dass es positive Effekte gibt, wenn man Rotwein in kleinen Mengen zu sich nimmt, hat eine Langzeitstudie diesbezüglich keine klaren Ergebnisse liefern können. Bei den Teilnehmern wurden über dreißig Jahre lang der wöchentliche Alkoholkonsum sowie die kognitive Leistungsfähigkeit und die Gehirnstruktur untersucht. Das Ergebnis dieser Studie: Moderater Alkoholkonsum ergab keinerlei Schutzwirkung im Vergleich zu Teilnehmern, die über diesen Zeitraum komplett abstinent blieben. Während wir uns bisher bewusst waren, dass schwerer Alkoholkonsum der Gesundheit des Gehirns schadet, offenbarte diese kürzlich abgeschlossene Studie, dass selbst maßvoller Alkoholkonsum sich negativ auf die Gehirngesundheit auswirken kann.

Dieser Studie zufolge gibt es eine dosisabhängige Relation zwischen der Atrophie des Hippocampus und dem Alkoholkonsum. Das heißt: Je mehr wir trinken, desto größer der

Schwund. Menschen, die mehr als dreißig Einheiten Alkohol pro Woche zu sich nehmen, gehören zur Gruppe mit dem höchsten Risiko für Hippocampus-Schwund im Vergleich zu Menschen, die gar keinen Alkohol trinken. Selbst bei moderaten Alkoholkonsumenten (14 bis 21 Einheiten pro Woche) ist die Wahrscheinlichkeit, Atrophie im Gehirn zu entwickeln, drei Mal so hoch wie bei Nichttrinkern.

Von Land zu Land sind die Richtlinien für das Standardglas (1 Standardglas/Einheit entspricht in Deutschland und in der Schweiz ca. 10–12 Gramm, in Österreich 20 Gramm reinem Alkohol) unterschiedlich, und die meisten berücksichtigen die erwähnte Studie nicht. Momentan liegen die Richtlinien für Männer bei 14 Einheiten pro Woche (das entspricht etwa 2 Einheiten/Standardgläsern pro Tag: zum Beispiel 0,5 Liter Bier oder 0,25 Liter Wein), Frauen sollten nur die Hälfte trinken.

Da der Genuss von Alkohol, egal in welcher Menge, das Risiko einer Gesundheitsschädigung erhöht, gibt es schlichtweg keine »sichere« Menge Alkohol. Die Richtlinien von Regierungen beziehen sich daher auf einen Alkoholkonsum mit »niedrigem Risiko«, nicht auf einen »risikofreien«. Wenn Sie das Risiko niedrig halten wollen, dann sollten Sie pro Woche nie mehr als 14 Einheiten Alkohol zu sich nehmen.

Es geht allerdings nicht nur um die Anzahl von Einheiten, sondern auch um die Verteilung dieser Einheiten. Wenn Sie regelmäßig 14 Einheiten zu sich nehmen, dann sollten diese über drei oder mehr Tage verteilt sein. Denn exzessives Trinken birgt zusätzliche, hohe Gesundheitsrisiken. Nur ein oder zwei heftige »Sauftage« pro Woche erhöhen das Risiko bereits immens. Jede Woche sollten Sie daher mehrere (mindestens zwei) alkoholfreie Tage einlegen.

Wenn man zu Hause Alkohol trinkt, kann das problematisch sein, denn dort schenken wir uns gern etwas mehr ein. Investieren Sie daher in einen vernünftigen Messbecher und benutzen Sie ihn immer, wenn Sie zu Hause Drinks ausschenken, damit Sie Ihren Alkoholkonsum im Griff behalten. Eine Einheit Alkohol ist ein Viertelliter Standardbier, ein Schnaps, ein kleines Glas (0,1 Liter) Wein oder ein sonstiges alkoholisches Getränk. Zwar ist das Zusammensein mit Freunden gut für unsere Gehirngesundheit, doch sollte dies in einer Bar stattfinden, dann achten Sie darauf, zwischen den alkoholhaltigen Drinks auch immer ein Glas Wasser zu trinken.

Wenn man in der Jugend und als junger Erwachsener, wenn sich das Gehirn noch entwickelt, Alkohol trinkt, kann dies das Wachstum bestimmter Hirnstrukturen und die Leistung des Gehirns, inklusive der Gedächtnisfunktion, beeinträchtigen. Zudem kann der Alkoholgenuss unter Teenagern, von denen in den westlichen Gesellschaften viele mit dem Trinken beginnen, den Blutfluss im Gehirn sowie die elektrische Aktivität verändern. Jeder Mensch ist verschieden, und natürlich reagieren wir nicht alle identisch auf Alkohol in den Teenagerjahren oder in unseren Zwanzigern – zudem können weitere Faktoren beeinflussen, wie sehr sich Alkoholgenuss auf die Entwicklung und Funktion unseres Gehirns auswirkt.

8. Gehen Sie richtig mit Stress um und bleiben Sie in Kontakt mit anderen Menschen

Die Zusammenhänge zwischen Stress, Schlaganfällen und Herzerkrankungen sind hochkomplex und noch nicht vollständig erforscht. Es kann sein, dass dauerhaft erhöhte Stresshormonspiegel die Arterien beschädigen und zu Bluthochdruck führen oder auch ein schlechter Umgang mit chronischem Stress zu Verhaltensweisen, die wiederum andere Risikofaktoren erhöhen. Wenn Sie zum Beispiel chronisch unter Stress stehen, dann werden Sie höchstwahrscheinlich weniger Sport treiben, mehr essen, rauchen und Alkohol sowie Koffein trinken. In Kapitel 4 finden Sie praktische Tipps zum richtigen Umgang mit Stress.

Einsamkeit, die länger andauert, kann ebenfalls ein Stressor sein. Sie ist ein Risikofaktor für Herzerkrankungen, und vielleicht versuchen wir deshalb, das Gefühl von Einsamkeit mit Rauchen, Trinken oder übermäßigem Essen zu bekämpfen. Zudem steht Einsamkeit in Zusammenhang mit schlechtem Schlaf und hohem Blutdruck. Für unsere Herzgesundheit ist die soziale Eingebundenheit vielleicht wichtiger als Sport oder die Menge des Tabak- oder Alkoholkonsums, denn Einsamkeit stellt ein höheres Risiko für unsere kardiovaskuläre Gesundheit dar als die genannten drei Faktoren.

9. Hören Sie mit dem Rauchen auf

Wenn Sie rauchen, hören Sie damit auf. Rauchergehirne erhalten weniger Sauerstoff, und Rauchen ist einer der größten Risikofaktoren für Herzerkrankungen. Jeder zweite Raucher stirbt an einer durch Nikotinkonsum ausgelösten Krankheit, und Raucher sind doppelt so anfällig für Herzinfarkte wie Nichtraucher. Als ehemalige Raucherin verstehe ich, wie schwer es sein kann aufzuhören. Ich habe mich vor zwanzig Jahren für die drastische Methode entschieden und von einem auf den anderen Tag mit dem Rauchen aufgehört.

Mir ist das geglückt, weil ich nicht in die Falle tappte, darüber zu sprechen, wie sehr mir das Rauchen fehlte und wie schwer doch alles sei. Sondern ich sagte mir einfach, dass ich jetzt Nichtraucherin bin, und zählte all die negativen Seiten des Rauchens auf. Mein Gehirn nahm diese Infos auf, war sehr folgsam, und nach drei oder vier Wochen konnte ich den Geruch einer Zigarette schon nicht mehr ertragen, geschweige denn selbst eine rauchen.

Wenn Sie mit dem Rauchen aufhören wollen, kann es helfen, sich mit den Gründen auseinanderzusetzen, warum Sie rauchen. Genauso gut ist es möglich, dass Sie Unterstützung bei diesem Prozess benötigen. Sollten Sie den Drang nach einer Zigarette verspüren, denken Sie dran: Diese Gelüste dauern nur wenige Minuten an. Atmen Sie mehrmals tief durch die Nase ein und durch den Mund aus, trinken Sie ein Glas Wasser, putzen Sie sich die Zähne, lenken Sie sich irgendwie ab, und Sie werden sehen, dass dieser Drang nach drei oder vier Minuten verschwunden ist.

Selbstverständlich ist jeder Mensch anders, und was bei mir funktioniert hat, wird nicht zwangsläufig bei Ihnen klappen. Sie können sich das Rauchen statt auf die harte Tour auch graduell abgewöhnen, indem Sie jeden Tag eine Zigarette weniger anzünden. Oder eine Zigarette pro Tag nach der Hälfte ausdrücken. Oder morgen erst zehn Minuten später als gewöhnlich die erste Zigarette anzünden. Nach einigen Tagen versuchen Sie es dann mit fünfzehn Minuten Verzögerung und so weiter. Ein anderer Ansatz könnte sein, dass Sie Ihren Konsum täglich um zehn Prozent reduzieren, so lange, bis Sie schließlich gar nicht mehr rauchen.

Wenn Sie rauchen, ist es für Ihr Herz die mit Abstand beste Entscheidung, jetzt aufzuhören. Dafür ist es nie zu spät. Schon wenige Stunden nach dem Aufhören normalisieren sich Ihr

Blutdruck und Ihr Pulsschlag, und die Kohlenstoffmonoxid-konzentration in Ihrem Blut sinkt auf Normalniveau ab. Innerhalb eines Tages reduziert sich das Risiko eines Herzinfarkts.

Ein Jahr, nachdem Sie mit dem Rauchen aufgehört haben, ist Ihr Risiko, an einer koronaren Herzerkrankung zu leiden, nur noch halb so hoch wie das eines Rauchers. Fünfzehn Jahre nach dem Aufhören ist es wieder auf dem Niveau eines Nichtrauchers. Auch das Risiko eines Schlaganfalls normalisiert sich innerhalb von fünf bis fünfzehn Jahren. Wenn Sie bereits einen Herzinfarkt erlitten haben und mit dem Rauchen aufhören, halbiert sich Ihr Risiko für einen weiteren Infarkt.

Es ist nie zu spät, um mit dem Rauchen aufzuhören. Egal, wie alt Sie sind, Sie werden immer davon profitieren. Der Kortex des Gehirns von ehemaligen Rauchern wächst mit jedem rauchfreien Jahr. Unser Gehirn hat die Fähigkeit, sich selbst zu reparieren, sofern wir das Rauchen sein lassen – und das liegt nun einmal in Ihrer Hand. Machen Sie einen Plan und nehmen Sie sich vor, noch heute aufzuhören. Googeln Sie das Thema, und suchen Sie sich eine Methode, die zu Ihnen passt.

10. Versuchen Sie, ein gesundes Gewicht zu erreichen und es auch zu halten

Übergewicht oder Adipositas erhöhen das Risiko von Bluthochdruck und Herzerkrankungen und sind somit schädlich für unsere Gehirngesundheit. Doch auch untergewichtig zu sein ist schädlich. Deshalb ist es umso wichtiger, ein ideales Gewicht zu erreichen und es auch zu halten.

Kleine Veränderungen können große Wirkungen entfalten. Schon eine andere Tellerfarbe oder Tellergröße kann dazu führen, dass Sie bei einer Mahlzeit weniger oder mehr essen. Wenn

Sie weniger essen wollen, wählen Sie einen Teller in einer Farbe
aus, die einen starken Kontrast zu dem vorbereiteten Essen aufweist. Weisen Teller und Essen einen schwachen Farbkontrast
auf, tendieren wir nämlich dazu, uns dreißig Prozent mehr
Essen aufzuladen als bei einem starken Farbkontrast zwischen
Teller und Gericht. Wenn Sie also mehr grünes Gemüse essen
möchten, servieren Sie es auf einem grünen Teller. Legen Sie
jede Woche einen Tag ohne Snacks und Zucker ein. Oder versuchen Sie, Ihre Portionen um zehn Prozent zu reduzieren.
Probieren Sie auch, Mahlzeiten komplett (ohne stark verarbeitete Lebensmittel) zuzubereiten und nur frische Zutaten zu verwenden. Setzen Sie es sich zum Ziel, mehr Zeit mit der Zube-
reitung zu verbringen als mit dem Essen.

Aus Kapitel 3 wissen Sie, dass wir bei Schlafmangel schneller
schwach gegenüber Verlockungen werden und aufgrund von
höheren Endocannabinoidspiegeln mehr Hunger und Appetit
verspüren. Zudem essen wir öfters zwischen den Mahlzeiten,
meistens ungesunde Snacks. Wenn Sie wirklich Gewicht verlieren wollen, dann müssen Sie darauf achten, ausreichend zu
schlafen.

Sportliche Aktivität hilft Ihnen beim Abnehmen, abgesehen
davon, dass es auch gesund ist für Ihr Gehirn und Ihr Herz.
Sie verbrennen dabei nicht nur Kalorien, sondern stärken auch
die Verknüpfungen im Gehirn, die wiederum zu einer besseren
Kontrolle von Impulsen und Emotionen beitragen – inklusive
des Impulses zu essen. Werden Sie also aktiv, damit Sie der Versuchung, Fastfood zu essen, widerstehen können. Im nächsten
Kapitel erfahren Sie, wie körperliche Aktivität Ihrer Gehirngesundheit zugutekommt.

Herz – Teil 2
Ziele – Aktionsplan – persönliches Profil

Setzen Sie sich Ziele, erstellen Sie einen Aktionsplan und Ihr persönliches Herzprofil.

Gesundheitsziele: Herz

Beantworten Sie die folgenden Fragen mithilfe Ihres Ernährungstagebuchs, der Ergebnisse Ihrer medizinischen Untersuchungen und der Ergebnisse aus den Aufgaben. Das hilft Ihnen, sich Ziele für ein gesundes Herz und somit auch für ein gesundes Gehirn zu setzen.

Je mehr Risikofaktoren auf Sie zutreffen, desto höher ist die Wahrscheinlichkeit, dass Sie irgendwann eine kardiovaskuläre Erkrankung entwickeln, die sich wiederum auf die Gesundheit Ihres Gehirns auswirken wird. Haben die Aufgaben mehrere Risikofaktoren ergeben, dann empfehle ich Ihnen dringend, mit einem Gesundheitsexperten zusammenzuarbeiten, um diese Risiken zu reduzieren und, wo relevant, einen Behandlungsplan zu erstellen, um besagte Risikofaktoren besser unter Kontrolle zu haben.

Richtlinien variieren wie bereits erwähnt, doch allgemein wird empfohlen, dass alle Erwachsenen über zwanzig ihr Risiko für einen Schlaganfall und andere kardiovaskuläre Erkrankungen alle vier bis sechs Jahre überprüfen lassen und, falls nötig, gemeinsam mit Ihrem Arzt die Risiken und möglichen Behandlungen erörtern.

Frage 1: Blutdruck

Blutdruck (BD) wird durch zwei Werte wiedergegeben, den systolischen und den diastolischen Wert. Allgemein gilt:

Optimaler BD: zwischen 90/60 mmHg und 120/80 mmHg

Hoher BD: 140/90 mmHG oder höher

Risiko für Bluthochdruck: zwischen 120/80 mmHg und 140/90 mmHg

Niedriger BD: 90/60 mmHg oder weniger

Mein Blutdruck ist _____ / _____.

Ich kenne meinen Blutdruck nicht. ☐

Vorsatz Nummer 1 für mein Herz

Ich werde meinen Blutdruck regelmäßig messen lassen. ☐

Ich habe einen gesunden Blutdruck.

Ich laufe Gefahr, Bluthochdruck zu bekommen. ☐

Ich habe Bluthochdruck. ☐

Ich habe Bluthochdruck und folge den Anordnungen meines Arztes, um ihn unter Kontrolle zu bekommen. ☐

Auf mich treffen viele beeinflussbare Risikofaktoren für Bluthochdruck zu. ☐

Ich habe niedrigen Blutdruck. ☐

Vorsatz Nummer 1b für mein Herz

Ich möchte etwas tun, um meinen Blutdruck zu reduzieren. ☐

Kein Eingreifen erforderlich: Ich habe einen gesunden Blutdruck und lasse ihn regelmäßig messen. ☐

Frage 2: Cholesterin

Ihr Arzt oder Apotheker wird Ihnen dabei behilflich sein, Ihre Werte zu interpretieren. Ihr Hausarzt wird ein Ziel vorgeben, basierend auf den auf Sie zutreffenden allgemeinen Risikofaktoren. Als allgemeine Richtlinie für gesunde Erwachsene gilt, dass der Gesamtcholesterinwert 5 mmol/l oder weniger betragen soll. Der Richtwert für LDL ist maximal 3 mmol/l und der des HDL minimal 1 mmol/l. Das Verhältnis von Gesamtcholesterin zu HDL (Gesamtcholesterin geteilt durch HDL) sollte unter 4 liegen. Und Ihre Triglyceridspiegel sollten weniger als 1,7 mmol/l betragen.

Mein Cholesterin/HDL-Wert ist _____.

Ich kenne meine Cholesterinwerte nicht.

Vorsatz Nummer 2 a für mein Herz
Ich möchte mein Cholesterin überprüfen lassen. □

Ich habe gesunde Cholesterinwerte. □

Ich habe ungesunde Cholesterinwerte. □

Auf mich treffen mehrere beeinflussbare Risikofaktoren für Cholesterin zu. □

Vorsatz Nummer 2 b für mein Herz
Ich möchte etwas tun, damit mein Cholesterin ein gesundes Niveau erreicht. □
Kein Eingreifen erforderlich: Ich habe gesunde Cholesterinwerte und lasse diese regelmäßig überprüfen. □

Frage 3: Diabetes und Blutzucker

Ich kenne meinen Blutzuckerwert nicht. ☐
  Ich weiß nicht, ob ich Diabetes oder Prädiabetes habe. ☐

Vorsatz Nummer 3 für mein Herz

Ich möchte meinen Arzt fragen, ob ich einen Blutzucker- oder Diabetestest machen sollte. ☐

Ich habe gesunde Blutzuckerwerte. ☐
  Ich habe keinen Prädiabetes. ☐
  Ich habe keinen Diabetes.
  Ich habe ungesunde Blutzuckerwerte.
  Ich habe Prädiabetes. ☐
  Ich habe Diabetes. ☐
  Auf mich treffen mehrere Risikofaktoren für Diabetes zu. ☐

Vorsatz Nummer 3 b für mein Herz

Ich möchte meine Blutzuckerwerte auf ein gesundes Niveau bringen. ☐
Ich möchte mein Diabetesrisiko reduzieren. ☐
Ich würde meinen Diabetes gern besser unter Kontrolle haben. ☐
Kein Eingreifen erforderlich: Auf mich treffen keine Risikofaktoren zu, ich habe gesunde Blutzuckerwerte und weder Diabetes noch Prädiabetes. ☐

Frage 4: Gewicht

a) Body-Mass-Index (BMI)

BMI = _____

Adipös = BMI von 30 oder höher.

Übergewicht = BMI 25 bis 29,9.

Gesund = BMI 18,5 bis 24,9. Untergewicht = BMI unter 18,5.

Taillenumfang _____

Unabhängig von Ihrer Körpergröße oder Statur ist Ihre Gesundheit gefährdet, wenn Sie einen Taillenumfang von über 94 cm (Männer) oder 80 cm (Frauen) haben.

Mein Gewicht liegt im Verhältnis zu meiner Größe im gesunden Bereich. □

Mein Gewicht liegt im Verhältnis zu meiner Größe entweder über oder unter dem gesunden Bereich. □

Mein BMI ist im gesunden Bereich. □

Mein BMI liegt über oder unter dem gesunden Bereich. □

Mein Taillenumfang liegt im gesunden Bereich. □

Mein Taillenumfang liegt nicht im gesunden Bereich. □

Vorsatz Nummer 4a für mein Herz

Ich möchte...

...mein Gewicht □

...meinen BMI □

...meine Taille □

...auf ein gesundes Niveau bringen.

Kein Eingreifen erforderlich: Mein Gewicht, BMI und Taillenumfang sind im gesunden Bereich. □

b) Antworten Sie entsprechend den Antworten aus Ihrem Ernährungstagebuch, den Leitlinien zu gesunden Tagesportionen und der Ernährungspyramide.

Meine Ernährung ist gesund und ausgewogen. ☐

Ich nehme zu viele Kalorien zu mir. ☐

Ich nehme zu wenig Kalorien zu mir. ☐

Ich nehme zu viel Salz zu mir. ☐

Ich nehme zu viel Zucker zu mir. ☐

Ich nehme zu viel Fett zu mir. ☐

Ich trinke nicht genügend Wasser. ☐

Vorsatz Nummer 4 b für mein Herz

Ich möchte meine Ernährung ändern, um das Risiko kardiovaskulärer Erkrankungen zu reduzieren. ☐

Kein Eingreifen erforderlich: Ich ernähre mich ausgewogen und gesund. ☐

Frage 5: Rauchen

Ich rauche.

Ja   ☐

Nein ☐

Vorsatz Nummer 5 für mein Herz

Ich möchte mit dem Rauchen aufhören. ☐

Kein Eingreifen erforderlich: Ich rauche nicht. ☐

Frage 6: Alkohol

Mein Alkoholgenuss liegt über den offiziellen Leitlinien. ☐

Vorsatz Nummer 6 für mein Herz

Ich möchte meinen Alkoholkonsum reduzieren. ☐

Ich möchte die Verteilung meines Alkoholkonsums ändern. ☐

Kein Eingreifen erforderlich: Ich bin zufrieden mit meinem Alkoholkonsum und dessen Verteilung. ☐

Kein Eingreifen erforderlich: Ich trinke keinen Alkohol. ☐

Füllen Sie die folgende Tabelle mithilfe der Informationen zu Ihren Vorsätzen für Ihr Herz aus. Das hilft Ihnen, Ihre aktuellen gesundheitsfördernden Gewohnheiten zu identifizieren und diejenigen Gewohnheiten zu priorisieren, die ein Eingreifen erfordern. Kreuzen Sie das entsprechende Feld an und übertragen Sie anschließend die Punkte, an denen Sie arbeiten müssen, in den Aktionsplan (Seite 276).

	Gesund	Eingreifen erforderlich	Priorität*
Blutdruck			
Cholesterin			
Blutzucker			
Diabetes			

---

* Hoch, mittel oder niedrig

	Gesund	Eingreifen erforderlich	Priorität*
Gewicht			
BMI			
Ernährung			
Rauchen			
Alkoholkonsum			
Salz			
Zucker			
Fett			
Andere			

Körperliche Aktivität, die entscheidend für Herz- und Gehirngesundheit ist, wird im folgenden Kapitel behandelt.

Aktionsplan: Herz

Tragen Sie Ihre die Herzgesundheit betreffenden Gewohnheiten, die ein Eingreifen erfordern, in die Spalte »Aktion« der folgenden Tabelle ein. Geben Sie an, ob der jeweilige Punkt relativ leicht zu lösen ist (»kurzfristig«) oder ob die Veränderung dieser speziellen Gewohnheit mehr Mühe und Zeit in Anspruch nehmen wird (»langfristig«). Die zehn Tipps, die Sie auf den Seiten 252 bis 267 gelesen haben, sollten Ihnen helfen, jede Aktion in einzelne, gut durchzuführende Schritte zu zerlegen. Geben Sie den einzelnen Aktionen Nummern für die Reihenfolge, in der Sie an ihnen arbeiten möchten (1 = zuerst in Angriff nehmen). Am Ende des Buches (Seite 421) finden Sie ein vollständig ausgefülltes Muster dieser Tabelle.

Aktion	Reihenfolge	Schritte	Kurzfristig	Langfristig

Persönliches Profil: Herz

Orientieren Sie sich an Ihren Ergebnissen des Abschnitts **Gesundheitsziele: Herz** und füllen Sie die folgende Tabelle aus. Geben Sie an, ob Ihre Ergebnisse gesund, grenzwertig oder ungesund sind. Anschließend können Sie bestimmen, ob Ihr aktuelles Verhaltensmuster Ihrer Gehirngesundheit zugutekommt oder ein Risiko darstellt, das diese beeinträchtigt und Sie im späteren Leben anfällig für Demenz macht. Geben Sie schließlich die Aspekte an, an denen Sie arbeiten oder die Sie verbessern oder beibehalten möchten, und ordnen Sie diese nach Priorität in Ihrem maßgeschneiderten Gesamtplan für ein gesundes Gehirn in Kapitel 9.

Aspekt	Gesund	Grenzwertig	Ungesund	Stärke	Risiko	Beibehalten	Verbessern	Eingreifen	Priorität
Blutdruck									
Cholesterin									
Gewicht/BMI/Ernährung									
Diabetes/Blutzucker									
Rauchen									
Alkohol									
Gesamt									

In 100 Tagen zu einem jüngeren Gehirn

TAGE 17 BIS 23: LIEBEN SIE IHR HERZ

Inzwischen sollten Sie ein klares Bild von Ihren kardiovaskulären Risikofaktoren, Ihren persönlichen Zielen und den Maßnahmen haben, die Sie ergreifen sollten, um Ihr Herz zu schützen und somit auch die Gesundheit Ihres Gehirns zu stärken. Ihr Herzprofil werden Sie im weiteren Verlauf des 100-Tage-Plans mit den anderen von Ihnen erstellten Profilen kombinieren, um dann in Kapitel 9 das Gesamtprofil Ihrer Gehirngesundheit zu erstellen. Zudem werden Sie mindestens eine Ihrer Maßnahmen zum Thema Herz auswählen und in diesen Gesamtplan integrieren.

100-TAGE-TAGEBUCH

Sie können die Schritte, die Sie auf dem Weg zur Erfüllung Ihrer Gesamtziele erreicht haben, in das 100-Tage-Tagebuch am Ende des Buches (Seite 387–410) eintragen. Zum Beispiel:

- Ich habe einen Termin vereinbart, um meinen Blutdruck überprüfen zu lassen.
- Ich habe die Produktetiketten im Supermarkt beachtet und zuckerhaltige Produkte gemieden.
- Ich habe heute Abend auf Wein verzichtet.
- Ich habe mein Abendessen mit frischen Zutaten selbst gekocht.

Sie können auch Ihre guten, die Gesundheit fördernden Gewohnheiten in dieses Tagebuch aufnehmen, um sie angemessen zu würdigen.

In Bewegung

Ein Mangel an Aktivität beeinträchtigt die gute Kondition
eines jeden Menschen, während Bewegung und methodische
Leibesübungen sie schützen und bewahren.

Plato

Bewegung – Teil 1

Als Kinder springen und rennen wir, weil es uns Spaß macht. Als Jugendliche nehmen viele von uns eine Sportart auf, die sie jedoch als Erwachsene relativ schnell wieder aufgeben, um auf dem Sofa zu faulenzen oder nur noch Zuschauer an der Seitenlinie zu sein. Manche Menschen haben das Glück, einen Beruf auszuüben, der aerobe und anaerobe Aktivität mit sich bringt, doch Millionen von uns sitzen den ganzen Tag am Schreibtisch, wo sich die negativen Auswirkungen dieser Inaktivität immer weiter akkumulieren. Im mittleren Alter versucht ein Bruchteil von uns, wöchentlich Sport zu treiben, weil es nun einmal gesund ist, während die Mehrheit von uns unglaublich träge ist.

Wussten Sie, dass es umso mehr der Gesundheit Ihres Gehirns zugutekommt, je mehr Schritte (im buchstäblichen Sinne) Sie machen, um fitter zu werden? Es ist zwar kein Zaubermittel, um unser Gedächtnis zu verbessern, aber regelmäßiges Wandern oder auch nur flottes Spazierengehen reichen aus, um unser Gehirn zu fördern. Auch Tanzen, Gartenarbeit oder Arbeiten im Haushalt bringen Ihr Hirn auf Vordermann. Körperliche Aktivität hat direkte, positive Auswirkungen auf die Struktur und Funktion unseres Gehirns. Führt man hingegen ein im wahrsten Sinne des Wortes sesshaftes Leben mit wenig oder gar keiner körperlichen Aktivität, dann erhöht sich das Risiko für Herzerkrankungen und Demenz.

Die innovativen Tipps in diesem Kapitel werden Sie zu mehr Bewegung zugunsten Ihrer Gehirngesundheit animieren. Wenn Sie dann noch ein Bewegungstagebuch führen und die gestellten Aufgaben machen, werden Sie Ihre körperliche Aktivität besser einschätzen können. Das hilft Ihnen, an Ihrer Fitness zu arbeiten und Ihre Gehirngesundheit zu stärken. Mithilfe der neu gewonnenen Informationen werden Sie Ihr persönliches Bewegungsprofil erstellen, sich Ziele setzen und im zweiten Teil dieses Kapitels einen Bewegungs-Aktionsplan entwickeln.

Doch werfen wir erst einmal einen Blick auf die Neurowissenschaften, um zu verstehen, warum körperliche Aktivität ein wahrer Segen für die Fitness unseres Gehirns ist und warum wir alle weniger sitzen sollten.

Kurze Frage: Bewegung

Denken Sie an Ihre typischen Verhaltensweisen (zählen Sie die Zeit, die Sie schlafen, nicht mit).

Wie viel Zeit verbringen Sie an einem typischen Arbeitstag sitzend oder liegend? _____

Wie viel Zeit verbringen Sie an einem typischen freien Tag sitzend oder liegend? _____

Was dem Gehirn guttut: Was hat körperliche Aktivität mit unserer Gehirngesundheit zu tun?

Mit seinen Milliarden von Neuronen ist das Gehirn das Organ im Körper mit dem höchsten Energiebedarf. *Unser Gehirn macht zwar nur zwei Prozent unseres Körpergewichts aus, benötigt dafür aber 20 bis 25 Prozent unserer Körperenergie, um richtig zu funktionieren.* Ausgehend von der Zahl der Neuronen, wie sie anhand der »Hirnsuppe-Methode« von der brasilianischen Forscherin Suzana Herculano-Houzel ermittelt wurde, braucht man sechs Kalorien, um eine Milliarde Neuronen zu steuern. Dies entspricht 516 Kalorien von den täglich aufgenommenen 2000 Kalorien, die somit nur dafür eingesetzt werden, unsere 86 Milliarden Neuronen am Laufen zu halten. Unser Gehirn verbraucht große Mengen Sauerstoff und Nährstoffe und muss permanent über die Bedürfnisse und verfügbaren Ressourcen unseres Körpers in Kenntnis gesetzt werden. Es ist auf ein breites, neuronales Netzwerk angewiesen, um diese Informationen zu erhalten. Unsere Fähigkeit zu lernen, zu denken und zu erinnern ist eng verknüpft mit unseren Blutzuckerspiegeln und der Fähigkeit unseres Gehirns, diese Energiequelle effizient zu nutzen. Aus dem vorangehenden Kapitel wissen Sie bereits, dass die Gesundheit unseres Gehirns eng mit der unseres Herzens zusammenhängt, ebenso mit dem Zustand der Blutgefäße, die schließlich Sauerstoff und Nährstoffe durch unseren Körper und zu unserem Gehirn befördern.

Um zu gedeihen, braucht unser Gehirn Sauerstoff; ohne diesen kann es nur wenige Minuten überleben. Deshalb ist Bewegung so wichtig für die Gehirngesundheit.

Wenn wir uns bewegen, befördert das Blut, das zu unserem Gehirn fließt, mehr Sauerstoff und Nährstoffe zu unseren Neuronen. Offenbar ist das Gehirn darauf ausgelegt, das auszunutzen, und wir gehen davon aus, dass die höheren Sauerstoffspiegel die Herausbildung neuer Nervenzellen stimulieren.

Körperliche Aktivität bezeichnet jede Art der Bewegung, bei der wir Energie verbrauchen. Damit sind die ganz gewöhnlichen Bewegungen in unserem Alltagsleben gemeint, die wir zu Hause, bei der Arbeit und in unserer Freizeit ausführen. Außerdem zählt Sport dazu – eine Unterkategorie mit einer bestimmten Struktur, Wiederholungen und planvoller Durchführung. Im Gegensatz zum unbestimmten Charakter von körperlicher Aktivität im Alltag hat Sport meistens einen Zweck, der mit der eigenen körperlichen Fitness zu tun hat.

Aufgabe: Bewegungstagebuch

Führen Sie von Tag 24 bis 30 ein **Bewegungstagebuch**. Notieren Sie darin, wie viel Zeit Sie mit jeder Aktivität bei der Arbeit, auf dem Weg zur Arbeit (in öffentlichen Transportmitteln), zu Hause, in der Freizeit verbringen und wie lange pro Tag Sie sitzen. Diese Detailinformationen (Arbeit, Beförderung, zu Hause, Freizeit) werden Sie benutzen, um den IPAQ (*International Physical Activity Questionnaire*), einen international angewendeten Fragebogen zur körperlichen Aktivität, weiter hinten im Kapitel auszufüllen. Wenn Sie einen Fitnesstracker tragen oder eine App in Gebrauch haben, die Ihre körperliche Aktivität aufzeichnet, können Sie diese benutzen, um das Tagebuch und den Fragebogen weiter unten auszufüllen. WICHTIG: Notieren Sie nur Aktivitäten, die mindestens zehn Minuten dauern.

Dauer: Notieren Sie die Dauer aller Aktivitäten in Minuten.

Moderate körperliche Aktivität: Moderate Aktivität bedeutet, dass Sie Tempo und Intensität als angenehm empfinden. Sie können sich noch unterhalten, aber Ihr Pulsschlag und Ihre Atmung werden schneller. Es wird Ihnen schon langsam warm, und Sie schwitzen vielleicht ein wenig. Beispiele solcher moderaten Aktivitäten sind: flottes Gehen (10 Minuten pro Kilometer), Radfahren (bis zu 16 km/h), Standardtänze, mittelschnelles Schwimmen, Gartenarbeit und Tennis-Doppel.

Anstrengende Aktivität: Sie können sich nicht mehr unterhalten, sondern müssen sich stark auf die gerade ausgeübte Sportart konzentrieren. Sie atmen schwer, Ihr Puls geht schneller, und Sie schwitzen. Beispiele sind: Joggen, Laufen, Zirkeltraining, schwere Gartenarbeit, Tanzen (Hip-Hop, Salsa, Streetdance) und Sportarten wie Fußball, Squash, Aerobic, Einzeltennis.

Minuten insgesamt = Mo + Di + Mi + Do + Fr + Sa + So

Gesamtsitzdauer an Arbeitstagen in Minuten = Minuten insgesamt minus Wochenenden und freie Tage

MET-**Minuten pro Woche** sind die Menge an Energie, die Sie pro Woche für körperliche Aktivität gebrauchen (MET = *metabolic equivalent of task*, metabolisches Äquivalent).

- 1 MET ist die Menge Energie, die Sie verbrauchen, wenn Sie ruhen.
- Gehen = 3,3 METs (Beispiel: Wenn Sie gehen, verbrauchen Sie 3,3-mal so viel Energie, wie wenn Sie ruhen)
- Moderate Aktivität = 4 METs
- Anstrengende Aktivität = 8 METs

Notieren Sie die Dauer der jeweiligen Aktivität in Minuten. Berücksichtigen Sie nur jene Aktivitäten, die mindestens zehn Minuten ohne Unterbrechung ausgeführt wurden.

Am Ende des Buches finden Sie dazu eine ausgefüllte Matrix.

Art	Lebensbereich	Mo min	Di min	Mi min	Do min	Fr min	Sa min	So min	Tage*	Minuten insgesamt	MET-Minuten
Anstrengend	Arbeit										Anstrengend: Minuten insgesamt (Arbeit + Freizeit) x 8
	Freizeit										
											Anstrengend: MET-Minuten = _____
Moderat	Arbeit										Moderat: Minuten insgesamt (Arbeit + zu Hause + Freizeit) x 4
	zu Hause										
	Freizeit										Moderat: MET-Minuten = _____
Gehen	Arbeit										Gehen: Minuten insgesamt (Arbeit + Pendeln + Freizeit) x 3,3 Gehen: MET-Minuten = _____
	Öffentlicher Nahverkehr										
	Freizeit										
MET-Minuten insgesamt											Anstrengend + Moderat + Gehen = _____
Minuten sitzend											Wochentage sitzend insgesamt
	Arbeit										
	Andere										

* Anzahl der Tage, an denen Sie der Aktivität nachgehen.

Wenn Sie die körperlichen Aktivitäten einer Woche notiert haben, benutzen Sie bitte diese Informationen, um *Aufgabe: IPAQ* weiter unten auszufüllen.

Verwenden Sie die Informationen dieser Tabelle, um die Fragen 2 und 3 in Teil 2 dieses Kapitels (Gesundheitsziele: Bewegung) zu beantworten.

Aufgabe: IPAQ

Die IPAQ-Fragen betreffen die sieben Tage, die Sie im Bewegungstagebuch protokolliert haben. Antworten Sie auf jede Frage, auch wenn Sie sich nicht als sportlich aktiven Menschen sehen.

1. An wie vielen Tagen dieser Woche sind Sie einer anstrengenden körperlichen Aktivität nachgegangen?

Anzahl der Tage: _____

Gehen Sie weiter zu Frage 3, wenn Sie keiner anstrengenden Aktivität nachgegangen sind.

2. Wie viel Zeit haben Sie gewöhnlich an einem dieser Tage mit der anstrengenden Aktivität verbracht?

Anzahl Minuten pro Tag: _____

3. An wie vielen Tagen dieser Woche sind Sie einer moderaten körperlichen Aktivität nachgegangen? Bitte nicht die Zeit einschließen, die Sie mit Gehen verbracht haben.

Anzahl der Tage: _____

Gehen Sie weiter zu Frage 5, wenn Sie keine moderate Aktivität ausgeübt haben.

4. Wie viel Zeit haben Sie gewöhnlich an einem dieser Tage mit der moderaten Aktivität verbracht?
    Anzahl Minuten pro Tag: _____

5. An wie vielen Tagen sind Sie mindestens zehn Minuten lang am Stück zu Fuß gegangen?
    Anzahl Tage pro Woche: _____

Gehen Sie weiter zu Frage 7, wenn Sie in Ihrem Tagebuch keine Geh-Aktivitäten vermerkt haben.

6. Wie viel Zeit haben Sie gewöhnlich an einem dieser Tage mit Gehen verbracht?
    Anzahl Minuten pro Tag: _____

7. Wie viel Zeit haben Sie an einem Arbeitstag mit Sitzen verbracht?
    Anzahl Minuten pro Arbeitstag: _____

Was Ihr IPAQ-Ergebnis bedeutet
Um zu berechnen, ob Ihre körperliche Aktivität hoch, mittel oder niedrig ist, müssen Sie sowohl die Intensität Ihrer Aktivitäten (MET-Minuten) als auch die Anzahl an Tagen, an denen Sie die Aktivität ausgeübt haben, berücksichtigen.[*]

---

[*] Wenn Sie an einem Tag länger als 180 Minuten gegangen oder eine mäßige oder anstrengende Aktivität ausgeübt haben, dann notieren Sie bitte

Tage anstrengende Aktivität (IPAQ-Frage 1): _____
    MET-Minuten anstrengende Aktivität (Bewegungstage-buch): _____
Tage moderate Aktivität (IPAQ-Frage 3): _____
    MET-Minuten moderate Aktivität (Tagebuch): _____
Tage Gehen (IPAQ-Frage 5): _____
    MET-Minuten Gehen (Tagebuch): _____

Folgen Sie den untenstehenden Anleitungen, um Ihr Aktivitätslevel zu bestimmen. *Am Ende des Buches finden Sie dazu eine ausgefüllte Matrix.*

Hohe Aktivitätslevel

Die zwei Kriterien für »hoch« sind:

- Anstrengende Aktivität an mindestens drei Tagen pro Woche, sodass man ein Minimum von insgesamt 1500 MET-Minuten pro Woche erreicht,
  ODER
- sieben oder mehr Tage mit einer beliebigen Kombination aus Gehen, moderater oder anstrengender körperlicher Aktivität, sodass man ein Minimum von insgesamt 3000 MET-Minuten pro Woche erreicht.

Um die Kriterien für die Klassifizierung »hoch« zu erfüllen, muss Ihre Kombination aus Gehen, moderater und/oder an-

---

trotzdem lediglich 180 Minuten. Somit wäre das Maximum pro Woche 21 Stunden pro Aktivitätskategorie (7 x 3 Stunden).

strengender Aktivität eine Summe von mindestens sieben Tagen pro Woche ergeben.

Wenn Sie beispielsweise an vier Tagen eine moderate Aktivität und an drei Tagen »Gehen« notiert haben, dann erfüllen Sie das Kriterium der sieben Tage.

Genauso gilt: Wenn Sie an drei Tagen anstrengende körperliche Aktivitäten und an drei Tagen moderate Aktivitäten notiert haben und an drei Tagen außerdem länger als zehn Minuten am Stück zu Fuß gegangen sind, dann ergibt das insgesamt ebenfalls mindestens sieben Tage (hier mathematisch gesehen neun).

Moderate Aktivitätslevel

Wenn man an den meisten Tagen jeweils insgesamt dreißig Minuten mit moderaten körperlichen Aktivitäten verbringt, dann gilt das als »mittel«.

Dafür müssen folgende Kriterien erfüllt werden:

- Drei oder mehr Tage mit anstrengenden Aktivitäten, mindestens zwanzig Minuten täglich
  ODER
- Fünf oder mehr Tage mit moderaten Aktivitäten und/ oder mindestens dreißig Minuten Gehen pro Tag
  ODER
- Fünf oder mehr Tage mit einer beliebigen Kombination aus Gehen, moderaten oder anstrengenden Aktivitäten, sodass man insgesamt mindestens 600 MET-Minuten pro Woche erreicht.

Erfüllen Sie eines der oben genannten Kriterien, gilt Ihr Aktivitätslevel als »mittel«.

Um als »mittel-aktiv« eingestuft zu werden, müssen Sie für mindestens fünf Tage aktiv gewesen sein.

Wenn Sie zwei Tage mit moderater körperlicher Aktivität und drei Tage mit Gehen notiert haben, dann sind das mindestens fünf Tage. Entsprechendes gilt, wenn Sie an zwei Tagen anstrengende körperliche Aktivität verrichtet haben, an zwei Tagen moderate körperliche Aktivität und an zwei Tagen zu Fuß gegangen sind. Dann ergibt das auch mehr als fünf Tage pro Woche (nämlich rein rechnerisch gesehen sechs).

Niedrige Aktivitätslevel

Ergebnisse, die die Kriterien für hohe oder mittlere Aktivitätslevel nicht erfüllen, werden als »niedrig« kategorisiert.

Ergebnis Aktivitätslevel:

Hoch   ☐
Mittel ☐
Niedrig ☐

Verwenden Sie Ihr Ergebnis des IPAQ, um Frage 1 in Teil 2 dieses Kapitels (Gesundheitsziele: Bewegung) zu beantworten.

Gesundheitsempfehlungen

Sicherlich kennen Sie die offiziellen Gesundheitsempfehlungen, die fünf Mal pro Woche eine moderate körperliche Aktivität von dreißig Minuten nahelegen. Dabei sollten Sie wissen: Diese Empfehlungen basieren auf körperlichen Aktivitäten in der Freizeit. Wenn Sie die *Aufgabe: IPAQ* ausgefüllt haben, werden Sie verstanden haben, dass dreißig Minuten moderate Aktivität an fünf Tagen pro Woche in all Ihren Lebensphasen extrem wenig wäre. Im Grunde ist das die Menge an Bewegung, die ein Erwachsener nebenbei an jedem beliebigen Tag verrichtet. Wenn wir durch körperliche Aktivität in allen Lebensbereichen die Fitness unseres Gehirns fördern wollen, dann müssen wir die Latte höher hängen.

Mit höheren Aktivitätslevln streben wir größere gesundheitliche Vorteile an. Es gibt keine einheitlichen, offiziellen Angaben zu der genauen Menge an Aktivität, die man benötigt, um die maximalen gesundheitlichen Vorteile zu erlangen, doch laut den Berechnungen des IPAQ bedarf es dazu täglich mindestens einer Stunde einer mindestens moderaten Aktivität, die über dem Basisniveau liegt. Geht man von einem Basisniveau von 5000 Schritten pro Tag aus, gelten entsprechend 12 500 Schritte pro Tag oder das entsprechende Äquivalent an moderater beziehungsweise anstrengender körperlicher Aktivität als hohes Aktivitätslevel.

Körperliche Betätigung ist gut für die Gesundheit unseres Gehirns, denn sie fördert den Blutkreislauf und die Versorgung mit Sauerstoff und Nährstoffen. Zudem reduziert sie das Risiko kardiovaskulärer sowie zerebrovaskulärer[27] Erkrankungen, wie etwa eines Schlaganfalls. Sport und Bewegung wirken sich positiv auf die Risikofaktoren von kardiovaskulären Erkrankungen und von Demenz aus, inklusive Bluthochdruck, Adipositas und Typ-2-Diabetes. Das Gehirn wird dadurch weniger Neurotoxinen wie Beta-Amyloiden ausgesetzt, die zu Alzheimer führen können.

Veränderungen im Gehirn

Körperliche Aktivität verändert das Gehirn im wahrsten Sinne des Wortes. Anscheinend verstärkt sie nämlich die Verknüpfungen im Gehirn, indem die Ausschüttung des Wachstumsfaktors BDNF angeregt wird. Zudem stärkt sie die Gehirnzellen und unterstützt das Wachstum neuer Zellen, was in gewisser Weise auch erklärt, warum unser Gehirn im Alter weniger schrumpft, wenn wir körperlich aktiv bleiben. Körperliche Aktivität macht unser Gehirn zudem plastischer. Das bedeutet, dass unsere Hirnregionen (wie Hippocampus und präfrontaler Kortex) der Herausforderung des Lernens besser gerecht werden und Gedächtnis, Konzentration und Geschwindigkeit, mit der wir Informationen verarbeiten, sich steigern.

Bewegung hilft auch dabei, dass die Verknüpfungen zwischen den Neuronen in unserem Gehirn besser funktionieren. Sind emotionales Zentrum (Amygdala) und Kontrollzentrum (präfrontaler Kortex) stark miteinander verknüpft dann ist es für uns leichter, ein gesundes Körpergewicht zu halten. Denn durch die stärkeren Verbindungen bekommen wir eine bessere Kontrolle über unsere Impulse und Gefühle, wozu natürlich auch unsere Impulse und Gelüste in Bezug auf Essen zählen. Selbstverständlich hilft Bewegung auch in Sachen Gewicht, denn dabei verbrennen wir Kalorien.

Positive Nebeneffekte

Neben den Vorteilen für unsere körperliche Gesundheit bewirkt körperliche Betätigung einige schöne Nebeneffekte wie die Ausschüttung von Botenstoffen im Gehirn, sogenannten Endorphinen, die für ein Wohlgefühl sorgen. Endorphine heben die Stimmung und reduzieren Symptome von Depression, Stress und Angst. Daher kann körperliche Aktivität auch einige der negativen Auswirkungen von chronischem Stress auf das Gehirn abfangen, denn Bewegung und Sport reduzieren den Kortisolspiegel.

Das Aufrechterhalten unserer körperlichen Fitness kann helfen, auch im Alter noch selbstständig leben zu können, und gibt uns nicht weniger, sondern mehr Energie, um die Dinge zu tun, die wir tun möchten. Aktiv zu sein heißt nämlich auch, dass wir tiefer schlafen, und Schlaf ist unerlässlich für unser Gehirn. Menschen, die mehr zu Fuß gehen, fühlen sich weniger einsam und sind meistens sozial aktiver.

Sport, Gedächtnis und Demenz

Haben Sie jemals ein Abo bei einem Fitnessstudio abgeschlossen und es nur selten oder gar nie genutzt? Oder haben Sie sich zum neuen Jahr vorgenommen, fitter zu werden, aber haben dann doch nur jeden Abend ab Februar wieder vor dem Fernseher oder Laptop gelegen? Vielleicht hätten Sie den Stepper oder das Laufband ja nicht so schnell links liegen gelassen, wenn Sie gewusst hätten, dass Sport Ihr Gehirn und Ihren Hintern in Form bringt und noch dazu Ihr Demenzrisiko senkt.

Im Vergleich zu Menschen, die viel sitzen, haben nicht nur Menschen mit hohen Aktivitätslevels ein niedrigeres Risiko, ihre kognitiven Fähigkeiten einzubüßen, sondern auch solche, die auf niedrigem Niveau oder moderat aktiv sind. Menschen Ende fünfzig und Anfang sechzig, die körperlich aktiv sind, sind in Sachen kognitive Fähigkeiten, episodisches Gedächtnis, Verarbeitungsgeschwindigkeit und exekutive Funktionen Menschen, die nicht aktiv sind, überlegen.

Die meisten Studien, die die Auswirkungen körperlicher Aktivität auf das Gedächtnis und andere kognitive Funktionen untersuchen, befassen sich mit Erwachsenen über 55 Jahren. Doch eine Studie, in der 17 Jahre lang jüngere Erwachsene beobachtet wurden, fand heraus, dass sportliche Betätigung im

Alter von 36 Jahren mit einem langsameren Gedächtnisverlust im Alter zwischen 43 und 53 Jahren assoziiert ist. Menschen, die im Alter von 36 und von 43 Jahren Sport getrieben haben, wiesen im Alter von 53 Jahren den geringsten Gedächtnisverlust auf. Menschen hingegen, die im Alter von 36 Jahren mit Sport aufhörten, waren weniger gegen Gedächtnisverlust geschützt als jene, die in diesem Alter mit einer Sportart begannen.

Allgemein gesagt: Menschen, die zeitlebens sportlich aktiv sind, sind im späteren Leben kognitiv leistungsfähiger und halten dieses Niveau auch länger. Doch anscheinend hat es Vorteile, wenn wir erst im Alter eine Sportart wieder aufnehmen oder mit einer neuen beginnen.

Kurz und gut: Werden Sie körperlich aktiv.

Was dem Gehirn schadet: Was passiert in unserem Gehirn, wenn wir uns nicht bewegen?

Tägliche Bewegung entsprechend den allgemeinen Empfehlungen mag gut für Hirn und Herz sein, doch das ist nur die halbe Miete, denn körperliche Untätigkeit und ein sehr bewegungsarmes Leben mit viel Sitzen stellen bereits Gesundheitsrisiken per se dar. Somit ist es zwar gut und schön, wenn wir eine halbe Stunde Sport pro Tag treiben, aber es ist ebenso wichtig, was wir den restlichen Tag über tun. Gehen Sie morgens eine Runde laufen und sitzen dann den ganzen Tag vor dem Computer, ohne sich zu bewegen, oder gehen Sie nach Feierabend eine

Stunde ins Fitnessstudio und liegen anschließend den Rest des Abends vor dem Fernseher?

Körperliche Untätigkeit

Den allgemeinen Empfehlungen für körperliche Betätigung nachzukommen reicht nicht aus. Sie müssen auch bedenken, wie viel Zeit Sie körperlich inaktiv sind, denn auch durch die vielen Stunden, die wir sitzend verbringen, erhöht sich unser Risiko für chronische Krankheiten.

Während körperliche Aktivität direkte positive Auswirkungen auf Struktur und Funktion des Gehirns hat, steht körperliche Untätigkeit in Verbindung mit zahlreichen kardiovaskulären Risikofaktoren wie Diabetes und Bluthochdruck, die wiederum das Demenzrisiko erhöhen. Körperliche Untätigkeit kann auch Depressionen auslösen oder verschlimmern. Tatsächlich sind über vier Millionen Alzheimer-Fälle weltweit auf körperliche Untätigkeit zurückzuführen. Wenn wir älter werden, tendieren wir dazu, weniger aktiv zu sein, und diese Bewegungsarmut kann vorzeitiges Altern, Herzkrankheiten, Depressionen und Übergewicht auslösen.

Körperliche Untätigkeit beschleunigt den Alterungsprozess, während körperliche Aktivität ihn verlangsamt. Es liegt also in Ihrer Hand.

Die Sitz-Falle

Wir sollten nicht nur körperlich aktiver werden, sondern auch weniger sitzen. Unsere gesellschaftliche Obsession in Sachen Sitzen ist ehrlich gesagt verheerend für unsere Herzgesundheit. Längeres Sitzen verlangsamt unseren Metabolismus und schwächt die Fähigkeit des Körpers, den Blutdruck und den

Blutzucker eigenständig zu regulieren und Körperfett abzubauen. Deshalb ist es einleuchtend, warum langes Sitzen mit
einem erhöhten Risiko für kardiovaskuläre Erkrankungen und
Typ-2-Diabetes einhergeht. Zudem steht es im Zusammenhang
mit Übergewicht und Adipositas.

Die nachteiligen Auswirkungen von Bewegungsarmut und
Sitzen treten auch ein, wenn wir die Leitlinien zu körperlicher
Aktivität erfüllen. Noch einmal zur Wiederholung: Auch wenn
Sie die empfohlenen 150 Minuten Sport pro Woche treiben,
bleiben die durch langes Sitzen verursachten Risiken für Ihr
Herz bestehen. Körperliche Untätigkeit ist einer der sieben be-
einflussbaren Risikofaktoren für Demenz und ein Hauptfaktor
für Herzerkrankungen, die häufigste Todesursache weltweit.

Im Schnitt verbringen wir, zusätzlich zu der Zeit, die wir
schlafen, sieben Stunden im Sitzen oder Liegen. Was halten Sie
davon? Wir verbringen den Großteil unseres Tages auf unserem
Hintern vor dem Computer, am Schreibtisch, vor dem Fernseher, hinter dem Steuer des Autos, im Bus, in der U-Bahn, in der
Tram oder im Zug. Wenn wir von zu Hause aus arbeiten, wird
es noch schlimmer. Sitzt man als Kind bereits viel, bleiben diese
Verhaltensmuster auch im Erwachsenenalter bestehen, weshalb
es nicht nur wichtig ist, unsere eigenen Gewohnheiten zu ändern, sondern auch unsere Kinder und Enkelkinder dazu zu
bringen, sich mehr zu bewegen und weniger zu sitzen.

Erwachsene, die täglich nach eigener Angabe mehr als vier
Stunden vor einem Bildschirm sitzen, sind anfälliger für Herzinfarkte im Vergleich zu Erwachsenen, die täglich weniger als
zwei Stunden vor einem Fernseher oder einem anderen Bild-
schirmmedium sitzen. Übergewichtige Menschen sitzen täglich 2 Stunden und 15 Minuten länger als schlanke Menschen.

In der Vergangenheit aßen schlanke Menschen deutlich mehr als wir heute, aber sie verbrannten auch mehr Energie als wir, da sie sich mehr zu Fuß bewegten.

Das ist keine komplizierte Wissenschaft. Wenn wir sitzen, verbrennen wir im Schnitt eine Kalorie pro Minute. Im Stehen sind es zwei Kalorien und vier, wenn wir gehen.

Ältere Erwachsene liegen oder sitzen täglich zwischen achteinhalb und zehn Stunden. Soziale Normen, die uns vorschreiben, es im Alter langsamer angehen zu lassen, sind da keine Hilfe. Das Altern selbst ist hier nämlich nicht das Problem, sondern wir erfahren einen drastischeren Abbau unserer Fähigkeiten, weil wir uns zu wenig bewegen und meistens das Sitzen anderen Optionen vorziehen. Wenn wir uns mehr bewegen und weniger sitzen, sorgen wir für einen deutlich langsameren körperlichen Abbau im hohen Alter. Wenn Sie älter werden, sollten Sie weniger sitzen, nicht mehr.

Sitzen wir also stundenlang an demselben Platz, dann reduzieren sich durch den Bewegungsmangel die Durchblutung unseres Gehirns sowie die Menge an Sauerstoff, die ins Gehirn transportiert wird. Folglich können wir uns schlechter konzentrieren. Hocken wir mit eingezogenen Schultern zusammengekauert am Schreibtisch, dann sorgt diese gekrümmte Haltung dafür, dass sich die Lungen nicht richtig ausdehnen können. Der Brustraum ist verkleinert, sodass unsere Lungen weniger Sauerstoff aufnehmen.

Wenn Sie also über einen längeren Zeitraum sitzen, dann verbrennen Sie Fett nicht so gut, wie wenn Sie sich bewegen, denn langes Sitzen deaktiviert vorübergehend das Enzym, das Fett abbaut. Zudem kann stundenlanges Sitzen, wenn man zudem nicht zwischendurch aufsteht, die Arterien in den Beinen verengen und so die Durchblutung behindern. Das wiederum erhöht den Blutdruck und kann über längere Zeit zu Herzkrankheiten führen, die sich ebenfalls negativ auf die Gesundheit des Gehirns auswirken.

Kurz und gut: Sitzen Sie weniger.

Zusammenfassung

- Sport ist entscheidend für ein gesundes Gehirn. Er erhält die Durchblutung und die Versorgung des Gehirns mit Sauerstoff und Nährstoffen aufrecht und senkt das Risiko für kardiovaskuläre Erkrankungen sowie für einen Schlaganfall.
- Körperliche Aktivität sorgt zudem für weniger Neurotoxine, unter anderem Beta-Amyloid, ein Peptid, das bei Alzheimer eine Rolle spielt.
- Körperliche Aktivität fördert das Wachstum neuer Neuronen im Hippocampus und sorgt dafür, dass die Verbindungen zwischen den Neuronen besser funktionieren.
- Körperliche Untätigkeit ist mit einer Reihe von kardiovaskulären Risikofaktoren assoziiert, darunter Diabetes und Bluthochdruck, die wiederum das Demenzrisiko erhöhen.
- Körperliche Untätigkeit steht ebenfalls in einem Zusammenhang mit Depressionen.
- Etwa vier Millionen Fälle von Alzheimer weltweit lassen sich wahrscheinlich auf körperliche Untätigkeit zurückführen.

- Körperliche Untätigkeit beschleunigt den Alterungsprozess, während körperliche Aktivität ihn verlangsamt.
- Sport und eine gesunde Ernährung ermöglichen nicht nur ein längeres Leben, sondern auch ein besseres.
- Sitzen über einen längeren Zeitraum verlangsamt den Metabolismus und beeinträchtigt dadurch die Fähigkeit des Körpers, Blutdruck und Blutzucker zu regulieren und Fett abzubauen.

Das Gehirn auf neue Wege bringen: Was Sie dafür tun können

Körperliche Aktivität ist unerlässlich für ein gesundes Gehirn. Da wäre es schlichtweg dumm, dies nicht jeden Tag zu beherzigen. Wenn Sie körperlich aktiv werden, reduzieren Sie Ihr Risiko für mehr als dreißig chronische Krankheiten, darunter Herzkrankheiten und Demenz. Sie werden nicht nur länger, sondern auch besser leben. Zusätzlich stärkt körperliche Aktivität auch Ihre anderen gesunden Gewohnheiten, die Ihrem Gehirn zugutekommen, denn sie hilft Ihnen, ein angemessenes Gewicht zu halten, mit Stress und Stimmungsschwankungen umgehen zu können, und sorgt außerdem für einen besseren Schlaf.

Jeder Tag hat 1440 Minuten, verbringen Sie also mindestens dreißig davon mit irgendeiner körperlichen Aktivität. Doch diese dreißig Minuten sind nicht alles: Verändern Sie außerdem Ihre Sitzgewohnheiten und bewegen Sie sich über den Tag verteilt mehr. Die folgenden Tipps bieten Ihnen ein paar praktische Ansätze, um aktiv in Ihre Gehirngesundheit zu investieren.

ZEHN PRAKTISCHE TIPPS,
UM KÖRPERLICH AKTIV ZU WERDEN

1. Treiben Sie jeden Tag Sport.
2. Sicherheit hat oberste Priorität.
3. Sitzen Sie weniger.
4. Stehen Sie mehr.
5. Strecken Sie sich.
6. Bewegen Sie sich mehr.
7. Verzichten Sie zugunsten aktiver Hobbys auf Fernsehen oder andere Bildschirmtätigkeiten.
8. Trainieren Sie Kraft und Gleichgewicht.
9. Machen Sie Pausen und erholen Sie sich.
10. Haben Sie Spaß.

1. Treiben Sie jeden Tag Sport

Nehmen Sie sich vor, täglich Sport zu treiben, ganz egal in welchem Alter. Denn Sport ist ein wahres Multitalent: gut für Körper, Geist und Gehirn. Daher sollte Sport nicht nur eine Option und auch kein Luxusgut sein, sondern vielmehr eines der wichtigsten Dinge, die Sie für Ihr Herz und Ihr Gehirn tun können. Sport sollte also zu Ihrer Alltagsroutine gehören.

Pro Woche sollten Sie mindestens 150 Minuten moderate aerobe Aktivitäten oder 75 Minuten intensive körperliche Aktivitäten verrichten. Leitlinien empfehlen, dies auf fünf Tage aufzuteilen, was an sich ein guter Rat ist, doch in meinen Augen kein Grund dafür, zwei Tage faul zu sein. Seien Sie lieber jeden Tag körperlich aktiv, egal in welcher Form.

Wenn Sie sich bereits regelmäßig bewegen, dann ist das toll – Ihr Herz und Ihr Gehirn profitieren schon davon. Warum steigern Sie die Zeit, die Sie mit Sport verbringen, nicht um zehn Prozent oder variieren Ihre Routine etwas, indem Sie neue Varianten einbringen? Wenn Sie bis jetzt noch nie Sport gemacht haben, dann fangen Sie klein an – warum gehen Sie nicht einfach nach dem heutigen Abendessen eine Viertelstunde spazieren?

Unterschätzen Sie nicht die positiven Auswirkungen von Gehen. Menschen, die mehr und länger spazieren gehen, schlafen besser und länger. Gehen steht im Zusammenhang mit schärferem Denken, größerer Kreativität und besserer Stimmung. Außerdem kann es helfen, die kognitive Leistungsfähigkeit zu steigern und unser Gehirn zu verjüngen. Ganz egal, wie mobil oder fit Sie sind, Sie müssen einen Weg finden, körperlich aktiv zu werden.

2. Sicherheit hat oberste Priorität

Im Allgemeinen ist körperliche Aktivität in jedem Alter sicher. Menschen, die sich viel bewegen, neigen seltener zu Verletzungen als Menschen, die das nicht tun. Achten Sie beim Sport immer auf Ihre Sicherheit und fragen Sie Ihren Arzt um Rat, bevor Sie mit einer neuen Sportart oder Aktivität beginnen, wenn Sie:

- über fünfzig sind und nicht an anstrengende körperliche Aktivitäten gewöhnt sind.
- eine diagnostizierte chronische Erkrankung haben, wie etwa Diabetes, eine Herzkrankheit oder Osteoarthritis, oder wenn Sie an Symptomen wie Schmerzen oder Engegefühl im Brustbereich, Schwindelgefühlen oder Gelenkschmerzen leiden.

Strengen Sie sich entsprechend Ihrer körperlichen Fitness an. Wenn Sie an einer chronischen Krankheit, an Bewegungseinschränkungen oder einer degenerativen Erkrankung leiden und deshalb die empfohlene Menge an körperlicher Aktivität nicht erreichen können, seien Sie so aktiv, wie es Ihnen möglich ist. Ist Ihre Mobilität oder Gesundheit derart beeinträchtigt, dass eine regelmäßige körperliche Aktivität zur Herausforderung wird, seien Sie kreativ, recherchieren Sie ein wenig oder fragen Sie die Sie betreuenden Ärzte und Gesundheitsexperten nach Vorschlägen, damit Sie entsprechend Ihren Möglichkeiten gefahrlos aktiv sein können.

- Fangen Sie langsam an und bauen Sie Ihr Aktivitätslevel nach und nach auf, vor allem wenn Sie längere Zeit nicht körperlich aktiv waren.
- Bringen Sie in Erfahrung, welche Art und Menge von Aktivität die richtige für Sie ist.
- Wählen Sie für Sie passende Aktivitäten.
- Suchen Sie einen sicheren Ort für diese Aktivität.
- Verwenden Sie die entsprechende Sicherheitsausrüstung: einen Helm beim Fahrradfahren, die richtigen Schuhe beim Gehen oder Laufen.
- Achten Sie darauf, beim Sport ausreichend zu trinken.
- Wärmen Sie sich vor dem Sport auf und dehnen Sie sich.
- Wenn Sie sich matt fühlen oder Ihnen schwindlig ist, wenn Sie Schmerzen haben oder sich unwohl fühlen, hören Sie sofort mit der jeweiligen Aktivität auf.

Schon dreißig Minuten Bewegung pro Tag können das Risiko eines Herzinfarkts reduzieren. Wenn Sie länger keinen Sport getrieben haben, fangen Sie klein an – teilen Sie die halbe Stunde in zwei oder drei kürzere Einheiten auf, aber achten Sie darauf, mindestens zehn Minuten am Stück aktiv zu sein. Finden Sie Möglichkeiten, Bewegung in Ihren Alltag zu integrieren – gehen Sie zu Fuß zur Arbeit oder nehmen Sie öfters die Treppe statt den Fahrstuhl.

3. Sitzen Sie weniger

Längere Sitzphasen sollten Sie unterbrechen, indem Sie sich zwischendurch mindestens ein oder zwei Minuten bewegen. Wenn Sie bei Ihrer Arbeit viel und lange sitzen, dann stehen Sie spätestens alle zwei Stunden auf und laufen Sie ein wenig herum, wenn Sie ein junger Erwachsener sind, und jede Stunde, wenn Sie ein älterer Erwachsener sind. Wenn ich über längere Zeiträume an meinem Laptop arbeite, was meistens der Fall ist, dann stelle ich mir einen Alarm ein, der mich jede halbe Stunde daran erinnert, mich für einige Minuten zu bewegen. Es ist sehr wichtig, zu Hause oder im Büro lange Sitzphasen vor dem Bildschirm zu vermeiden. Wenn Sie an einem Schreibtisch arbeiten, dann bleiben Sie nicht für jede Aufgabe sitzen. Öffnen Sie Ihre Post und telefonieren Sie im Stehen. Wenn Kollegen regelmäßige »Raucherpausen« einlegen dürfen, dann machen Sie doch einfach Bewegungspausen, in denen Sie ein Stück zu Fuß gehen, um Ihre Sitzzeiten zu reduzieren. In Tee- oder Kaffeepausen sollten Sie auch lieber herumlaufen, anstatt zu sitzen. Stehen Sie nach dem Mittagessen vom Tisch auf und laufen Sie etwas, bleiben Sie nicht über die gesamte Mittagspause sitzen.

Versuchen Sie nicht zu lange vor dem Fernseher, Computer oder der Spielkonsole zu sitzen. Wenn Sie Probleme damit haben, täglich eine halbe Stunde Sport zu treiben, ist es ziemlich verrückt, täglich mehr als eine oder zwei Stunden fernzusehen. Das Leben ist zu kurz und wertvoll dafür. Fernsehen ist toll, verstehen Sie mich nicht falsch – ich liebe meine neue TV-Anlage! Doch es ist und bleibt eine passive Tätigkeit, die unser (im wahrsten Sinne des Wortes) »sesshaftes« Verhalten verstärkt. Es geht ja nicht darum, Fernsehen oder ähnliche Aktivitäten komplett aus dem Leben zu verbannen, sondern um ein gesundes Gleichgewicht und darum, dass wir uns bewusst entscheiden, wie wir unsere kostbare Zeit nutzen wollen. Überlegen Sie im Vorhinein, ob Sie sich selbst Grenzen setzen wollen. Achten Sie bewusst darauf, wie lange Sie sitzen, ohne sich zwischendurch zu bewegen.

Stehen Sie in den Werbepausen oder nach dem Abschluss eines Levels in einem Spiel auf, laufen Sie etwas herum, gehen Sie die Treppe hinauf und wieder hinunter. Wenn Sie Sport im Fernsehen schauen, dann tun Sie das doch zum Teil im Stehen. Bewegen Sie sich mindestens einmal pro Stunde, wenn möglich jede halbe Stunde. Wenn Sie gern zu Hause Binge-Watching betreiben, dann zwingen Sie sich dazu, zwischen zwei Folgen aufzustehen und sich kurz zu bewegen. Sie werden sehen: So widerstehen Sie der Versuchung, an einem einzigen Abend die ganze Staffel zu schauen.

4. Stehen Sie mehr

Verbringen Sie mehr Zeit im Stehen, aber übertreiben Sie es nicht. Zu langes Stehen ohne die Möglichkeit, sich kurz zu setzen, ist auch nicht gesund. Die Kunst besteht darin, beim Stehen und Sitzen abzuwechseln und sowohl zu langes Stehen als auch zu langes Sitzen zu vermeiden. *Versuchen Sie, Stehen als eine Form von Sport zu sehen. Wenn Sie die Zeit, die Sie täg-*

lich mit Sitzen verbringen, von acht auf sechs Stunden redu-
zieren, indem Sie zwei Stunden davon stehen, dann hat diese
Veränderung den gleichen Effekt, wie wenn Sie im Jahr sechs
Marathons laufen würden. Nehmen Sie sich fest vor, bei bestimmten Tätigkeiten zu stehen, zum Beispiel beim Telefonieren und auf dem Weg zur Arbeit im Bus oder in der Bahn.
Stehen Sie dabei nicht zu lange in der gleichen Körperhaltung
und tragen Sie keine hohen Schuhe, wenn Sie längere Zeit stehen müssen.

Tatsächlich funktioniert unser Gehirn besser, wenn wir stehen. Langes Sitzen ist nicht nur schlecht für unsere Gesundheit,
sondern kann außerdem zu geistiger Erschöpfung führen, und
Bewegungsmangel kann unseren Körper sogar in den Schlaf-
modus versetzen.

Steh-Schreibtische sind eine tolle Erfindung, doch Sie müssen nicht gleich einen kaufen: Improvisieren Sie einfach, indem
Sie Ihren Laptop auf eine Kiste auf Ihrem Schreibtisch stellen.
Vielleicht können Sie Besprechungen oder Gespräche im Stehen absolvieren. Sir Muir Gray, Professor in Oxford, Mediziner
und Gesundheitsberater, der lautstark vor den tödlichen Gefahren von zu langem Sitzen warnt, verbringt ein Viertel seines
Arbeitstages im Stehen. Er ist in dieser Hinsicht sehr diszipli-
niert und achtet darauf, dass er alle zwei Stunden eine halbe
Stunde steht. Ich selbst habe das ausprobiert; man braucht viel
Disziplin und auch eine gewisse Planung im Vorhinein. Ich arbeite noch immer daran.

5. Strecken Sie sich

Sie verbringen einen Großteil Ihres Tages im Sitzen, deshalb
ist es umso wichtiger, dass Sie die Schäden einer schlechten

Körperhaltung begrenzen. Halten Sie im Sitzen den Kopf aufrecht, er sollte weder nach oben oder unten noch zur Seite geneigt sein. Gegebenenfalls müssen Sie dafür Ihren Arbeitsplatz etwas umbauen. Drücken Sie Ihr Becken so weit wie möglich im Stuhl nach hinten und stellen Sie die Höhe des Stuhls dann so ein, dass Ihre Knie etwas tiefer als Ihre Hüfte sind und Ihre Füße den Boden mit der gesamten Sohle berühren.

Sie müssen nicht starr sitzen, entspannen Sie sich ruhig und finden Sie eine gute Position für sich. Versuchen Sie, Ihre Füße nicht unter den Stuhl zu schieben oder die Beine überzuschlagen. Im Idealfall sollte der Computerbildschirm direkt vor Ihnen stehen, der obere Rand etwa gut fünf Zentimeter höher als Ihre Augen. Wenn Sie an einem Laptop arbeiten, müssen Sie ihn wahrscheinlich auf einige dicke Bücher oder eine Kiste stellen.

Wenn Sie stehen, achten Sie auf gerade, gleichmäßig nach hinten gerollte Schultern und benutzen Sie Ihre Bauchmuskeln, um sich gerade zu halten. Achten Sie auch beim Gehen auf Ihre Haltung: Rollen Sie die Füße gut ab, spannen Sie Bauch und Gesäß an, damit sie im Gleichklang mit Ihrem Körper sind. Machen Sie keinen krummen Rücken oder blicken gar auf Ihre Füße. Nehmen Sie die Welt um sich herum wahr. Gehen ist eine tolle Gelegenheit, die Sinne zu bereichern, und kann fast wie eine Meditation wirken.

Wenn Ihr Sportprogramm Laufen beinhaltet, dann schauen Sie auch hier geradeaus, beugen Sie den Oberkörper nicht nach vorn, halten Sie die Schultern gerade und heben Sie die Knie nicht zu hoch an. Wenn Sie mehr Zeit im Stehen und mit Sport verbringen, dann werden Sie besser schlafen. Ist Ihre Matratze jedoch bereits etwas abgenutzt, dann überlegen Sie sich, ob es nicht an der Zeit ist, eine neue, straffere zu kaufen.

6. Bewegen Sie sich mehr

Wir alle haben ein so vollgestopftes, geschäftiges Leben, dass wir manchmal das Gefühl haben, der Tag habe zu wenige Stunden. Ich verstehe das, und jeden Tag etwa ins Fitnessstudio zu gehen kann sehr viel Zeit in Anspruch nehmen – Zeit, von der wir glauben, sie nicht zu haben. Doch Sport ist eine Investition in unsere Gesundheit, in unseren Körper, in unser Leben. Sagen Sie sich, dass Sie es wert sind. Integrieren Sie mehr Bewegung in Ihren Alltag.

- Steigen Sie ein paar Bus- oder Bahnhaltestellen eher aus.
- Parken Sie absichtlich etwas weiter von Ihrem Ziel entfernt.
- Wenn möglich, gehen oder fahren Sie mit dem Rad zur Arbeit.
- Nehmen Sie so oft wie möglich die Treppe.
- Gehen Sie etwas herum, während Sie telefonieren.
- Gehen Sie zu einem Kollegen, wenn Sie mit ihm sprechen müssen, anstatt ihm eine E-Mail zu schreiben.
- Treffen Sie sich mit Freunden auf einen Spaziergang statt zum Kaffeetrinken.
- Arbeiten im Haushalt zählen zu den moderaten körperlichen Aktivitäten; erledigen Sie diese mit Begeisterung.

7. Verzichten Sie zugunsten aktiver Hobbys auf Fernsehen oder andere Bildschirmtätigkeiten

Reduzieren Sie die Zeit, die Sie vor dem Bildschirm verbringen, und ersetzen Sie diese Zeit durch ein aktives Hobby wie Gartenarbeit, Basteln und Handwerkern, Tanzen, Trommeln, Wandern, Vögel beobachten oder Jonglieren. Hauptsache, es gefällt

Ihnen, und Sie fühlen sich gut dabei! Vielleicht ist es auch eine Option, sich bei Aktivitäten der Gemeinde zu engagieren, sich einer Walking-Gruppe anzuschließen, Tanzstunden zu nehmen oder bei Reinigungsaktionen im Park oder am örtlichen Strand freiwillig mitzumachen.

8. Trainieren Sie Kraft und Gleichgewicht

Aerobe Sportarten sind gut für Herz und Gehirn, aber Sie sollten auch mindestens an zwei oder drei Tagen pro Woche Ihre Energie darauf verwenden, Kraft aufzubauen und Ihr Gleichgewicht zu trainieren. Dabei geht es um Aktivitäten, die alle Muskelgruppen kräftigen (Beine, Hüfte, Rücken, Bauch, Schultern und Arme).

Knochenstärkende Aktivitäten umfassen flottes Gehen, moderates Eigengewichtstraining, Treppenlaufen, Einkaufstüten tragen, Übungen mit Therabändern, Graben, schwere Gartenarbeit und Training auf Crosstrainern.

Muskelkräftigende Übungen umfassen Gewichtheben an Geräten, Hanteltraining, Übungen mit Therabändern, Graben, Heben, Einkaufstüten tragen, Zirkeltraining und Steppaerobic. Vor einigen Monaten habe ich mit Gewichtstraining angefangen und kann das sehr empfehlen. Paradoxerweise empfinde ich es als ziemlich entspannend. Wenn Sie damit beginnen wollen, organisieren Sie sich professionelle Anleitungen oder einen Trainer, damit Sie sicher und korrekt trainieren.

Es gibt verschiedene Möglichkeiten, das Gleichgewicht zu schulen: seitwärts gehen, einen Fuß vor den anderen setzen, auf einem Bein stehen, ein Bein nach hinten ausstrecken, ein Bein zur Seite ausstrecken. Stehen statt Sitzen, Yoga und Tai-Chi verbessern ebenfalls unseren Gleichgewichtssinn. Achten

Sie stets auf die eigene Sicherheit, doch viele dieser Übungen lassen sich leicht in den Alltag einbauen. Warum mal nicht auf dem linken Bein stehen, wenn Sie morgens Ihre Zähne putzen, und abends beim Zähneputzen dafür auf dem rechten? Oder gehen Sie beim Staubsaugen seitlich und strecken ein Bein nach hinten aus, vielleicht sogar zu Musik?

Kraft- und Gleichgewichtsübungen sind besonders wichtig, wenn wir älter werden, denn sie stärken Knochen und Muskeln und minimieren das Risiko von Stürzen. Das kann uns im Alter die Angst vor Stürzen nehmen, die leider einer der häufigsten Gründe ist, warum Menschen weniger aktiv werden und sich in ihrer Bewegungsintensität einschränken, wodurch sie wiederum Gelegenheiten für soziale Kontakte im späteren Leben verpassen.

9. Machen Sie Pausen und erholen Sie sich

Jedes Sportprogramm sollte ausreichend Zeit für Ruhe und Erholung beinhalten. Schlaf, Flüssigkeitszufuhr und Nahrungsaufnahme sind wichtige Aspekte der Regeneration. Übertreiben Sie es nicht mit dem sportlichen Ehrgeiz und dehnen Sie sich immer vor körperlichen Aktivitäten. Wärmen Sie sich vor dem Sport gut auf; machen Sie vor dem Training dynamische Dehnübungen und statische danach. Achten Sie darauf, wie Sie Ihren Tag organisieren. Setzen Sie sich realistische Ziele. Stellen Sie keine zu hohen, unrealistischen Anforderungen an sich. Stellen Sie sicher, dass Sie Tage für Ruhe und Regeneration einplanen.

10. Haben Sie Spaß

Haben Sie einfach Spaß. Drehen Sie die Musik auf, wenn Sie kochen oder den Haushalt machen. Oder legen Sie Ihren Lieblingssong auf und tanzen Sie in der Küche, im Schlafzimmer oder im Büro. Rhythmus und Musik können hochmotivierend sein.

Entscheiden Sie sich für eine Sportart und werden Sie aktiv. Bei Mannschaftsportarten kommen Sie zusätzlich noch in den Genuss, Zeit gemeinsam mit anderen Menschen zu verbringen. Spielen Sie aktiv mit Ihren Kindern, Enkelkindern, Nichten oder Neffen. Das tut auch ihnen gut. Suchen Sie sich einen Tennis- oder Golfpartner und spielen Sie gemeinsam. Wenn wir gemeinsam mit Freunden körperlich aktiv werden, steigert das meist die Freude an der Bewegung. Und wenn der Sport mehr Spaß macht, bleiben wir eher am Ball.

Dieses Kapitel habe ich mit der Bemerkung begonnen, dass wir als Kinder aus reiner Freude rennen und springen. Und ich möchte es mit einem Aufruf, Spaß zu haben, schließen. Zu oft sehen wir Sport als etwas an, das wir tun müssen. Ein weiterer lästiger Punkt auf der To-do-Liste, etwas Unangenehmes, das abgehakt werden muss. Mein Vorschlag ist: Lächeln Sie, wenn Sie Sport treiben. Diese kleine Veränderung kann wirklich etwas bewirken. Wenn Sie beim Sport lächeln, dann reduzieren Sie die Muskelspannung, verbessern die Effizienz Ihrer Anstrengungen und sorgen dafür, dass sich die Übung leichter anfühlt und mehr Spaß macht. Mehr über die positiven Effekte von Lächeln auf unser Gehirn und einer positiven Einstellung lesen Sie im nächsten Kapitel.

Bewegung – Teil 2
Ziele – Aktionsplan – Persönliches Profil

Setzen Sie sich Ziele, erstellen Sie Ihren Aktionsplan und Ihr persönliches Bewegungsprofil.

Gesundheitsziele: Bewegung

Wenn Sie die folgenden Fragen beantworten, Ihr Bewegungstagebuch und die Ergebnisse Ihres IPAQ zu Rate ziehen, dann hilft Ihnen das, Bewegungsziele zu bestimmen und somit Ihre Gehirngesundheit zu fördern.

Frage 1: Körperliche Aktivität
Laut *Aufgabe: Bewegungstagebuch* und *Aufgabe: IPAQ* ist mein Aktivitätslevel:

Hoch ☐
Mittel ☐
Niedrig ☐

Bewegungsziel Nummer 1
Ich möchte mein Aktivitätslevel erhöhen. ☐
Kein Eingreifen erforderlich: Meine Aktivitätslevel sind optimal für meine Gesundheit. ☐

Frage 2: Körperliche Aktivität – Verteilung

Mit Blick auf die Ergebnisse von *Aufgabe: Bewegungstagebuch* und *Aufgabe: IPAQ* habe ich:

eine gleichmäßige Verteilung zwischen moderater und intensiver körperlicher Aktivität:

Ja   ☐

Nein ☐

Basierend auf meinen gewöhnlichen Aktivitäten habe ich

eine gute Verteilung zwischen aeroben, Kraft- und Gleichgewichtsübungen:

Ja   ☐

Nein ☐

Bewegungsziel Nummer 2

Ich möchte folgende Aktivitäten stärker verfolgen:

Moderat Aktivität   ☐

Intensive Aktivität   ☐

Gehen   ☐

Ich möchte folgende Aspekte verbessern:

Kraft ☐

Gleichgewicht   ☐

Aerobe Aktivität   ☐

Kein Eingreifen erforderlich: Ich bin zufrieden mit der Aufteilung meiner körperlichen Aktivitäten. ☐

Frage 3: Sitzen

Arbeit, die Sie sitzend verrichten, sollte durch Phasen, in denen Sie stehen, unterbrochen werden, und umgekehrt. Dazu am besten während eines Arbeitstages Pausen vom Sitzen einlegen, sodass Sie pro Tag insgesamt mindestens zwei Stunden stehen und leichte Bewegung bekommen (entspanntes Gehen). Das ultimative Ziel wäre es, diese zwei Stunden auf vier Stunden täglich auszuweiten.

Orientieren Sie sich an den Ergebnissen von *Aufgabe: Bewegungstagebuch* und *Aufgabe: IPAQ*

Während eines Wochentages sitze ich insgesamt: _____

Während eines Wochentages sitze ich im Schnitt: (Gesamtwert aller Wochentage durch fünf teilen, sofern Sie fünf Tage pro Woche arbeiten) _____

Bewegungsziel Nummer 3

Ich möchte lange Sitzphasen unterbrechen. ☐

Ich möchte die Gesamtdauer, die ich täglich sitze, reduzieren. ☐

Kein Eingreifen erforderlich: Meine tägliche Sitzzeit liegt im gesunden Bereich, und ich sitze nicht lange am Stück ohne Unterbrechung. ☐

Füllen Sie die folgende Tabelle mithilfe der Angaben zu Ihren Bewegungszielen aus. Das hilft Ihnen, Ihre aktuellen gesundheitsfördernden Gewohnheiten zu identifizieren und diejenigen Gewohnheiten zu priorisieren, die ein Eingreifen erfordern. Kreuzen Sie das entsprechende Feld an und übertragen Sie anschließend die Punkte, an denen Sie arbeiten müssen, in den Aktionsplan (Seite 315).

	Gesund	Eingreifen erforderlich	Priorität*
Mittlere Aktivitätslevel			
Hohe Aktivitätslevel			
Gehen			
Sitzen			
Arbeit			
Öffentlicher Nahverkehr			
Zu Hause			
Freizeit			
Aerobic			
Muskelstärkend			
Knochenstärkend			
Gleichgewicht			
Andere			

* Hoch, mittel oder niedrig

Aktionsplan: Bewegung

Tragen Sie Ihre Bewegungsgewohnheiten, die ein Eingreifen erfordern, aus der vorangehenden Tabelle in die Spalte »Aktion« der folgenden Tabelle ein. Geben Sie an, ob der jeweilige Punkt relativ leicht zu vollziehen ist (»kurzfristig«) oder ob die Veränderung dieser speziellen Gewohnheit mehr Mühe und Zeit in Anspruch nehmen wird (»langfristig«). Die zehn Tipps, die Sie auf den Seiten 300 bis 310 gelesen haben, sollten Ihnen helfen, jede Aktion in einzelne, gut durchzuführende Schritte zu zerlegen. Geben Sie den einzelnen Aktionen Nummern für die Reihenfolge, in der Sie an ihnen arbeiten möchten (1 = zuerst in Angriff nehmen).

Aktion	Reihenfolge	Schritte	Kurzfristig	Langfristig

Persönliches Profil: Bewegung

Orientieren Sie sich an Ihren Ergebnissen des Abschnitts **Gesundheitsziele: Bewegung** und füllen Sie die folgende Tabelle aus. Geben Sie an, ob Ihre Ergebnisse gesund, grenzwertig oder ungesund sind. Anschließend können Sie bestimmen, ob Ihr aktuelles Verhaltensmuster Ihrer Gehirngesundheit zugutekommt oder ein Risiko darstellt, das diese beeinträchtigt und Sie im späteren Leben anfällig für Demenz macht. Geben Sie schließlich die Aspekte an, an denen Sie arbeiten oder die Sie verbessern oder beibehalten möchten, und ordnen Sie diese nach Priorität in Ihrem maßgeschneiderten Gesamtplan für ein gesundes Gehirn in Kapitel 9.

Aspekt	Gesund	Grenzwertig	Ungesund	Stärke	Risiko	Beibehalten	Verbessern	Eingreifen	Priorität
Aktivitätslevel									
Aktivitätsart									
Sitzen									
Gesamt									

In 100 Tagen zu einem jüngeren Gehirn

TAGE 24 BIS 30: IN BEWEGUNG KOMMEN

Inzwischen sollten Sie ein klares Bild von Ihren aktuellen körperlichen Aktivitätslevlen, Ihren persönlichen Zielen und den Maßnahmen haben, die Sie ergreifen sollten, um die Gesundheit Ihres Gehirns zu stärken. Ihr Bewegungsprofil werden Sie im weiteren Verlauf des 100-Tage-Plans mit den anderen von Ihnen erstellten Profilen kombinieren, um dann in Kapitel 9 das Gesamtprofil Ihrer Gehirngesundheit zu erstellen. Zudem werden Sie mindestens eine Ihrer Maßnahmen zum Thema Bewegung auswählen und in diesen Gesamtplan integrieren.

100-TAGE-TAGEBUCH

Sie können die Schritte, die Sie auf dem Weg zur Erfüllung Ihrer Gesamtziele erreicht haben, in das 100-Tage-Tagebuch am Ende des Buches (Seite 387–410) eintragen. Zum Beispiel:

- Ich bin heute zwei Haltestellen eher aus dem Bus gestiegen.
- Ich habe in der Küche getanzt, als mein Lieblingssong im Radio gespielt wurde.
- In der Arbeit habe ich heute die Treppen statt den Fahrstuhl genommen.
- Ich habe an meinem Telefon einen Alarm eingestellt, damit ich jede Stunde aufstehe und ein paar Schritte gehe, anstatt den ganzen Tag am Schreibtisch zu sitzen.

Sie können auch Ihre guten, die Gesundheit fördernden Gewohnheiten in dieses Tagebuch aufnehmen, um sie angemessen zu würdigen.

8

Ändern Sie Ihre Einstellung

An sich ist nichts weder gut noch schlimm,
das Denken macht es erst dazu.

William Shakespeare – Hamlet

Einstellung – Teil 1

Unser Gehirn verfügt über die Fähigkeit, sich selbst körperlich und funktional entsprechend unseren Erfahrungen und unserem Verhalten zu verändern. Diese natürliche Neuroplastizität bedeutet, dass unser Gehirn sich ebenfalls entsprechend unserem Denken verformen kann. Das heißt: Sie können Ihr Gehirn nicht nur durch das formen, was Sie bewusst tun, sondern auch mittels der Art und Weise, wie Sie über das Leben denken und ihm gegenüber eingestellt sind.

Wenn es um Ihre Gehirngesundheit geht, reicht es nicht aus, nur Ihr Verhalten zu ändern. Sie müssen sich auch um Ihre Gedanken, Einstellungen, Wahrnehmungen kümmern, und zwar gründlich. Ihre Einstellung zum Älterwerden, zu Ihrem Erinnerungsvermögen, ja selbst zum abstrakten Konzept von Glück kann Ihr Gehirn tatsächlich verändern und Ihre Zukunft zugunsten oder zulasten Ihrer Gehirngesundheit gestalten.

Wenn Sie jeden Tag mit der Einstellung angehen, dass Sie

nun einmal sind, wer Sie sind, und daran nichts ändern können, dann berauben Sie sich vielleicht der Möglichkeit, die Gesundheit Ihres Gehirns zu stärken.

Ändern Sie Ihre Einstellung zum Thema Älterwerden, dann verändert das womöglich, wie Sie tatsächlich altern. Die praktischen Tipps in diesem Kapitel werden Ihnen helfen, Ihre Einstellung nachhaltig zu verändern; die Aufgaben verleihen Ihnen persönliche Einblicke, dank derer Sie Ihre Einstellung zugunsten Ihrer Gehirngesundheit verändern können. Mithilfe dieser Informationen werden Sie Ihr persönliches Einstellungsprofil erstellen, sich Ziele setzen und Ihren dazu passenden Aktionsplan im zweiten Teil dieses Kapitels entwickeln.

Dieses Kapitel erklärt, wie Lächeln, das Ignorieren von Stereotypen zum Thema Altern und die Übernahme einer positiven Grundeinstellung gegenüber dem Älterwerden nicht nur Ihr Gedächtnis stärken, sondern auch Ihr Leben verlängern können.

Kurze Frage: Einstellung

Wann haben Sie zuletzt gelächelt?

_____ / _____ /   Zeit _____

Wie oft lächeln Sie täglich? _____

Was dem Gehirn guttut: Wie wirkt sich unsere Einstellung auf das Gehirn aus?

Lächeln

Das Verarbeiten von Erinnerungen kann durch eine Belohnung unterstützt werden. Wenn wir in ein lächelndes Gesicht blicken, fühlt sich das für uns wie eine Belohnung an. Wir erinnern uns besser an lächelnde Gesichter als an überraschte, wütende oder ängstliche. Schnell erinnern wir uns an die Namen der Menschen, die uns angelächelt haben. Diese verstärkte Erinnerung an lächelnde Gesichter rührt daher, dass die Regionen unseres Gehirns, die für Belohnungen zuständig sind, unser Gedächtnis beeinflussen.

Das Belohnungssystem im Gehirn hat sich entwickelt, um uns zu bestimmten Verhaltensweisen zu motivieren, wie essen, trinken und Sex haben – also Aktivitäten, die uns am Leben erhalten und das Fortbestehen unserer Spezies sichern. Um unsere Überlebenschancen zu verbessern, steuert das Belohnungssystem im menschlichen Gehirn unsere Triebe, Gelüste und Motivationen, es löst positive Emotionen wie Freude aus, um die Zahl der Interaktionen, von denen wir profitieren, zu steigern.

Wenn Sie zum Beispiel ein Dreifach-Sandwich essen, schütten bestimmte Neuronen in einem bestimmten Bereich Ihres Gehirns, der für Belohnungen zuständig ist, den Neurotransmitter Dopamin aus, der bei Ihnen wiederum für das Empfinden von Freude oder Gefallen sorgt. Um sicherzustellen, dass Sie dieses Essverhalten wiederholen, sind die Belohnungszentren in Ihrem Gehirn mit den Steuerzentren für Erinnerungen und Verhalten verbunden. Wenn der Verzehr des besagten

Sandwichs in Ihrer Erinnerung mit Freude verbunden ist, ist es somit sehr wahrscheinlich, dass Sie das Sandwich noch einmal essen wollen.

Neben der Optimierung von Interaktionen mit Dingen, die unserem Überleben zuträglich sind, muss das Gehirn unsere Interaktion mit Dingen, die uns schaden, möglichst gering halten. Das Angstzentrum im Gehirn ist darauf ausgelegt, auf uns aufzupassen. Es gibt eine Überschneidung zwischen den Angst- und den Belohnungsnetzwerken im Gehirn. Grundsätzlich verspüren wir bei der Aktivierung dieser Systeme Angst, und wir erlernen diverse Assoziationen, damit unser Verhalten angeregt, konditioniert, verstärkt, belohnt und/oder bestraft wird. Das bedeutet, dass wir Essen, Dinge, Gegenstände, Ereignisse, Menschen, Aktivitäten und Situationen bevorzugen oder meiden, je nachdem, ob Sie bei uns Freude oder Schmerz hervorgerufen haben. Eine Sache unterscheidet uns von Tieren: unsere Fähigkeit, Belohnungen anzustreben, die uns erst nach Monaten oder sogar Jahren winken – wie etwa das Sparen für ein Eigenheim, das Lernen für Prüfungen, das Engagement für eine Beförderung oder auch das Absolvieren eines 100-Tage-Plans für ein gesünderes Gehirn.

Lustzentren

Die Kernstrukturen unseres Belohnungssystems befinden sich im limbischen Gehirn, das evolutionär gesehen für den »Kampf-oder-Flucht-Reflex« zuständig ist. Über die wichtigsten Strukturen, den Hippocampus, den Hypothalamus und die Amygdala, haben Sie in diesem Buch bereits einiges gelesen, da sie eng mit dem Lernen, dem Gedächtnis, den Emotionen, den Stimmungen und auch Angst und Stress verbunden sind. Dieses limbische System ist auch an der Ausschüttung von Hormonen beteiligt und steuert unbewusst Körperfunktionen wie Appetit und Gefühlszustände.

Der Neurotransmitter Dopamin spielt eine zentrale Rolle bei der Kontrolle der Belohnungs- und Lustzentren in unserem Gehirn, denn er reagiert auf alles, ganz egal, ob Nahrung, Sex oder Drogen. Dopamin ist auch entscheidend für Gedächtnis und Bewegung, denn es ermöglicht uns, etwas zu erkennen und auf die Belohnung zuzugehen oder uns ihr zu nähern: Wir greifen nach dem Sandwich, öffnen den Mund weit genug, um von allen drei Schichten unseres Maxi-Sandwich abzubeißen, sie zu kauen und anschließend zu schlucken. Wenn eine Belohnung lockt, dann erhöht das Gehirn die Freisetzung von Dopamin. Während Dopamin überall im Gehirn zu finden ist, gibt es ein kohärentes Dopamin-Belohnungs-Motivations-System, das mehrere zentrale Bereiche des Gehirns umfasst, inklusive des präfrontalen Kortex.

Der orbitofrontale Kortex ist Teil des präfrontalen Kortex und befindet sich – wie der Name schon sagt – an der Vorderseite des Gehirns, genau über unseren Augenhöhlen (Orbita). Er ist eng mit den Teilen des Gehirns verbunden, die Informationen unserer Sinne verarbeiten (zum Beispiel dem visuellen Kortex) und den Hirnstrukturen, die für Emotionen (Amygdala) und Erinnern (Hippocampus) zuständig sind. Der orbitofrontale Kortex hilft zu bestimmen, wie lohnend etwas ist. Im Grunde kodiert er die Dinge, die wir schmecken, riechen, berühren, hören und sehen, nach dem Wert ihrer Belohnung, was dazu führt, dass wir das Dreifach-Sandwich als lohnender oder bereichernder empfinden als etwa einen Spinatsalat.

Aufgeschlossene Gesichter

Wenn es um das Erinnern von Gesichtern und Namen geht, werden unser orbitofrontaler Kortex und unser Hippocampus signifikant aktiviert, sobald wir erfolgreich ein Gesicht dem korrekten Namen zuordnen. Interessanterweise sind diese Aktivierungen stärker bei der Erinnerung an glückliche oder zufriedene Gesichter als bei derjenigen an Gesichter mit einer neutralen Miene.

Wir benutzen Gesichtsausdrücke, um zu entscheiden, ob wir eine Person in einer sozialen Situation eher ansprechen oder eher meiden sollten. Wenn die besagte Person böse wirkt, empfinden wir womöglich Angst und meiden sie lieber. Zeigt sie jedoch eine zufriedene Miene und lächelt uns an, neigen wir dazu, sie anzusprechen. Lächelnde Gesichter aktivieren den Hippocampus und die linke Frontalregion des Gehirns. Im Gegensatz dazu aktiviert eine kritisch dreinblickende oder bedrohliche Miene den rechten vorderen Bereich und die dorsalen mittleren Hirnregionen. Diese Aktivierungsmuster bilden das ab, was wir auch Annäherungs-Vermeidungs-Motivation nennen.

Was hat das mit der Gehirngesundheit zu tun? Die Aktivierung des Gehirns für eine Annäherung steht im Zusammenhang mit einer optimalen Hirnfunktion sowie einer idealen Neuroplastizität und Neurogenese. Die durch Vermeidung ausgelöste Hirnaktivität hingegen unterdrückt das Wachstum neuer Neuronen höchstwahrscheinlich, um die Auswirkungen von stressbelasteten oder negativen Ereignissen auf das Gehirn einzuschränken. Unsere Fähigkeit, zu denken und Informationen zu verarbeiten, wird ebenfalls durch Belohnung gestärkt. Als allgemeine Regel gilt: Wir profitieren von sozialen Situationen, bei denen die soziale Interaktion auf der Kommunikation positiver Emotionen basiert.

Soziale Interaktionen begünstigen das Wachstum neuer Neuronen durch eine gesteigerte neurale Aktivität. Um in der Gesellschaft zu überleben, haben wir uns dahingehend entwickelt, dass wir unsere Intentionen, Motivationen und Emotionen durch Körperhaltung, Bewegungen und Gesichtsausdrücke kommunizieren können. Unser Gesicht ist ein starkes Kommunikationsmittel mit einem Repertoire an Ausdrücken, die wiederum das Verhalten anderer beeinflussen können. Menschen empfinden ein lächelndes Gesicht meist als attraktiv, freundlich, vertrauenswürdig und sogar vertraut.

Aufgabe: Glücklich sein

Kreisen Sie für jede Frage oder Aussage die Punktzahl ein, die am ehesten auf Sie zutrifft.

1. Im Allgemeinen betrachte ich mich als …

… nicht sehr glücklich						… sehr glücklich
1	2	3	4	5	6	7

2. Im Vergleich mit meinen Freunden betrachte ich mich als …

… weniger glücklich						… glücklicher
1	2	3	4	5	6	7

3. Manche Menschen sind von Grund auf glücklich. Sie genießen das Leben, egal, was gerade passiert, machen immer das Beste aus allem. Inwieweit trifft das auch auf Sie zu?

überhaupt nicht						sehr stark
1	2	3	4	5	6	7

4. Manche Menschen sind von Grund auf unglücklich. Sie sind zwar nicht depressiv, aber sie wirken nie wirklich glücklich. Inwieweit trifft diese Beschreibung auf Sie zu?

überhaupt nicht						sehr stark
1	2	3	4	5	6	7

Was Ihr Ergebnis bedeutet

Frage	Ihr Ergebnis	Ihre Punktzahl
1	Die Zahl, die Sie eingekreist haben	
2	Die Zahl, die Sie eingekreist haben	
3	Die Zahl, die Sie eingekreist haben	
4	Punkte wie folgt: 7=1, 6=2, 5=3, 4=4, 3=5, 2=6 und 1=7	
Gesamt	Addieren Sie Ihre Punkte aus den 4 Fragen	
Ihr Ergebnis	Teilen Sie die Gesamtzahl durch 4	

Das durchschnittliche Ergebnis hängt von mehreren Faktoren ab, aber allgemein kann man sagen, dass der mittlere Wert dieser Glücksskala zwischen 4,4 und 5,5 liegt – liegt Ihr Ergebnis über 5,6 dann sind Sie glücklicher als der Durchschnitt, liegt Ihr Ergebnis unter 4,4 dann sind Sie nicht so glücklich wie der Durchschnitt.

Übertragen Sie Ihr Ergebnis auf Frage 2 in Teil 2 dieses Kapitels (Gesundheitsziele: Einstellung).

Soziale Belohnung

Obwohl unsere Belohnungszentren durch Geld aktiviert werden, sind die Menschen, die mit ihrem Leben am zufriedensten sind, meistens nicht jene mit dem meisten Geld, sondern die Menschen mit den stärksten sozialen Bindungen. Unser Gehirn empfindet nämlich physisches Vergnügen, wenn wir sozial belohnt werden. Das kann durch die Belohnung mit einem Lächeln geschehen, durch die Zusammenarbeit mit anderen, durch Anerkennung, die uns andere zuteilwerden lassen, oder auch dann, wenn unser Ansehen sich verbessert. Die Macht sozialer Belohnung wird offensichtlich, wenn wir uns vergegenwärtigen, dass die meisten Menschen – sofern man ihnen die Wahl lässt – stärker durch soziale als durch finanzielle Belohnungen motiviert werden.

Natürliches Antidepressivum

Wenn wir jemandem ein Lächeln schenken, dann werden im Gehirn Dopamin, Serotonin und Endorphine ausgeschüttet, und wir fühlen uns gut. Lächeln aktiviert die Belohnungsschaltkreise in unserem Gehirn. Dank ihrer hervorgehobenen Rolle beim Thema Lust und Belohnung steigert Dopamin unser Empfinden von Glück und Zufriedenheit, während das durch unser Lächeln freigesetzte Serotonin als natürliches Antidepressivum und die Endorphine als natürliches Schmerzmittel agieren. Lächeln sorgt also dafür, dass wir zufrieden und entspannt sind; es fördert unsere Gehirngesundheit, weil es Hormone freisetzt, die den Blutdruck senken, das Immunsystem stärken und uns vor Stress, Depression und Angstzuständen schützen.

Glücksauslöser

Lächeln ist nicht nur die Folge von guter Laune, es kann auch die Ursache sein! Wir betrachten Lächeln als etwas Spontanes, Unbewusstes, ausgelöst durch Freude oder Zufriedenheit, aber rein wissenschaftlich gesehen kann Lächeln auch Glücksgefühle auslösen. Durch das bloße Heben unserer Mundwinkel können wir also bereits unsere Gehirngesundheit stärken. Trotz – oder vielleicht gerade wegen – seiner hohen Komplexität lässt sich unser Gehirn durch ein gestelltes Lächeln austricksen und setzt die entsprechenden Glückshormone frei.

Vielleicht erinnern Sie sich noch an die Spiegelneuronen aus Kapitel 5: Sie werden aktiv, sobald wir eine andere Person bei einer Tätigkeit beobachten, aber auch dann, wenn wir selbst an dieser Aktion teilnehmen. Sehen wir also, wie jemand lächelt, dann sorgen unsere Spiegelneuronen auch für ein Lächeln in unserem Gesicht. Menschen ahmen von Natur aus nach. Unbewusst neigen wir dazu, ganz automatisch die Gesichtsausdrücke anderer zu imitieren. Interessant daran ist, dass diese Imitation nicht nur an der Oberfläche stattfindet. Das bedeutet, die Nachahmung des Gesichtsausdrucks betrifft nicht nur die Hirnareale, die für Bewegungen der Muskeln zuständig sind, sondern auch jene, die Gefühlszustände auslösen. Wenn wir also ein lächelndes Gesicht sehen, dann löst es bei uns nicht nur ein oberflächliches Lächeln als Reaktion aus, sondern auch authentische Glücksgefühle.

Rechte oder linke Gehirnhälfte

Optimismus und Pessimismus sind Sichtweisen auf die Zukunft, die sich an einem Kontinuum positiver oder negativer Resultate orientieren. Unsere Tendenz zu einer dieser zwei Sichtweisen ist kontextabhängig. Beispielsweise haben wir das Gefühl, jede Liebesbeziehung, die wir eingehen, ist zum Scheitern verurteilt, während wir beruflich stets mit Erfolg rechnen. Diese Tendenz kann sich mit der Zeit ändern. Wir alle kennen Tage, an denen wir alles durch eine rosarote Brille sehen und hochoptimistisch sind, aber genauso gut haben wir auch düstere Tage, an denen die Wolken so tief hängen, dass wir uns nur von Unheil und Dunkelheit umfangen sehen. Die folgende Aufgabe dient dazu, Ihre Grundorientierung im Leben festzustellen, ob Sie also eher zu Optimismus oder zu Pessimismus neigen.

Aufgabe: Test zur Grundorientierung
(Life-Orientation-Test)

Geben Sie eine ehrliche Einschätzung zu den zehn unten aufgeführten Aussagen ab. Versuchen Sie, die Aussagen separat voneinander zu betrachten. Es gibt keine richtigen oder falschen Antworten. Antworten Sie entsprechend Ihren Gefühlen und denken Sie nicht daran, was wohl die »meisten Menschen« antworten würden.

A = Trifft uneingeschränkt zu
B = Trifft ein bisschen zu
C = Teils/Teils
D = Trifft eher nicht zu
E = Trifft überhaupt nicht zu

		A, B, C, D oder E
1	Auch in unsicheren Zeiten rechne ich normalerweise mit dem Besten.	
2	Mir fällt es leicht zu entspannen.	
3	Wenn etwas in meinem Leben schieflaufen kann, dann tut es das auch.	
4	Ich bin immer optimistisch in Bezug auf meine Zukunft.	
5	Ich genieße es sehr, Freunde zu haben.	
6	Mir ist es wichtig, immer etwas zu tun zu haben.	
7	Ich rechne kaum damit, dass Dinge so laufen, wie ich möchte.	
8	Ich rege mich nicht sonderlich schnell auf.	
9	Ich rechne selten damit, dass mir etwas Gutes widerfährt.	
10	Insgesamt rechne ich damit, dass mir mehr Gutes als Schlechtes widerfährt.	

Was Ihr Ergebnis bedeutet

		Punktzahl
1	A=4, B=3, C=2, D=1, E=0	
2	A=0, B=0, C=0, D=0, E=0	
3	A=0, B=1, C=2, D=3, E=4	

		Punktzahl
4	A=4, B=3, C=2, D=1, E=0	
5	A=0, B=0, C=0, D=0, E=0	
6	A=0, B=0, C=0, D=0, E=0	
7	A=0, B=1, C=2, D=3, E=4	
8	A=0, B=0, C=0, D=0, E=0	
9	A=0, B=1, C=2, D=3, E=4	
10	A=4, B=3, C=2, D=1, E=0	
	Mein Gesamtergebnis	

Dieser »Life-Orientation-Test« (überarbeitete Version, LOT-R) misst generalisierten Optimismus versus Pessimismus. Es gibt keinen wirklichen Grenzwert für Optimismus oder Pessimismus, aber allgemein kann ein Durchschnittsergebnis von 14 bis 15 angenommen werden. Haben Sie ein höheres Ergebnis erzielt, dann sind Sie optimistischer als der Durchschnitt, bei einem niedrigeren Ergebnis sind Sie pessimistischer veranlagt als der Durchschnitt.

Übertragen Sie Ihr Ergebnis auf Frage 1 in Teil 2 dieses Kapitels (Gesundheitsziele: Einstellung).

Optimismus ist assoziiert mit einer besseren Gesundheit und einem längeren Leben. Treffen wir auf einen optimistisch eingestellten Menschen, der damit rechnet, gemocht zu werden, finden wir diesen Menschen sympathisch und beginnen, ihn zu mögen. Unsere Einstellung beeinflusst, wie widerstandsfähig und belastbar wir sind, vor allem wenn uns Schlechtes widerfährt. Optimisten sind meist zäher, hartnäckiger und in der Tat gegenüber Unglücken oder Schwierigkeiten widerstandsfähiger.

Optimisten fangen sich nach schlimmen Erfahrungen wieder, weil sie daran glauben, dass die schlechten Dinge nur vorübergehend sind; sie sehen eher einen einzelnen Rückschlag als ein endgültiges Scheitern. Zudem neigen sie nicht dazu, spezifische Dinge oder Erlebnisse zu etwas Universellem zu generalisieren. Damit meine ich, dass sie da ein einzelnes Hindernis sehen, wo ein Pessimist eine quasi unüberwindbare Hürde erblickt, die sein Weiterkommen unmöglich macht.

Zudem neigen Optimisten dazu, mehrere mögliche Ursachen anzuerkennen und sich selbst seltener die Schuld zu geben als Pessimisten. Pessimisten geben oft auf, versuchen es nicht lange und verlieren schnell die Hoffnung, was zu Depressionen führen kann. Optimisten hingegen schaffen mehr Möglichkeiten für sich selbst. Ihre Zukunft ist heller, denn sie sagen sich, dass sie heller sein wird.

Natürlich spielen bei jeder Erfahrung, die wir machen, beide Gehirnhälften eine Rolle. Während die rechte Gehirnhälfte stärker auf negative Informationen in unserer Umgebung reagiert, ist die linke empfänglicher für positive Informationen. Blickverlaufsstudien zeigen, dass Optimisten negative oder unangenehme Dinger kürzer anschauen als Pessimisten. Die Aufmerksamkeit eines Optimisten ist auf die positiven Dinge in der jeweiligen Umgebung ausgerichtet.

Wer hat die Kontrolle?

Wenn Sie der Überzeugung sind, dass alles, was in Ihrem Leben geschieht, durch Kräfte von außen kontrolliert wird, dann haben Sie eine externale Kontrollüberzeugung. Glauben Sie hingegen, dass Sie der Herrscher über Ihr eigenes Schicksal sind, dann haben Sie eine internale Kontrollüberzeugung. Wie Sie Ihre eigene Fähigkeit, die Kontrolle über wichtige Aspekte in Ihrem Leben zu haben, einschätzen, wirkt sich auf Ihre Einstellung aus.

Menschen mit einer externalen Kontrollüberzeugung betrachten Ereignisse als etwas, das sie passiv erleiden müssen, bestimmt durch Glück, Schicksal oder Zufall. Menschen mit einer internalen Kontrollüberzeugung haben das Gefühl, ihr Schicksal selbst in der Hand zu haben, und sehen sich in einer sehr aktiven Rolle, was die Erfolge und Misserfolge in ihrem Leben sowie die eigenen Gestaltungsmöglichkeiten angeht. Sie glauben daran, ihre Zukunft selbstbestimmt gestalten und die Welt und ihre Mitmenschen beeinflussen zu können.

Während eine internale Kontrollüberzeugung stark mit der Aktivierung der linken Hirnhälfte im Zusammenhang steht, wird bei einer externalen Kontrollüberzeugung vorwiegend die rechte aktiviert. Pessimisten neigen zu einer externalen Kontrollüberzeugung, Optimisten zu einer internalen. Angstgefühle sind eng mit unserer Kontrollwahrnehmung verbunden, weshalb Menschen mit externaler Kontrollüberzeugung anfälliger für Angst und Furcht sind. Menschen mit internaler Kontrollüberzeugung hingegen sind meist glücklicher, weniger gestresst und depressiv – eine wahre Wohltat für die Gehirngesundheit. Die folgenden Fragebögen betreffen das Thema Depression und geben Ihnen eine Orientierung, ob Sie eher zu einer internalen oder einer externalen Kontrollüberzeugung tendieren.

Aufgabe: Kontrollüberzeugung

Kreuzen Sie pro Punkt die Aussage (a oder b) an, die am ehesten wiedergibt, wie Sie sich fühlen.

☐ 1a. Viele unglückliche Ereignisse im Leben sind teilweise einfach Pech.

☐ 1b. Das Unglück im Leben der Menschen resultiert aus den Fehlern, die sie machen.

☐ 2a. Einer der Hauptgründe, warum es Kriege auf der Welt gibt, besteht darin, dass Menschen sich nicht genug für Politik interessieren.

☐ 2b. Es wird immer Kriege geben, ganz egal wie sehr die Menschen versuchen, sie zu verhindern.

☐ 3a. Auf lange Sicht bekommen Menschen in dieser Welt den Respekt, den sie verdienen.

☐ 3b. Leider bleibt der Wert eines einzelnen Menschen häufig unbeachtet, egal wie sehr er sich auch bemüht.

☐ 4a. Die Vorstellung, Lehrer seien ungerecht zu Studenten, ist Unsinn.

☐ 4b. Vielen Studenten ist gar nicht klar, inwieweit ihre Noten von zufälligen Ereignissen abhängen.

☐ 5a. Ohne anständige Pausen kann niemand erfolgreich und effektiv eine Führungsfunktion ausüben.

☐ 5b. Fähige Menschen, die es nicht schaffen, eine Führungsfunktion zu übernehmen, haben ihre Chance nicht ergriffen.

☐ 6a. Egal wie sehr man sich bemüht, es wird immer einige Menschen geben, die einen nicht mögen.

☐ 6 b. Menschen, die es nicht schaffen, andere dazu zu bringen, sie zu mögen, verstehen nicht, wie man mit anderen umgeht.

☐ 7 a. Ich habe oft festgestellt, dass das, was passieren soll, auch passieren wird.

☐ 7 b. Auf das Schicksal zu vertrauen hat mir nicht so viel geholfen wie die Entscheidung zu treffen, selbst energisch aktiv zu werden.

☐ 8 a. Ist ein Student gut vorbereitet, gibt es im Grunde keinen ungerechten Test.

☐ 8 b. Häufig sind Prüfungsfragen so weit weg vom Kursthema, dass Lernen wirklich nutzlos ist.

☐ 9 a. Erfolg kommt von harter Arbeit, Glück hat damit wenig oder gar nichts zu tun.

☐ 9 b. Einen guten Job zu bekommen hängt hauptsächlich davon ab, dass man zur richtigen Zeit am richtigen Ort ist.

☐ 10 a. Der Durchschnittsbürger kann die Entscheidungen der Regierung beeinflussen.

☐ 10 b. Diese Welt wird von wenigen Machthabern regiert, und der kleine Mann kann nur wenig dagegen tun.

☐ 11 a. Wenn ich Pläne schmiede, bin ich fast sicher, sie auch umsetzen zu können.

☐ 11 b. Es ist nicht immer weise, weit im Voraus zu planen, denn die meisten Dinge sind einfach nur Glück.

☐ 12 a. Zu bekommen, was ich will, hat in meinem Fall selten etwas mit Glück zu tun.

☐ 12 b. Oft könnten wir unsere Entscheidungen einfach dadurch treffen, indem wir eine Münze werfen.

☐ 13 a. Was mir widerfährt, ist mein eigenes Tun und Handeln.

☐ 13 b. Manchmal habe ich das Gefühl, nicht genug Kontrolle darüber zu haben, in welche Richtung sich mein Leben entwickelt.

Notieren Sie für jede der folgenden Antworten, die Sie angekreuzt haben, jeweils 1 Punkt: 1 a, 2 b, 3 b, 4 b, 5 a, 6 a, 7 a, 8 b, 9 b, 10 b, 11 b, 12 b, 13 b – und für alle anderen Antworten 0 Punkte.

Gesamtergebnis Kontrollüberzeugung: _____

Was Ihr Ergebnis bedeutet:
Mögliche Ergebnisse: 0 – 13 Punkte

Ein hohes Ergebnis bedeutet: Sie haben eine externale Kontrollüberzeugung.

Ein niedriges Ergebnis bedeutet: Sie haben eine internale Kontrollüberzeugung, die besser für die Gesundheit des Gehirns ist.

Übertragen Sie Ihr Ergebnis auf Frage 5 in Teil 2 dieses Kapitels (Gesundheitsziele: Einstellung).

Aufgabe: Depression

Wenn Sie alle Fragen in der folgenden Tabelle beantwortet haben, sehen Sie sich anschließend an, wie viele Punkte Sie für jede angekreuzte Aussage erhalten. Tragen Sie die entsprechende Punktzahl in die gleichnamige Spalte ein.

Kreuzen Sie diejenige Aussage an, die am ehesten wiedergibt, wie Sie sich in der letzten Woche gefühlt haben. In der letzten Woche ...	Selten oder niemals < 1 Tag	Manch- mal oder für kurze Zeitspan- nen 1 – 2 Tage	Gelegent- lich oder für mittel- lange Zeit- spannen 3 – 4 Tage	Immer 5 – 7 Tage	Punkt- zahl
1. ... haben mich Dinge beschäftigt, die mich normalerweise nicht beschäftigen.					
2. ... war mir nicht nach Essen zumute, ich hatte kaum Appetit.					
3. ... konnte ich selbst mithilfe meiner Familie das Traurigkeitsgefühl nicht loswerden.					
4. ... hatte ich das Gefühl, genauso viel wert zu sein wie andere Men- schen.					
5. ... fiel es mir schwer, mich auf das, was ich tat, zu konzentrieren.					
6. ... fühlte ich mich nie- dergeschlagen.					
7. ... fühlte sich alles, was ich machte, anstren- gend an.					
8. ... habe ich hoffnungs- froh in die Zukunft ge- blickt.					
9. ... hatte ich das Gefühl, mein Leben ist ein einziger Misserfolg.					
10. ... hatte ich Angst.					

Kreuzen Sie diejenige Aussage an, die am ehesten wiedergibt, wie Sie sich in der letzten Woche gefühlt haben. In der letzten Woche...	Selten oder niemals < 1 Tag	Manch- mal oder für kurze Zeitspan- nen 1 – 2 Tage	Gelegent- lich oder für mittel- lange Zeit- spannen 3 – 4 Tage	Immer 5 – 7 Tage	Punkt- zahl
11. ... habe ich unruhig geschlafen.					
12. ... war ich glücklich.					
13. ... habe ich weniger als üblich geredet.					
14. ... fühlte ich mich einsam.					
15. ... waren andere un- freundlich zu mir.					
16. ... habe ich mein Leben genossen.					
17. ... hatte ich Heul- krämpfe.					
18. ... fühlte ich mich traurig.					
19. ... hatte ich das Ge- fühl, andere mögen mich nicht.					
20. ... kam ich nicht »in die Pötte«.					
Ergebnis					

Was Ihr Ergebnis bedeutet

Aussage	Selten oder niemals < 1 Tag	Manchmal oder für kurze Zeit- spannen 1 – 2 Tage	Gelegent- lich oder für mittellange Zeitspannen 3 – 4 Tage	Immer 5 – 7 Tage
4, 8, 12 und 16	3	2	1	0
alle anderen Aussagen	0	1	2	3

Addieren Sie alle Punkte, um Ihr Gesamtergebnis zu erhalten:

———

Während 16 oder mehr Punkte auf Depressionen hindeuten, muss jedoch betont werden, dass dieser Fragebogen keine Diagnose liefert. Wenn Sie befürchten, depressiv zu sein, unabhängig davon, wie Ihr Ergebnis ausfällt, dann sollten Sie sich in jedem Falle so bald wie möglich Hilfe suchen.

Übertragen Sie Ihr Ergebnis auf Frage 4 in Teil 2 dieses Kapitels (Gesundheitsziele: Einstellung).

Einstellungen gegenüber dem Altern

Wir alle wissen, was Altern bedeutet. Oder nicht? Wir kennen die äußeren Anzeichen des Alterns, wie graues Haar und faltige Haut. Auch wenn wir selber diese Anzeichen noch nicht aufweisen, kennen wir sie dank der Werbung unweigerlich – oder wenigstens die Produkte, die wir kaufen müssen, um diese »schrecklichen Verunstaltungen«, die uns im Alter erwarten, zu verhindern oder zu reduzieren!

Chronologisches Altern

In den westlichen Gesellschaften sind wir – gelinde ausgedrückt – vom Zählen der Jahre ab unserer Geburt nahezu besessen. Aber geht es beim Altern wirklich nur darum? Um unser chronologisches Alter? Bestimmte Lebensentscheidungen und -umstände können dazu geführt haben, dass unser biologisches Alter ein anderes ist als unser rein rechnerisches, chronologisches Alter. Das bedeutet, das Alter unseres Körpers, auch das unseres Gehirns, kann höher oder niedriger als unser numerisches Alter sein – als Folge unterschiedlicher Faktoren wie etwa, ob wir rauchen, Sport treiben oder uns gesund ernähren.

Geht es beim Altern bloß um Krankheiten?

Vielleicht spielt unser Gesundheitszustand eine wichtigere Rolle beim Altern als unser chronologisches Alter? Im Laufe eines Lebens ist es ganz normal, mehrere Infektionen durchgestanden zu haben, und wenn wir älter werden, erhöht sich unser Risiko, an Krankheiten oder chronischen Erkrankungen zu leiden. Besteht Altern also nur aus Krankheiten, den aus Krankheiten akkumulierten Auswirkungen oder dem erhöhten Krankheitsrisiko? Und wenn dem so ist, würde das nicht bedeuten, dass wir alle zumindest eine gewisse Kontrolle über den Alterungsprozess haben, wenn wir Entscheidungen treffen, die unsere Gesundheit und unser Risiko für bestimmte Erkrankungen beeinflussen?

Rollen

Vielleicht sprechen wir, wenn wir übers Altern sprechen, im Grunde über unsere sich ändernde Rolle in der Gesellschaft.

Während wir unser Leben leben, verändert sich unsere Rolle, und die Gesellschaft erwartet von uns, dass wir uns entsprechend diesen Rollen verhalten und behandelt werden. Erst sind wir das Kind von jemanden, dann eine Studentin, dann ein Angestellter, vielleicht irgendwann die Chefin von jemandem, eine Mutter, ein Vater, eine Tante, ein Onkel, eine Großmutter und so weiter. Für viele Rollen in unserer Gesellschaft gibt es entsprechende Erwartungen in Bezug auf das Alter. Zum Beispiel erwarten wir von einem Sportler, dass er im Normalfall jünger als dreißig ist, während wir von einem Richter am Obersten Gericht erwarten, dass er etwa doppelt so alt ist.

Beschränkungen

Häufig schafft die Gesellschaft willkürliche Altersbeschränkungen, die uns daran hindern, bestimmte Aktivitäten aufzunehmen, oder uns zwingen, sie aufzugeben. Je nach Land und Kultur dürfen Menschen unter 16, 17, 18 oder 21 Jahren nicht heiraten, wählen, Geschlechtsverkehr haben oder Alkohol trinken. Ruhestand wird stets mit einem höheren Alter assoziiert. Obwohl viele Menschen in ebendiesem Alter noch problemlos in der Lage sind zu arbeiten, wird es ihnen erschwert, sobald sie 65 (oder in Deutschland in einigen Jahren: 66 beziehungsweise 67) sind.

Erwartungen und Erfahrungen

Unsere Verantwortlichkeiten und unser gesellschaftlicher Wert können sich ebenfalls mit den gesellschaftlichen Rollen verändern, und das wiederum beeinflusst unsere Art und Weise zu denken. Geht es beim Altern wirklich darum, gesellschaftliche Erwartungen zu erfüllen? Geben wir uns älter, als wir wirklich sind? Entsprechen wir den gesellschaftlichen Erwartungen, indem wir es langsamer angehen lassen und uns allzu sehr schonen, wenn wir in Wirklichkeit nicht nur dazu imstande sind, mehr zu tun, sondern nach ein paar Monaten im Ruhestand auch mit Freude die Chance annehmen würden, unseren Beitrag zur Gesellschaft zu leisten und uns nützlich zu fühlen?

Was ist also Altern für uns?

Nun ja, wahrscheinlich ist es all das. Altern beginnt nicht plötzlich mit fünfundsechzig, sondern geschieht während unseres gesamten Lebens. Wie wir altern, hängt von einer Vielzahl Faktoren ab – manche liegen außerhalb unserer Kontrolle, manche klar in unserer Hand. Wir alle altern unterschiedlich.

Der Alterungsprozess wird von so vielen verschiedenen Faktoren beeinflusst, etwa unserer Krankheitsgeschichte, unserem genetischen Erbe, der Gesellschaft, in der wir leben, unseren Lebenserfahrungen und -umständen, davon, wie wir uns selbst wahrnehmen und sogar von unserer Einstellung gegenüber dem Altern. Als Folge dieses Zusammenspiels dynamischer Faktoren verläuft der Alterungsprozess nicht für jeden von uns gleich. Das bedeutet, Faktoren wie die Ernährungsgewohnheiten der eigenen Mutter, die Luft, die wir einatmen, die Länge unserer Telomere (die schützenden Enden unserer Chromosomen) und die positive oder negative Einstellung gegenüber dem Altern werden den Verlauf des Älterwerdens bestimmen.

Länger leben

Um zu verstehen, warum manche Menschen länger gesund bleiben als andere, konzentrieren Wissenschaftler sich auf sogenannte SNPs (*single nucleotide polymorphism*, dt. Einzelnukleotid-Polymorphismus), womit genetische Varianten bezeichnet werden, sozusagen Tippfehler in unserem genetischen Code.

Diese kleinen Fehler in den DNA-Abschnitten können biologische Unterschiede zwischen Menschen verursachen, indem sie die Zusammensetzung von Proteinen in den Genen verändern. Diese Unterschiede wiederum können sich darauf auswirken, wie lange ein Mensch lebt, auf die äußere Erscheinung, den Gesundheitszustand und die Anfälligkeit für Krankheiten.

Die SNPs, die mit der Langlebigkeit von Hundertjährigen in Verbindung gebracht werden, sind nicht mit Alzheimer und Herzerkrankungen assoziiert. Das bedeutet, wir altern, ohne zu erkranken, weil auf uns keine Risikofaktoren für Herzerkrankungen und Alzheimer zutreffen, und nicht, weil wir Gene für Langlebigkeit in uns tragen.

Wie wir leben, was wir essen, welchen Toxinen wir ausgesetzt sind, wozu Drogen, Nikotin und andere Stimulanzien gehören, wirkt sich darauf aus, wie lange wir leben, wie viele Jahre wir gesund sind, und auch darauf, ob wir an neurodegenerativen Krankheiten wie Demenz erkranken.

Dank des wissenschaftlichen Fortschritts leben wir inzwischen länger. Dramatische Veränderungen in den Verhaltensweisen von Menschen haben unseren Gesundheitszustand verbessert und vorzeitiges Sterben reduziert. Doch wir wollen nicht nur länger leben, sondern diese zusätzlichen Jahre auch in guter Gesundheit genießen, wenn möglich im vollen Besitz unserer geistigen Fähigkeiten. Es ist ziemlich selten, dass jemand achtzig Jahre alt wird und an keiner chronischen Erkrankung leidet. Sollte es dennoch der Fall sein, dann liegt es an den SNPs, welche die kognitive Leistungsfähigkeit beeinflussen, was wiederum darauf hindeutet, dass Gehirngesundheit und Kognition in der Tat entscheidend für ein gesundes Altern sein können.

Die Macht der Wahrnehmung

Natürlich spielt die Anzahl der Jahre, die wir auf dem Buckel haben, eine Rolle im Alterungsprozess, aber was ich an dieser Stelle deutlich sagen will: Sie ist nicht der einzige relevante Faktor. Jeder von uns ist einzigartig, und die Art und Weise, wie unser Gehirn altert, ist ein Spiegel unserer persönlichen Geschichte, unseres Erbes, unserer Kultur, unserer Erfahrungen, Lebensentscheidungen und Einstellungen.

Dieses Wissen empfinde ich als Ermächtigung zur Eigeninitiative, denn es bedeutet, dass wir eine gewisse Kontrolle darüber haben, wie wir altern.

Selbstverständlich können wir unser genetisches Erbe oder unsere Lebensgeschichte nicht ändern, aber sehr wohl unsere Zukunft gestalten, indem wir heute unsere Einstellung ändern. Wenn wir einfach nur unsere Einstellung gegenüber dem Altern etwas abwandeln, kann das schon Großes bewirken. Wenn Sie dem Altern gegenüber nämlich positiv eingestellt sind, bekommen Sie ein paar Lebensjahre extra dazu. *Ältere Erwachsene mit einer positiven Selbstwahrnehmung gegenüber dem Altern leben im Schnitt siebeneinhalb Jahre länger als solche mit einer weniger positiven Wahrnehmung!* Das ist ein ziemlich dicker Bonus für eine relativ kleine Einstellungsänderung. In der nächsten Aufgabe finden Sie heraus, ob Sie dem Altern gegenüber positiv oder negativ eingestellt sind.

Aufgabe: Einstellung gegenüber dem Altern

Tragen Sie die Punktzahl für die Aussage, die am besten auf Sie zutrifft, ein, wobei gilt:

TÜ = Trifft überhaupt nicht zu

TK = Trifft kaum zu

T/T = Teils/teils

TE = Trifft etwas zu

TU = Trifft uneingeschränkt zu

	Aussage	TÜ (1)	TK (2)	T/T (3)	TE (4)	TU (5)
1	Alt zu werden ist ein Privileg.					
2	Alt zu werden bringt viele schöne Dinge mit sich.					
3	Hohes Alter ist eine deprimierende Zeit des Lebens.					
4	Ich fühle mich nicht alt.					
5	Hohes Alter sehe ich hauptsächlich als verlorene Zeit an.					
6	Ich habe jetzt mehr Energie, als ich in diesem Alter erwartet habe.					
7	Je älter ich werde, desto schwerer fällt es mir, neue Freunde zu finden.					
8	Ich finde es wichtig, meine guten Erfahrungen an junge Leute weiterzugeben.					
9	Ich möchte jungen Menschen ein gutes Beispiel sein.					
10	Ich fühle mich wegen meines Alters von Dingen ausgeschlossen.					

	Aussage	TÜ (1)	TK (2)	T/T (3)	TE (4)	TU (5)
11	Meine Gesundheit ist besser, als ich in diesem Alter erwartet habe.					
12	Ich treibe Sport und bleibe dadurch so fit und aktiv wie möglich.					

Was Ihr Ergebnis bedeutet

Das Wichtigste ist, nicht alle Teilergebnisse zu addieren. Es gibt nämlich kein Gesamtergebnis, denn dieser Fragebogen besteht aus drei verschiedenen Teilen: Psychologischer Verlust (PV), psychologisches Wachstum (PW) und psychologische Veränderung (PVä).

Berechnen Sie Ihre Ergebnisse wie folgt:

PV: Addieren Sie die Punkte der Aussagen 3, 5, 7 und 10. Ergebnis PV: _____

PW: Addieren Sie die Punkte der Aussagen 1, 2, 8 und 9. Ergebnis PW: _____

PVä: Addieren Sie die Punkte der Aussagen 4, 6, 11 und 12. Ergebnis Pvä: _____

Sie können jeweils maximal 20 Punkte erreichen, pro Aussage 1 bis 5 Punkte.

Ist insbesondere Ihr PV-Ergebnis recht hoch, dann deutet dies auf eine negative Einstellung hin.

Als grobe Orientierung: Die Ergebnisse von Menschen in gutem Gesundheitszustand liegen im Schnitt bei 9 (PV), 14 (PW) und 14 (PVä).

Eine »positive« Einstellung gegenüber dem Altern äußerst sich in höheren Punktzahlen beim psychologischen Wachstum und bei der psychologischen Veränderung und gleichzeitig niedrigeren Punktzahlen beim psychologischen Verlust. Diverse Studien weltweit legen nahe, dass die Ergebnisse des psychologischen Verlusts und in Teilen auch die der psychologischen Veränderung negativ beeinflusst werden, wenn Menschen unter Depressionen leiden, sich körperlich unwohl fühlen oder ihre allgemeine Gesundheit als schlecht einstufen.

Übertragen Sie Ihr Ergebnis auf Frage 3 in Teil 2 dieses Kapitels (Gesundheitsziele: Einstellung).

Unsere stereotype Sicht auf das Altern kann unser Verhalten beeinträchtigen, und das kann sich wiederum auf unsere Gehirngesundheit auswirken. Unsere Voreingenommenheit kann dazu führen, dass wir uns so verhalten, wie wir es von älteren Menschen erwarten, und deshalb bestimmte Aktivitäten aufgeben, wie anregende Beschäftigungen, Sport oder auch neue Herausforderungen, die uns vor Erkrankungen und dem Verlust unserer kognitiven und physischen Leistungsfähigkeit schützen würden.

Das Internalisieren von altersbezogenen Stereotypen beginnt bereits in der Kindheit. Im Alter von vier Jahren sind Kinder schon in der Lage, auf einem Foto mit mehreren Personen unterschiedlichen Alters die älteste zu bestimmen. Zudem assoziieren sie sehr alte Menschen mit Hilflosigkeit, Passivität und der Unfähigkeit, für sich selbst zu sorgen. Das bedeutet, dass wir bereits in den ersten Jahren unseres Lebens Stereotypen des Alterns lernen und unbewusst verinnerlichen. Im Erwachsenenalter werden diese verstärkt und entwickeln sich zu Autostereotypen, während wir älter werden, und schließlich verhalten wir uns entsprechend diesen verinnerlichten Stereotypen. Was ganz und gar nicht vorteilhaft ist, wenn man bedenkt, dass viele Erwachsene Altern mit dem Abbau der mentalen Funktionen gleichsetzen.

Vielleicht sprechen wir also, wenn wir über das Altern sprechen, in Wirklichkeit über das psychologische Altern, darüber, wie wir uns selbst wahrnehmen und wie andere uns wahrnehmen.

Unsere Einstellung gegenüber dem Älterwerden ist so mächtig, dass das bloße Umschalten zu einer positiveren Wahrnehmung des Alterns die körperlichen Funktionen eines älteren Erwachsenen bereits so verbessert wie ein sechsmonatiges Sportprogramm!

Älter, weiser, glücklicher

Uns umgibt so viel Negativität in Bezug auf das Älterwerden, dass es in meinen Augen immens wichtig ist, Folgendes zu erkennen: Beim Altwerden geht es nicht um erbarmungslose Verzagtheit. Denn es gilt: Je älter, desto glücklicher – ältere Menschen sind glücklicher als mittelalte oder junge. Es stimmt zwar, dass unser Glücksempfinden im sehr hohen Alter abnimmt, aber wir sind selbst dann nicht so unglücklich wie im frühen Erwachsenenalter. Das mag daran liegen, dass wir wirklich glücklicher sind, oder daran, dass wir im Alter Glücksmomente besser wahrnehmen können.

Das Leben hat uns womöglich gelehrt, die Dinge in einem positiveren Licht zu sehen. Vielleicht hilft uns auch die Tatsache, dass wir schon länger gelebt haben, als wir noch leben werden, dabei, uns auf die Dinge zu konzentrieren, die für uns am wichtigsten sind. So verbringen wir eher keine wertvolle Zeit mehr mit banalen Dingen, die unser Leben kaum bereichern. Mit höherem Alter ändert sich auch unsere Wahrnehmung von Zeit. Wir wissen wertvolle Momente und Erfahrungen besser zu schätzen, weshalb wir Entscheidungen treffen, die uns emotional bereichern und uns somit glücklicher machen.

Im Alter nimmt auch das Empfinden von Sorge, Stress und Wut ab, viele andere Dinge verbessern sich ebenfalls mit den Jahren. Ältere Menschen können besser Konflikte lösen, wahrscheinlich weil die Lebenserfahrung Wissen, Weisheit und Kompetenz mit sich bringt, sodass sie bei einem Streit eher beide Seiten verstehen und besser vorhersagen können, was als Nächstes geschieht, und allgemein kompromissbereiter sind.

Der Aha-Moment

Unser Gehirn besteht aus einer Reihe interagierender Netzwerke. Während wir mit einem Freund sprechen, kommunizieren einige dieser Netzwerke miteinander. Das Netzwerk in den Frontallappen ermöglicht es uns, zuzuhören, wenn der andere etwas sagt, die Information zu verarbeiten und eine Antwort zu formulieren. Wenn wir mit unseren Gedanken abschweifen oder uns nicht bewusst auf eine Aufgabe konzentrieren, dann wird eine bestimmte Gruppe von Hirnarealen, genannt Default Mode Network (DMN; dt. Ruhezustandsnetzwerk), aktiver als sonst.

Unsere Fähigkeit, über Gefühle wie Glück oder Zufriedenheit nachzudenken, hängt mit diesem Default Mode Network zusammen. Um dieses DMN zu messen, könnte man eine EEG-Haube aufsetzen, die Augen schließen und an nichts Bestimmtes denken und dabei die elektrische Aktivität im Gehirn messen.

Überraschenderweise wird unser Gehirn nämlich gerade dann aktiver, wenn wir uns in diesem tagträumerischen Zustand befinden und uns nicht bewusst auf etwas konzentrieren. Wir denken, Einsicht, Problemlösungen und Kreativität entstehen, wenn dieses Ruhezustandsnetzwerk und das exekutive Netzwerk des Gehirns zusammenarbeiten.

Bestimmt kennen Sie diese Aha-Momente, in denen uns ein Licht aufgeht, wir eine zündende Idee oder einen grandiosen Einfall haben, um etwa ein Problem zu lösen. Dieser Einfall wird uns jedoch nur zuteil, weil das besagte Netzwerk unser Langzeitgedächtnis anstachelt, bestimmte Assoziationen in den Untiefen unserer Erlebnisse und Erfahrungen zu suchen. Dieses dichte Netz aus Informationen kann uns nämlich bei der Lösung des jeweiligen Problems helfen, uns vor Augen führen, wie glücklich wir sind, oder auch für kreative Ansätze und neue Ideen sorgen.

Wenn Sie wichtige Entscheidungen treffen müssen, dann hat Ihnen sicher schon einmal jemand geraten, eine Nacht darüber zu schlafen. Neurowissenschaftliche Erkenntnisse unterstützen diesen verbreiteten Ratschlag. Das semantische Gedächtnis bezieht sich auf das Allgemeinwissen der Welt, das wir aufgrund unserer Lebenserfahrungen gesammelt und abstrahiert haben. Dieses Wissen in unserem Gehirn ist Voraussetzung für unsere Fähigkeit, Gebrauch von der Sprache zu machen, uns sozial zu binden und gedanklich in die Vergangenheit oder die Zukunft zu reisen.

Im Laufe unseres Lebens sammeln wir im Gehirn einen reichen Informationspool an. Um ein Problem zu lösen, müssen wir also bloß die dafür relevante Information herauspicken, sie in den Kochtopf werfen, etwas köcheln lassen, und schon findet unser Gehirn die passenden Zutaten in den semantischen Netzwerken. So kommt es auch, dass wir am nächsten Morgen nach erholsamem Schlaf häufig mit der zündenden Idee oder passenden Lösung für ein Problem aufwachen.

Weisheit ist eines der größten Geschenke, die Alter und Erfahrung uns machen können.

Kurz und gut: Lächeln Sie, das kostet nichts, ist einfach und stärkt Ihre Gehirngesundheit.

Was dem Gehirn schadet: Was passiert, wenn wir dem Altern gegenüber negativ eingestellt sind?

Eine negative Einstellung gegenüber dem Altern ist in westlichen Gesellschaften weit verbreitet. Und das überrascht nicht, schließlich werden wir mit negativen Botschaften in Bezug auf das Älterwerden geradezu bombardiert. In der Werbung wird Altern mit Unattraktivität gleichsetzt, dazu werden ältere Menschen häufig als vergesslich, abhängig, hilflos und unproduktiv dargestellt. Dabei ist die Mehrheit der Senioren in Wahrheit in der Lage, für sich selbst zu sorgen, verfügt über reichlich Erfahrung, Zeit und Talent, wovon jede Gesellschaft nur profitieren kann.

In der Unterhaltungsbranche werden, wenn sie denn überhaupt vorkommen, ältere Menschen meist lediglich als Karikaturen dargestellt, als abhängige, einsame, unangenehme Genossen mit diversen körperlichen und mentalen Leiden – und auch dieses Stereotyp bewirkt Altersdiskriminierung, mangelnde Anerkennung von Diversität. Nicht alle alten Menschen sind gleich; tatsächlich sind Populationen alter Menschen komplexer und diverser als diejenigen junger Menschen, hauptsächlich weil sie länger gelebt haben und mehr Möglichkeiten hatten, unterschiedliche Lebenserfahrungen zu sammeln.

Negative Stereotypen und negative Wahrnehmungen älterer Menschen wirken sich direkt auf uns aus, während wir selbst altern. Wir haben schlechtere Chancen auf Anstellung, werden in sozialen Situationen eher ausgeschlossen und erhalten – so schockierend das auch sein mag – vielleicht sogar schlechtere medizinische Behandlung als jüngere Erwachsene, selbst wenn die Gleichbehandlung zum Erfolg führen würde.

Leider prallen negative Stereotypen nicht einfach an uns ab. Wir nehmen sie auf, verinnerlichen sie, und sobald wir sie auf uns selbst beziehen, beschränken wir uns in unseren eigenen Aufgaben und Erwartungen, sowohl im Arbeits- als auch im Privatleben. Das kann sich wiederum negativ auf unsere gesamte Gesundheit, auch auf die unseres Gehirns, auswirken. Eine negative Selbstwahrnehmung kann zudem unser seelisches Wohlbefinden, unsere Stimmung, unser Selbstvertrauen und unsere körperlichen Fähigkeiten beeinträchtigen.

Geht es ums Altern, hat unsere Wahrnehmung eine enorme Macht. Menschen über fünfzig mit einer negativen Wahrnehmung des Älterwerdens verlieren ihre geistige Schärfe. In der Forschung wird eine Abnahme der kognitiven Funktionen verzeichnet, wenn ältere Erwachsene zu einer negativen Selbstwahrnehmung des Alterns neigen. »Neigen« kann in diesem Fall auch bedeuteten, dass sie lediglich negative, stereotype, mit höherem Alter assoziierte Wörter verwenden – wie »senil«, »abhängig« und »inkompetent«.

Alarmierend sind die Ergebnisse einer Studie: Neigen ältere, kognitiv normale Menschen zu der besagten negativen Selbstwahrnehmung in Bezug auf ihr Alter, bauen sie kognitiv derart ab, dass sie beim Absolvieren eines Tests zur Diagnose von Demenz unter dem Grenzwert abschneiden. Dieser Grenzwert kommt einem »Bestanden!« oder »Durchgefallen« in einer Prüfung gleich: Während eine Punktzahl über dem Grenzwert als normal angesehen wird, ist ein Ergebnis unter dem Grenzwert ein Anzeichen für Demenz.

Wie wir selbst über uns in Bezug auf unser Alter denken, beeinflusst sogar unsere Gedächtnisleistung. Das bedeutet, dass Menschen, die sich als älter betrachten und im Alter mit Gedächtnisverlust rechnen, beim Gedächtnistest auch tatsächlich schlechter abschneiden. Menschen mit einer negativen Wahrnehmung des Alterns verlieren nicht nur ihre geistige Schärfe, sondern ziehen sich auch eher von sozialen Aktivitäten zurück, was angesichts der Bedeutung von sozialen Bindungen für die Gehirngesundheit nachteilig für Letztere ist.

Manche älteren Menschen werden im Alter körperlich sehr gebrechlich. Sie verlieren Gewicht und Muskelkraft, werden langsamer zu Fuß, neigen zu Untätigkeit und fühlen sich häufig erschöpft. Diese Gebrechlichkeit steht in Verbindung mit einem erhöhten Risiko für diverse Krankheiten und auch Demenz. Gebrechliche Menschen mit einer negativen Wahrnehmung des Alterns sind kognitiv schwächer als Menschen ohne Gebrechen. Doch die gute Nachricht ist: Gebrechliche Menschen mit einer positiven Wahrnehmung können mental ebenso fit sein wie ihre nicht gebrechlichen Altersgenossen.

Die gute Nachricht

Schlechte Stereotypen über das Altern entstehen, wie in jedem Bereich, schneller und sind schwieriger loszuwerden als gute.

Häufig sind wir eher auf negative als auf positive Dinge im Leben eingestellt. Als Kinder trifft uns das rote Kreuz neben einem Rechtschreibfehler im Diktat mehr als der grüne Haken neben einem korrekt geschriebenen Wort. Selten vergessen wir es, wenn uns jemand kritisiert hat, wir Geld verloren oder uns mit Freunden ernsthaft gestritten haben. Schlechte Gesundheit wirkt sich stärker auf unsere Zufriedenheit aus als gute Gesundheit. Allgemein gesagt: Negative Ereignisse und Erfahrungen haben meistens eine stärkere Wirkung auf uns als positive.

Offenbar haben wir eine angeborene Neigung dazu, dem Negativen mehr Gewicht zu verleihen, ihm mehr Beachtung zu schenken. Evolutionär betrachtet ergibt das Sinn, wenn es ums bloße Überleben geht. Sind wir auf Schlimmes eingestellt, dann ist es wahrscheinlicher, dass wir Gefahren und Bedrohungen überleben. Wir müssen auf der Hut sein und reagieren schneller in Gefahrensituationen, womit wir unser Überleben sichern.

Während das Ignorieren eines potentiell positiven Resultats uns mit dem Gefühl einer verpassten Chance zurücklässt, könnte das Ignorieren einer gefährlichen, negativen Situation mit einer Verletzung, Krankheit oder gar dem Tod einhergehen. Unser Gehirn scheint negative Dinge auch kognitiv gründlicher zu verarbeiten als positive. Es muss sicherstellen, dass wir die Informationen der »schlimmen« Ereignisse behalten, um eine Wiederholung derselben zu vermeiden.

Evolutionär bedingt priorisiert das menschliche Gehirn folglich automatisch schlechte Nachrichten. Unser Gehirn verfügt über keinen automatischen Mechanismus zum Erkennen von guten Nachrichten, das heißt, wir müssen uns bewusst auf das Gute und Schöne im Leben konzentrieren. Interessanterweise neigen die mental agilsten Senioren dazu, sich eher auf positive Dinge im Leben und nicht auf negative zu konzentrieren. Eine leichte Tendenz zu Optimismus, ohne dabei den Sinn für die Wirklichkeit zu verlieren, kann ein großer Bonus für uns sein und unter anderem die Wahrscheinlichkeit einer klinischen Depression reduzieren, das Immunsystem stärken, uns anpassungsfähiger gegenüber Herausforderungen machen und uns ein längeres Leben schenken.

Kurz und gut: Achten Sie auf negative Wahrnehmung in Bezug auf Ihr Alter und Ihre mentalen Fähigkeiten.

Zusammenfassung

- Wenn wir in ein lächelndes Gesicht blicken, empfinden wir das als Belohnung.
- Der Neurotransmitter Dopamin spielt eine entscheidende Rolle bei der Steuerung der Belohnungs- und Lustzentren in unserem Gehirn.
- Soziale Interaktionen erleichtern das Wachstum neuer Neuronen aufgrund einer erhöhten neuralen Aktivität.
- Wenn wir lächeln, schaltet unser Gehirn um in den Wohlfühlmodus. Dopamin, Serotonin und Endorphine werden freigesetzt. Lächeln aktiviert Belohnungsschaltkreise im Gehirn, die unser Glücksgefühl verstärken.
- Das beim Lächeln freigesetzte Hormon Serotonin wirkt wie ein natürliches Antidepressivum, und die Endorphine agieren als natürliche Schmerzmittel.
- Lächeln entspannt uns und sorgt für ein Gefühl der Zu-

friedenheit. Es fördert die Gehirngesundheit, indem Hormone ausgeschüttet werden, die unseren Blutdruck senken, unser Immunsystem stärken und uns vor Stress, Depression und Angstzuständen schützen.

- Lächeln ist nicht nur die Folge von guter Laune, sondern kann auch die Ursache sein.
- Bestimmte Lebensumstände und -entscheidungen sorgen dafür, dass unser biologisches Alter von unserem chronologischen Alter abweichen kann.
- Wie wir altern, hängt von diversen Faktoren ab, manche davon haben wir in der Hand.
- Ältere Menschen mit einer positiven Selbstwahrnehmung des Alterns leben im Schnitt siebeneinhalb Jahre länger als ältere Menschen mit einer weniger positiven Selbstwahrnehmung!
- Ältere Menschen sind glücklicher als mittelalte und junge Menschen.
- Im Alter nehmen auch Sorgen, Stress und Wut ab.
- Wenn wir uns entspannen, löst unser Default Mode Network unsere Probleme und verschafft uns brillante Einfälle.
- Weisheit ist eines der größten Geschenke, die uns Alter und Erfahrung machen können.
- Wenn wir negative Stereotypen auf uns selbst anwenden, dann beschränken wir uns damit derart in unseren Rollen und Erwartungen, dass wir den Alterungsprozess womöglich beschleunigen.
- Menschen über fünfzig, die ihr eigenes Altern negativ wahrnehmen, verlieren ihre geistige Schärfe.
- Wie wir unser Altern empfinden, wirkt sich auf unsere Gedächtnisleistung aus.

- Die geistig fittesten und scharfsinnigsten älteren Erwachsenen neigen dazu, sich auf positive Informationen statt auf negative zu konzentrieren.

Das Gehirn auf neue Wege bringen: Was Sie dafür tun können

Unsere Einstellung hat sehr reale Auswirkungen auf die Art, wie wir altern. Wenn Sie mehr lächeln, optimistisch sind und Ihre Einstellung ein wenig ändern, dann tut das nicht nur Ihrer Gehirngesundheit gut, sondern bringt auch viele andere Vorteile mit sich.

ZEHN PRAKTISCHE TIPPS, WIE SIE IHRE EINSTELLUNG ÄNDERN KÖNNEN

1. Ändern Sie Ihre Einstellung zum Thema Altern.
2. Seien Sie dankbar.
3. Verbessern Sie Ihre Chancen.
4. Seien Sie optimistisch.
5. Übernehmen Sie die Kontrolle.
6. Lassen Sie sich inspirieren von Menschen, die zufrieden und aktiv altern.
7. Lassen Sie sich von »altersbedingten Gedächtnislücken« nicht verunsichern.
8. Schlafen Sie drüber.
9. Kämpfen Sie gegen Altersdiskriminierung.
10. Lächeln Sie.

1. Ändern Sie Ihre Einstellung zum Thema Altern

Achten Sie auf Ihre Sprache, vermeiden Sie Formulierungen wie »als ich jung war« oder »in meinen besten Jahren«. Geben Sie diesen Ausdrücken einen positiveren Kontext. Statt Ihr älteres Ich als weniger wertvoll oder schlechter als Ihr junges Ich anzusehen, beginnen Sie Sätze einfach mit »Als ich Mitte zwanzig war …«.

Seien Sie stolz auf Ihr Alter. Sehen Sie das positiv, denken Sie daran, dass wir im Alter weiser und glücklicher sind. Erkennen Sie an, dass die meisten älteren Menschen ein gutes, unabhängiges Leben führen können. Der Eindruck, den die Medien vermitteln, ist falsch: In Wahrheit befinden sich nur fünf Prozent der Senioren über fünfundsechzig in Pflegeheimen oder anderen Einrichtungen betreuten Wohnens.

Überprüfen Sie Ihre Vorurteile und fragen Sie sich, ob Sie voreilige Schlüsse in Bezug auf Ihre eigenen Fähigkeiten oder die anderer Menschen im höheren Alter ziehen.

2. Seien Sie dankbar

Beginnen Sie damit, ein Dankbarkeitstagebuch zu führen. Gewöhnen Sie sich an, jeden Tag eine Sache zu notieren, für die Sie dankbar sind. Das hilft Ihnen, gegen die natürliche Neigung Ihres Gehirns anzugehen, vorwiegend negativen Dingen Beachtung zu schenken, und bringt Sie außerdem dazu, sich auf die positiven Seiten des Lebens zu konzentrieren. Auch wenn das Leben ziemlich düster erscheint, sorgt das Niederschreiben einer guten Sache pro Tag dafür, dass Sie Folgendes realisieren: Auch wenn uns manchmal Schlimmes widerfährt, gibt es doch immer etwas, für das wir dankbar sein können.

Selbst wenn das Leben mir immer wieder mal mehr aufgebürdet hat, als ich auszuhalten vermeinte, so hat es mir doch stets geholfen, wenigstens einmal am Tag etwas Positives zu finden und es aufzuschreiben. So bekam ich wieder eine Perspektive. Zwar liefen die Dinge nicht so, wie ich es wollte, doch war das kein Grund, in Selbstmitleid zu versinken. Immerhin hatte ich Hände und Füße, genug zu essen, konnte gut hören und sehen und, und, und …

Sie wissen schon, was ich meine! Das klingt jetzt womöglich etwas nach Predigt, aber diese Methode ist nicht sehr aufwendig und verspricht Erfolg. Versuchen Sie es. Ein Tagebuch mit Notizen über Dinge, für die wir dankbar sein können, ist eine einfache Möglichkeit, zu einer positiveren Einstellung zu gelangen. Denn es zwingt Sie, die guten Seiten Ihres Lebens in den Vordergrund zu rücken, was wiederum zu einer höheren Serotoninausschüttung im Gehirn führen kann. Serotonin steuert auch Dopamin, was für Wohlbefinden sorgt, und wenn Sie sich wohl fühlen, dann sind Sie wahrscheinlich auch glücklich.

Alternativ können Sie auch jeden Tag Ihre Dankbarkeit per Mail oder im Gespräch gegenüber einem anderen Menschen ausdrücken. Diese Geste der Dankbarkeit hat nicht nur etwas mit guten Manieren zu tun, sondern macht uns auch glücklicher. Das Empfinden von Dankbarkeit aktiviert in unserem Gehirn Areale, die Dopamin freisetzen. Sich beim Busfahrer zu bedanken, bei der Putzfrau im Büro oder einem Fremden, der Ihnen die Tür aufhält, steigert die Aktivität der Schaltkreise, die für die Dopaminausschüttung verantwortlich sind – so erfreuen wir uns noch mehr an sozialen Interaktionen!

Anderen etwas zu schenken ist etwas Schönes. Schenken Sie anderen Ihre Zeit, helfen Sie anderen. So können Sie Ihre Speicher wieder aufladen, indem Sie an andere denken oder ihnen helfen.

3. Verbessern Sie Ihre Chancen

Wie Sie und Ihr Gehirn altern, hängt von einer ganzen Reihe von Faktoren ab. Die Entscheidungen, die Sie treffen, beeinflussen, wie die Zellen in Ihrem Körper und Ihrem Gehirn arbeiten, sich regenerieren und überleben. Erhöhen Sie Ihre Chancen auf gesundes Altern, indem Sie auf Ihre Gesundheit achten, sozial aktiv und eingebunden bleiben und sich ständig persönlich weiterentwickeln. Was Sie aus Ihrem Leben herausbekommen und wie gut und gesund Sie altern, hängt zum Großteil davon ab, was Sie in Ihr Leben investieren.

Ändern Sie Ihre Perspektive in Bezug auf das Altern: Sehen Sie dieses nicht länger als einen passiven Prozess an, der Ihnen schlichtweg widerfährt, sondern als einen aktiven Vorgang, den Sie in beachtlichem Maße selbst steuern können. Lassen Sie nicht zu, dass Ihr Alter Sie davon abhält, in Ihre Zukunft zu investieren. Treiben Sie Sport, treffen Sie Entscheidungen zugunsten Ihrer Gesundheit und steuern Sie weiter etwas für die Gesellschaft bei. Fördern Sie Ihre Talente und achten Sie darauf, weiterzulernen sowie neue Fertigkeiten und Kenntnisse zu erlangen. Seien Sie neugierig, wachsen Sie an Herausforderungen und setzen Sie sich stets neue Ziele. Damit bleiben Sie, egal mit wie vielen Falten, weiter am Ball.

4. Seien Sie optimistisch

Bei manchen Menschen gibt es in Bezug auf Optimismus und Pessimismus bestimmte »Grenzwerte«. Sind diese erreicht oder überschritten, neigen sie konsistent zu einem dieser beiden

Extreme. Dabei gilt: Während eine gesunde Dosis Optimismus in Kombination mit einer anständigen Portion Realismus sich in der Tat gesundheitsfördernd auswirkt, müssen wir dennoch die Tatsache anerkennen, dass unser Gehirn evolutionär so aufgebaut ist, dass es sowohl Optimismus als auch Pessimismus unterstützt. Obgleich eine optimistische Einstellung gut für unsere Gesundheit ist, sollten wir nicht danach streben, pessimistische Sichtweisen komplett zu verbannen.

Ein ausgewogenes Gleichgewicht zwischen Optimismus und Pessimismus ist der Schlüssel zu einem Lebensweg, der es Ihnen ermöglicht, Herausforderungen anzunehmen, ohne leichtsinnig zu sein, und aus Rückschlägen zu lernen, anstatt sich deshalb niedergeschlagen und gelähmt zu fühlen. Eine Kosten-Nutzen-Rechnung hilft Ihnen womöglich dabei zu entscheiden, ob in einer bestimmten Situation eine optimistische Herangehensweise die richtige oder angebrachte ist. Wenn viel auf dem Spiel steht, ist Optimismus wahrscheinlich nicht die beste Option. In risikobehafteten Situationen kann etwas Pessimismus vielmehr unser Leben retten, unsere Ehe oder unsere Karriere.

Wenn Sie von Natur aus eher kein Optimist sind, dann ist das kein Grund zur Sorge – das kann man lernen. Alles, was es braucht, sind ein bisschen Mühe und die Aktivierung der linken Gehirnhälfte.

Sie können sich eine Einstellung antrainieren. Dazu müssen Sie sich bewusst werden, wann Sie etwas als negativ wahrnehmen. Anschließend versuchen Sie diese Situation oder Sache neu zu bewerten, und zwar mit Fokus auf den positiven Aspekt. So aktivieren Sie Ihre linke Gehirnhälfte. Hören und achten Sie auf die Stimme in Ihrem Kopf. Welche Geschichten benutzen

Sie, um bestimmte Ereignisse in Ihrem Leben zu »erklären«? Fragen Sie sich, ob Sie pessimistisch sind. Sehen Sie vorübergehende Missstände als etwas Dauerhaftes an? Machen Sie aus jeder Unannehmlichkeit gleich eine Katastrophe? Geben Sie sich allein die Schuld und beziehen nicht andere Ursachen ein? Überprüfen Sie Ihre Gedanken und versuchen Sie, diese in ein positiveres Licht zu rücken.

5. Übernehmen Sie die Kontrolle

Ihre Einstellung und Ihre Kontrollüberzeugung können Sie beeinflussen, indem Sie Ihre Sprache beobachten und erkennen, dass Sie die Wahl haben. Wenn Sie sich selbst sagen hören »Ich habe keine Wahl«, dann hinterfragen Sie diese Aussage. Haben Sie alle Optionen bedacht? Gibt es wirklich keine andere Möglichkeit? Andere nach ihren Ideen zu fragen kann hilfreich sein. Manchmal können wir mehr Dinge kontrollieren, als wir glauben. Wählen Sie die Option, die für Sie am besten ist, auch wenn es nur eine Option gibt. Selbst wenn die Auswahl begrenzt ist, hilft es schon, die Perspektive zu ändern – von »Ich habe keine Wahl« zu »Ich finde die Auswahlmöglichkeiten nicht gut, aber ich mache dies oder jenes, weil das in meinem Interesse ist«. So akzeptieren Sie die Situation oder können Sie sogar verändern.

Während viele Dinge im Leben außerhalb unserer Macht liegen, kann eine Veränderung unserer Einstellung diesen Dingen gegenüber uns dabei helfen, mit ihnen umzugehen, und uns die nötige Freiheit verschaffen, uns auf die Dinge zu konzentrieren, die wir kontrollieren können. Eine realistische Einschätzung dessen, was Sie kontrollieren können und was eben nicht, im Verein mit einer internalen Kontrollüberzeugung verleiht

Ihnen die Stärke und den Mut, sich Ziele zu setzen und Herausforderungen anzunehmen – beides verbessert Ihre Lebensqualität und stärkt die Gesundheit Ihres Gehirns.

6. Lassen Sie sich von Menschen inspirieren, die zufrieden und aktiv altern

Optimismus, Widerstandsfähigkeit und Beharrlichkeit charakterisieren sogenannte »Super-Agers« – selbstbewusst alternde Senioren, die für alles noch selbst Verantwortung tragen wollen und niemals über Tod und Sterben sprechen. Altersdiskriminierende Stereotypen und die allgemeine Unsichtbarkeit von älteren Menschen in Medien und auch in der Gesellschaft machen es uns schwer, entsprechende Vorbilder zu finden, die uns als Inspiration für ein selbstbewusstes und gesundes Altern dienen können. Doch es gibt sie.

Als ich den ältesten Studenten unserer Universität, Joe Veselsky (98 Jahre), traf, erfreute mich das ungemein. Er war interessiert, inspirierend und unterhaltsam. Er weigerte sich sogar, den Lift zu benutzen, was bedeutete, dass er und ich mehrere Stockwerke zu Fuß hinaufgehen mussten. Dass er meine Veranstaltung frühzeitig verließ, um rechtzeitig bei einer anderen Vorlesung zu sein, fand ich wunderbar. Ich bin glücklich, durch meine Arbeit viel mit älteren Menschen zu tun zu haben, die mich begeistern und deren Gesellschaft mich bereichert.

Im öffentlichen Leben gibt es geistig fitte Senioren und späte Aufsteiger in vielen Branchen und Fachrichtungen. Um nur einige Beispiele zu nennen: Die italienische Neurologin Rita Levi-Montalcini, die den Nobelpreis für Medizin und Physiologie gewann, arbeitete bis über ihren 100. Geburtstag hinaus im Labor und gewann wichtige Erkenntnisse in der Demenzforschung. Die Französin Jeanne Calment, die im Alter von 122 Jahren starb, blieb auch Jahrzehnte über die »normale« Lebenserwartung hinaus noch geistig fit. Obwohl ihr Gehör und ihr Sehvermögen nachließen, gab sie sich gegenüber Reportern und Besuchern nach wie vor geistreich und schlagfertig. Einer meiner Lieblings-TV-Stars, Sir David Attenborough, moderierte vor Kurzem noch im Alter von 92 Jahren eine Dokuserie über Wildtiere. Fashion-Ikone Iris Apfel, Jahrgang 1921, wurde kürzlich zur ältesten Person erklärt, nach deren Vorbild eine Barbiepuppe gestaltet wurde!

Michelangelo revolutionierte mit seinen Gemälden und Skulpturen die Welt der Kunst, viele seiner größten Werke erschuf er jenseits der siebzig. Im Alter von über 85 Jahren entwarf er noch die Kirche Santa Maria degli Angeli e dei Martiri in Rom. Frank Lloyd Wright entwarf das Gebäude des Solomon R. Guggenheim Museum mit über 75 Jahren und begleitete dessen Fertigstellung fast bis zu seinem Tod mit 91 Jahren 1959. Die US-amerikanische Künstlerin Grandma Moses begann mit 76 ihre Karriere als Malerin. Coco Chanel war mit 85 Jahren immer noch Chefin ihrer Modefirma, Adolph Zukor bis zu seinem Tod mit 103 Jahren im Vorstand von Paramount Pictures. Verdi war über siebzig, als er *Othello* und *Falstaff* komponierte. Churchill, Goethe, Shaw, Maugham und Tolstoi – sie alle schufen bedeutende literarische Werke mit über achtzig. Edna O'Brian schreibt im Alter von 90 Jahren noch immer, und Diana Athill begab sich mit 100 auf ein neues literarisches Abenteuer.

Der britische Zahnarzt Charles Eugster, Autor von *Age is just a number*, fing im Alter von 87 mit Bodybuilding an. Mit 95 versuchte er sich im Sprinten und wurde Weltmeister in seiner Altersklasse. Ernestine Shepherd (85) hält den Guinness-Weltrekord als älteste Bodybuilderin; erst mit 56 Jahren entdeckte sie diese Sportart für sich. Die 2020 im Alter von 101 Jahren verstorbene Tao Porchon-Lynch wurde im Alter von 93 in New York zur ältesten Yogalehrerin der Welt erklärt. Hinter ihr lag eine lange, abwechslungsreiche Karriere als Model, Schauspielerin, Filmproduzentin, Produktionsleiterin beim Fernsehen und Publizistin. 2015 nahm sie an der TV-Show *America's Got Talent* als Tänzerin im Standardtanz teil. Ihr Motto lautete: »Es gibt nichts, was du nicht tun kannst.«

7. Lassen Sie sich von »altersbedingten Gedächtnislücken« nicht verunsichern

In den späten 1990er-Jahren kam der altersdiskriminierende, aber dennoch gesellschaftlich akzeptierte Ausdruck »altersbedingte Gedächtnislücke« (engl. *senior moment*) auf, der einen kurzzeitigen Ausfall des Erinnerungsvermögens oder anderer kognitiver Fähigkeiten beschreibt. Wenn Menschen über 65 an den Zusammenhang zwischen Alter und dem Verlust der kognitiven Leistungsfähigkeit erinnert werden, schneiden sie in Gedächtnistests schlecht ab. Sogar Menschen mittleren Alters erzielen bei solchen Tests Ergebnisse, die unter dem Durchschnitt liegen, sobald man sie im Vorhinein indirekt auf den Zusammenhang von Alter und Gedächtnisverlust hinweist. Diese Forschungsergebnisse zeigen, wie stark sich vorgefertigte Meinungen, auch wenn sie falsch sind, auf unsere Leistungsfähigkeit auswirken können.

Sehen Sie also lieber von selbstverachtenden Sprüchen über »altersbedingte Gedächtnislücken« und dergleichen ab. Vergegenwärtigen Sie sich, dass kognitiver Leistungsverlust nicht unausweichlich ist. Wenn Sie – bewusst oder unbewusst – akzeptieren, dass dieser Verlust unausweichlich stattfindet, oder sogar über diese »altersbedingten Gedächtnislücken« Witze machen, dann bleiben Sie womöglich in dieser Negativschleife hängen und erfüllen letzten Endes Ihre eigene Prophezeiung.

8. Schlafen Sie drüber

Wenn ein Problem nicht unbedingt noch am selben Tag gelöst werden muss oder eine Entscheidung warten kann, dann erzwingen Sie lieber nichts. Lassen Sie die Information etwas sacken und geben Ihrem Gehirn Zeit. Erlauben Sie Ihrem Unterbewusstsein, eine Lösung für Sie zu finden. Lassen Sie Ihr Default Mode Network für Sie arbeiten. Wie oft sind Sie schon morgens aufgewacht und hatten die Lösung gefunden für ein Problem, über das Sie am Tag zuvor ständig vergeblich nachgedacht hatten? Wie oft sind Sie wach geworden und Ihnen wurde klar, dass die überstürzte Entscheidung, die Sie am Vortag getroffen haben, wahrscheinlich nicht die klügste war?

Manchmal braucht es mehr als nur eine Nacht Schlaf, um ein Problem zu lösen oder die zündende Idee zu bekommen. Vertrauen Sie auf Ihr Default Mode Network, das im Hintergrund weiterarbeitet, lassen Sie es seinen Job tun, indem es Ihre semantischen Netzwerke und die verschiedenen Areale im Gehirn aktiviert, welche die von Ihnen erlebten Erfahrungen kodiert haben. Gehen Sie auch mit kreativen Zielen auf diese Weise um – Ihre Ideen und Erkenntnisse werden reicher und tiefgreifender, wenn Sie alles etwas in den Netzwerken Ihres Gehirns dahinköcheln lassen.

Manchmal ist einfach zu viel los im Gehirn. Dann wird es zu voll, und es ist umso wichtiger loszulassen, zu entspannen und Ihrem Ruhezustandsnetzwerk etwas Zeit zum Arbeiten zu geben.

9. Kämpfen Sie gegen Altersdiskriminierung

Große Veränderungen geschehen, wenn viele Menschen etwas Kleines tun. Altersdiskriminierung ist so tief in unserer Gesellschaft verwurzelt, dass – so glaube ich – die einzige Möglichkeit, sie auszumerzen, darin besteht, wenn jeder Einzelne von uns Verantwortung übernimmt und Schritt für Schritt gegen dieses Phänomen ankämpft. Meine Vorschläge sind folgende:

- Wenn Sie das nächste Mal zu einer gesellschaftlichen Veranstaltung oder Versammlung gehen, dann unterhalten Sie sich mit jemandem, der mindestens zwanzig Jahre älter oder jünger als Sie selbst ist. Überprüfen Sie, welche Vorurteile Sie haben, während Sie mit der Person reden, und verabschieden Sie sich von diesen Stereotypen zugunsten einer grundsätzlichen Offenheit und des Willens, mehr als nur das Alter dieses Menschen zu erfahren.

- Gehen Sie gegen negative Stereotypen vor. Schreiben Sie einen Brief oder eine E-Mail an die jeweilige Zeitung, Fernsehsendung oder an den Urheber einer bestimmten Werbung, wenn Ihnen dort Altersdiskriminierung begegnet. Zwar werden einige von uns im Alter gebrechlich und sind auf die Hilfe anderer angewiesen, doch das sind weitaus weniger, als die Medien uns glauben lassen. Es ist höchste Zeit, dass wir als Gesellschaft die Medien auffordern, ein genaueres Bild von älteren Menschen entsprechend der Wirklichkeit zu zeichnen und zu vermitteln.

- Versuchen Sie, den Menschen zu sehen, nicht sein Alter. Denken Sie dran: Altersdiskriminierung verläuft in beide Richtungen, achten Sie daher auch darauf, junge Leute nicht mit Stereotypen zu belegen.

- Weisen Sie andere stets auf Altersdiskriminierung hin. Seien Sie mutig. Sie müssen dazu nicht gleich auf Konfrontation gehen, sondern können freundlich und höflich erklären, warum ein bestimmtes Verhalten oder eine bestimmte Äußerung altersdiskriminierend ist.

10. Lächeln Sie

Und zu guter Letzt lautet mein Tipp für ein gesundes Gehirn: Lächeln! Es kostet nichts und stärkt Ihre Gehirngesundheit enorm. Es sorgt für das Wachstum neuer Gehirnzellen und stimuliert Veränderungen im Gehirn, die wichtig sind für unsere Lernfähigkeit und unser Gedächtnis. Das Gehirn wird dadurch flexibler, widerstandsfähiger und kann besser mit Herausforderungen wie Stress umgehen.

Durch Lächeln werden Hormone freigesetzt, die uns ein gutes Gefühl geben, es senkt den Blutdruck, stärkt das Immunsystem und schützt gegen Stress, Depression und Angstzustände. Diese ganz einfache Geste des Lächelns sendet Botenstoffe an Ihr Gehirn, die dafür sorgen, dass Sie sich glücklich fühlen, auch wenn Sie es gar nicht sind.

Lächeln Sie mindestens fünf Mal pro Tag, auch oder gerade wenn Ihnen nicht danach ist. Beginnen und beenden Sie Ihren Tag mit einem Lächeln. Verbreiten Sie Freude und die gesundheitlichen Vorteile dieser Geste, indem Sie mindestens einmal pro Tag jemand anderen anlächeln. Das ist nämlich ansteckend und kann zu lautem Lachen führen, was wiederum ein natürlicher Stresskiller ist.

Die übrigen zwei Male Lächeln pro Tag können Sie einsetzen, wie es Ihnen beliebt.

Einstellung – Teil 2
Ziele – Aktionsplan – Persönliches Profil

Setzen Sie sich Ziele, erstellen Sie Ihren Aktionsplan sowie Ihr persönliches Profil zum Thema Einstellung.

Gesundheitsziele: Einstellung

Die Beantwortung der folgenden Fragen hilft Ihnen, sich Ziele für die Veränderung Ihrer Einstellung zu setzen, die Ihre Gehirngesundheit stärken. *Am Ende des Buches finden Sie ein vollständig ausgefülltes Beispiel.*

Frage 1: Optimismus – Pessimismus
Laut meinem Ergebnis von *Aufgabe: Test zur Grundorientierung* (Life-Orientation-Test, LOT, Seite 329) bin ich:

- ☐ Optimistischer als der Durchschnitt
- ☐ Pessimistischer als der Durchschnitt
- ☐ Durchschnittlich

Einstellungsziel Nummer 1

Ich möchte dem Leben gegenüber optimistischer eingestellt sein. ☐

Ich möchte meinen Optimismus mit etwas Realismus kombinieren. ☐

Kein Eingreifen erforderlich: Ich habe eine gesunde, optimistische Einstellung. ☐

Frage 2: Glücklich sein

Mein Ergebnis aus *Aufgabe: Glücklich sein* sind _____ Punkte.
Das bedeutet, ich bin:

☐ glücklicher als der Durchschnitt.

☐ nicht so glücklich wie der Durchschnitt.

☐ durchschnittlich glücklich.

Einstellungsziel Nummer 2

Ich möchte mich glücklicher fühlen. ☐

Ich möchte mehr lächeln. ☐

Ich möchte mehr lachen. ☐

Kein Eingreifen erforderlich: Ich bin glücklich. ☐

Frage 3: Einstellung gegenüber dem Altern

Antworten Sie entsprechend von *Aufgabe: Einstellung gegenüber dem Altern.*

Ich habe eine positive Einstellung gegenüber dem Altern:

Ja   ☐

Nein ☐

Einstellungsziel Nummer 3

Ich möchte meine eigene Wahrnehmung gegenüber dem Altern ändern:

Ja   ☐

Nein ☐

Ich möchte dem Altern gegenüber positiver eingestellt sein.

   Ja   ☐

   Nein ☐

Kein Eingreifen erforderlich: Ich habe eine gesunde Einstellung zum Thema Altern. ☐

Frage 4: Depression

Mein Ergebnis aus *Aufgabe: Depression* lautet: _____

Mein Ergebnis kann darauf hindeuten, dass ich womöglich depressiv bin.

Ja ☐

Nein ☐

Mein Ergebnis spiegelt wider, wie ich mich fühle.

Ja   ☐

Nein ☐

Einstellungsziel Nummer 4

Ich möchte an meiner Stimmung arbeiten:

   Ja   ☐

   Nein ☐

Kein Eingreifen erforderlich: Meine Stimmung ist allgemein positiv und ausgeglichen. ☐

Frage 5: Kontrollüberzeugung

Laut *Aufgabe: Kontrollüberzeugung* habe ich eine

☐ internale Kontrollüberzeugung.

☐ externale Kontrollüberzeugung.

Einstellungsziel Nummer 5

Ich möchte meine Kontrollüberzeugung mehr nach innen verschieben. ☐

Kein Eingreifen erforderlich: Ich habe eine internale Kontrollüberzeugung. ☐

Füllen Sie die folgende Tabelle mithilfe der Angaben zu Ihren Einstellungszielen aus. Das hilft Ihnen, Ihre aktuellen gesundheitsfördernden Gewohnheiten zu identifizieren und diejenigen Stressmuster zu priorisieren, die ein Eingreifen erfordern. Kreuzen Sie das entsprechende Feld an und übertragen Sie anschließend die Punkte, an denen Sie arbeiten müssen, in den Aktionsplan (Seite 374).

	Gesund	Eingreifen erforderlich	Priorität*
Einstellung gegenüber dem Altern			
Konzentration auf das Gute im Leben			
Dankbarkeit für das Gute im Leben			
Ziele setzen			

---

* Hoch, mittel oder niedrig

	Gesund	Eingreifen erforderlich	Priorität*
Aktiv kontrollieren, wie ich altere			
Optimistisch sein			
Kontrollüberzeugung			
Aktiv Entscheidungen treffen			
Wortwahl bezüglich Altersdiskriminierung			
Altersdiskriminierung bekämpfen			
Lächeln			
Andere			

Aktionsplan: Einstellung

Tragen Sie die Gewohnheiten, die ein Eingreifen erfordern, in die Spalte »Aktion« der folgenden Tabelle ein. Geben Sie an, ob der jeweilige Punkt relativ leicht zu vollziehen ist (»kurzfristig«) oder ob die Veränderung dieser speziellen Gewohnheit mehr Mühe und Zeit in Anspruch nehmen wird (»langfristig«). Die zehn Tipps, die Sie auf den Seiten 357 bis 368 gelesen haben, sollten Ihnen helfen, jede Aktion in einzelne, gut durchzuführende Schritte zu zerlegen. Geben Sie den einzelnen Aktionen Nummern für die Reihenfolge, in der Sie an ihnen arbeiten möchten (1 = zuerst in Angriff nehmen).

Aktion	Rei-hen-folge	Schritte	Kurz-fristig	Lang-fristig

Persönliches Profil: Einstellung

Orientieren Sie sich an Ihren Ergebnissen des Abschnitts **Gesundheitsziele: Einstellung** und füllen Sie die folgende Tabelle aus. Geben Sie an, ob Ihre Ergebnisse gesund, grenzwertig oder ungesund sind. Anschließend können Sie bestimmen, ob Ihr aktuelles Verhaltensmuster Ihrer Gehirngesundheit zugutekommt oder ein Risiko darstellt, das diese beeinträchtigt und Sie im späteren Leben anfällig für Demenz macht. Geben Sie schließlich die Aspekte an, an denen Sie arbeiten oder die Sie verbessern oder beibehalten möchten, und ordnen Sie diese nach Priorität in Ihrem maßgeschneiderten Gesamtplan für ein gesundes Gehirn in Kapitel 9.

Aspekt	Gesund	Grenzwertig	Ungesund	Stärke	Risiko	Beibehalten	Verbessern	Eingreifen	Priorität
Optimismus									
Zufriedenheit, Lächeln und Lachen									
Einstellung zum Altern									
Stimmung									
Kontrollüberzeugung									
Gesamt									

In 100 Tagen zu einem jüngeren Gehirn

TAGE 31 UND 32: ÄNDERN SIE IHRE EINSTELLUNG

Inzwischen sollten Sie ein klares Bild von Ihrer derzeitigen Einstellung, Ihren persönlichen Zielen und den Maßnahmen haben, die Sie ergreifen sollten, um die Gesundheit Ihres Gehirns zu stärken. Ihr Einstellungsprofil werden Sie im weiteren Verlauf des 100-Tage-Plans mit den anderen von Ihnen erstellten Profilen kombinieren, um dann in Kapitel 9 das Gesamtprofil Ihrer Gehirngesundheit zu erstellen. Zudem werden Sie mindestens eine Ihrer Maßnahmen zum Thema Einstellung auswählen und in diesen Gesamtplan integrieren.

100-Tage-Tagebuch

Sie können die Schritte, die Sie auf dem Weg zur Erfüllung Ihrer Gesamtziele erreicht haben, in das 100-Tage-Tagebuch am Ende des Buches (Seite 387–410) eintragen. Zum Beispiel:

- Ich habe meine Gedanken bewusst beachtet und versucht, einige negative Gedanken durch positive zu ersetzen.
- Ich habe mir das Oberteil gekauft, das mir gefiel, und nicht das, welches mir für mein Alter angemessener erschien.
- Ich habe angefangen, ein Dankbarkeitstagebuch zu führen.
- Ich habe heute fünf Mal gelächelt.

Sie können auch Ihre guten, die Gesundheit fördernden Gewohnheiten in dieses Tagebuch aufnehmen, um sie angemessen zu würdigen.

9

Ihr Gehirn nach Maß

Es ist nicht die stärkste Spezies, die überlebt,
auch nicht die intelligenteste, sondern diejenige,
die am besten auf Veränderungen reagiert.

Charles Darwin

Herzlichen Glückwunsch! Sie haben es bis hierher geschafft und sind nun bereit, die auf Sie persönlich abgestimmte Investmentstrategie für ein gesundes Gehirn zu entwickeln. Inzwischen wissen Sie, dass essentielle Veränderungen von Gewohnheiten und Aktivitäten, die Risiken mindern oder Schutz bieten, ganz leicht in Ihren Alltag integriert werden können.

Sie müssen sich eine tägliche die Gehirngesundheit fördernde Gewohnheit aneignen, denn jetzt haben Sie begriffen: Die Zeit, die Sie heute in Ihre Gehirngesundheit stecken, verlängert das Leben Ihres Gehirns und schützt es künftig vor den Auswirkungen von Krankheiten und vor Verfall in der Zukunft. Kleinigkeiten, die Sie jeden Tag tun, machen eben den Unterschied.

Ihre Erfolgschancen lassen sich deutlich verbessern, wenn Sie die erforderlichen Aktionen und Schritte in Ihrem Plan mit Dingen verbinden, die Ihnen sehr wichtig sind oder ein fester Bestandteil Ihres Lebens. Fragen Sie sich, warum Sie die Gesundheit Ihres Gehirns fördern wollen. Weil Sie in Ihrem Zuhause ohne fremde Hilfe leben wollen? Vielleicht auch, weil Sie weiterhin zur Gemeinschaft beitragen oder eine aktive Rolle in den Leben Ihrer Kinder und Enkelkindern spielen wollen? Womöglich möchten Sie einfach im vollen Besitz all Ihrer Fähigkeiten bleiben, um Ihre Scharfsinnigkeit und Ihr Wissen mit denen, die Ihnen am Herzen liegen, zu teilen. Was auch immer der Grund ist, bedenken Sie diesen, wenn Sie Ihren Plan entwickeln und umsetzen.

Die Lektüre dieses Buches ist bereits ein erster, sehr wichtiger Schritt, mit dem Sie Ihr Wissen über Neurowissenschaft, Demenzrisiken und Möglichkeiten, wie man am besten in die Gesundheit seines Gehirns investieren kann, erweitern. Durch Selbstbewertung anhand der verschiedenen Aufgaben und Einschätzungen haben Sie wichtige Informationen über sich selbst gesammelt, über Ihre derzeitigen Gewohnheiten, Ihre Stärken und über die Risiken, die für Sie gelten. Jetzt ist es an der Zeit, diese persönlichen Informationen zu nutzen, um ein ehrliches Profil Ihrer Gehirngesundheit zu erstellen. Dies dient wiederum als Grundlage Ihres Gesamtplans für ein gesundes Gehirn und auch Ihrer langfristigen Investmentstrategie für Ihre Gehirngesundheit, die Demenzrisiken reduzieren und die Rendite dieses Investments maximieren soll.

Ihr Gehirn ist einzigartig, geprägt durch individuelle Erfahrungen und Anforderungen, und eben deshalb gibt es keinen Universalplan für eine bessere Gehirngesundheit. Sie müssen einen Investitionsmix schaffen, der zu Ihren persönlichen Zielen, dem aktuellen gesundheitlichen Zustand Ihres Gehirns, Ihrem Alter und Ihrer Lebensphase und den Risikofaktoren, die für Sie gelten und die Sie beeinflussen können, passt.

Beim Erstellen dieses Plans denken Sie bitte daran, wie wichtig Diversität ist. In dem Mix von Investitionen in Schlaf, Stressmanagement, soziale Eingebundenheit, mentale Aktivität, Herzgesundheit, körperliche Betätigung und Einstellung sollten Sie für jede einzelne Investition Variationen schaffen (in Sachen Bewegung bedeutet dies zum Beispiel eine Mischung aus aeroben Aktivitäten, Muskelstärkung, Gleichgewichtsschulung und weniger Sitzen).

Vergessen Sie nicht: Bei der Gesundheit unseres Gehirns sprechen wir von einer Langzeitinvestition. Der Gesamtplan, den Sie mithilfe dieses Buches erstellen, ist dabei der erste und überaus wichtige Schritt einer langfristigen Strategie, die darauf zielt, den Gesundheitszustand Ihres Gehirns mit jedem Tag zu verbessern. Das regelmäßige Überarbeiten und Aktualisieren Ihres Profils und Ihres Planes ermöglicht es Ihnen, Fortschritte zu verfolgen und sich verändernde Umstände zu berücksichtigen, und zeigt Ihnen auf, ob Sie Ihren »Anlagenmix« oder einige Ihrer individuellen Investitionen überdenken sollten.

Sie haben nichts zu verlieren und können nur gewinnen. Zuversichtlichkeit ist der Schlüssel zum Erfolg. Entwickeln Sie Ihre Strategie und setzen Sie diese dann Tag für Tag um. Wenn es um die Gesundheit Ihres Gehirns geht, dann haben Sie die Kontrolle darüber, Schulden in Kapital umzuwandeln, indem Sie bewusste Entscheidungen zugunsten Ihrer Gehirngesundheit treffen und einfache Veränderungen in Ihre tägliche Routine einbauen.

Tage 33 und 34: Erstellen Sie Ihr Gehirngesundheitsprofil und Ihren maßgeschneiderten Gesamtplan für ein gesundes Gehirn

Gehirngesundheitsprofil

Vervollständigen Sie das Gehirngesundheitsprofil auf Seite 382, um einen Überblick über Ihre Stärken und Risiken in Sachen Gehirngesundheit sowie eine aussagekräftige Momentaufnahme des derzeitigen Gesundheitszustandes Ihres Gehirns zu erhalten – das alles zusammen ergibt Ihr Gehirngesundheitsprofil.

Am Ende des Buches finden Sie ein vollständig ausgefülltes Muster dieses Profils.

Gesamtplan für ein gesundes Gehirn

Als Nächstes erstellen Sie den auf Sie abgestimmten Plan für ein gesundes Gehirn. Das übergeordnete Ziel dieses Plans sollte es sein, Ihre Stärken zu maximieren und Ihre Risiken zu minimieren – und das für jeden der sechs Faktoren, die auf die Gehirngesundheit einwirken (Schlaf, Stress, sozial/mental, Herz, Bewegung und Einstellung).

Wählen Sie pro Faktor ein Ziel mit hoher Priorität aus den individuellen Aktionsplänen aus, die Sie in den Kapiteln 3, 4, 5, 6, 7 und 8 erstellt haben.

Wenn Sie es für machbar und realistisch halten, können Sie pro Faktor auch mehr als ein Ziel in den Plan aufnehmen. Falls Sie das tun, dann rate ich Ihnen, jeweils ein kurz- und ein langfristig zu erreichendes Ziel auszuwählen statt zwei Langzeitziele. Gibt es eine Kategorie, in der Sie bereits jetzt relativ gut

abschneiden, das heißt diesbezüglich schon gesunde Gewohnheiten haben (wenn Sie zum Beispiel gut mit Stress umgehen
können), dann können Sie auch beschließen, sich stärker auf
einen anderen Faktor zu konzentrieren, der Ihnen mehr Probleme bereitet (beispielsweise Bewegung).

Das hier ist Ihr persönlicher Weg. Ihr Gehirn ist einzigartig,
und genauso einzigartig sollte auch Ihr individueller Plan für
Ihre Gehirngesundheit sein.

*Am Ende des Buches finden Sie ein vollständig ausgefülltes
Muster dieses Planes.*

Gehirngesundheitsprofil

Übertragen Sie die Gesamtergebnisse Ihrer persönlichen Pro-
file aus den Kapiteln 3 bis 8 in die entsprechende Zeile der fol-
genden Tabelle und berechnen Sie die Punktzahl pro Spalte.
Diese tragen Sie bitte in die letzte Zeile unter »Gesamt« ein.
Ihr oberstes Ziel sollten das Maximieren Ihrer Stärken und das
Minimieren Ihrer Risiken in jeder Kategorie sein. *Am Ende
des Buches finden Sie ein vollständig ausgefülltes Muster dieses
Profils.*

Kategorie	Gesund	Grenzwertig	Ungesund	Stärke	Risiko	Beibehalten	Verbessern	Eingreifen	Priorität
Schlaf									
Stress									
sozial/mental									
Herz									
Bewegung									
Einstellung									
Gesamt									

Gesamtplan für ein gesundes Gehirn

Am Ende des Buches finden Sie ein vollständig ausgefülltes Muster dieses Plans.

Kategorie	Ziel	Aktion	Schritte	Zieldatum
Schlaf				
Stress				
sozial/mental				
Herz				
Bewegung				
Einstellung				

Setzen Sie Ihren Plan in die Tat um

TAGE 35 BIS 100:
MACHEN SIE ES SICH ZUR GEWOHNHEIT, DIE
GESUNDHEIT IHRES GEHIRNS ZU FÖRDERN

Ich habe 66 Tage dafür eingeplant, um die gesundheitsfördernden Gewohnheiten in Ihren Alltag zu integrieren. Natürlich sind diese 66 Tage ein Durchschnittswert, wenn es darum geht, sich etwas zur Gewohnheit zu machen. Das heißt, einige Verhaltensmuster lassen sich schneller, andere langsamer integrieren.

Wie lange es dauert, sich eine neue Gewohnheit zu eigen zu machen, hängt von vielen Faktoren ab – einige davon stark von Ihnen selbst und den Verhaltensweisen, die Sie ablegen und ersetzen wollen. Manche Schritte lassen sich leichter umsetzen als andere.

Denken Sie stets daran, dass diese Angelegenheit ein Marathonlauf ist – bei der Gesundheit Ihres Gehirns geht es um das ganze Leben. Versuchen Sie nicht, alles auf einmal umzuwerfen, sondern priorisieren Sie die Punkte, die Sie verbessern möchten, und arbeiten Sie die ersten hundert Tage nur an diesen Punkten, bis sie von ganz allein funktionieren.

Um mit alten Gewohnheiten zu brechen, müssen Sie zunächst hart arbeiten, denn es gilt, die bestehenden Verhaltensmuster zu überwinden. Doch mit der Zeit wird das neue Verhalten die Verbindungen in Ihrem Gehirn stärken und dafür sorgen, dass dieses neue Verhalten zur neuen Gewohnheit wird. Koppeln Sie ein neues Verhalten an eine bestehende Routinetätigkeit, so kann das helfen, an Ihrem Plan festzuhalten.

Wenn wir uns auf eine Sache konzentrieren, wird sie gestärkt. Versuchen Sie, sich auf das Entwickeln eines neuen Verhaltens zu konzentrieren anstatt darauf, der alten Gewohnheit zu widerstehen. Gehen Sie die neue Gewohnheit im Kopf durch. Allein das Vorstellen kann dabei helfen, sich eine neue Gewohnheit anzueignen.

Sobald eine neue, die Gehirngesundheit fördernde Gewohnheit zur Routine geworden ist, können Sie Ihre Aktionspläne aktualisieren und ein neues Ziel auswählen, das Sie in Ihren übergeordneten, weiterhin aktuellen Gesamtplan für ein gesundes Gehirn mit aufnehmen.

Fortschritte verfolgen

Benutzen Sie die folgende Tabelle, um Ihre Fortschritte festzuhalten. Der Weg zu einem gesünderen Gehirn ähnelt mehr einem Marathon als einem Sprint – um motiviert zu bleiben, ist es wichtig, Ihre Teilerfolge entlang dieses Weges aufzuschreiben. Halten Sie jeden Schritt und jede Aktion fest, die Sie auf dem Weg zu Ihrem Ziel geschafft haben.

Wenn Ihnen das lieber ist, können Sie dies auch in einer Excel-Tabelle tun oder Ihre Erfolge ganz traditionell in einem Notizbuch oder Tagebuch festhalten.

Vielleicht möchten Sie Ihren Weg ja auch mit anderen über einen entsprechenden Blog oder in den sozialen Medien unter *#Gehirngesundheit* oder ähnlichen Hashtags teilen.

In dieser Form Bilanz zu ziehen wird Ihnen helfen, das Thema Gehirngesundheit in Ihren Alltag zu integrieren. Das öffentliche Teilen Ihrer Ziele und Fortschritte kann helfen, Sie zu motivieren und am Ball zu bleiben, und Sie dazu ermutigen, bei dieser 100-Tage-Reise erfinderisch und innovativ zur Tat zu schreiten.

Erfolge Gehirngesundheit

Erfolg	Datum des Erfolgs	Vorteile/Kommentare

Und zu guter Letzt: Vergessen Sie nicht ...

- Sorgen Sie für Ihr Gehirn genauso gut wie für Ihre Zähne.
- Sie brauchen Ihr Gehirn für alles, das heißt, die Gesundheit Ihres Gehirns ist wichtig
- Jeder mit einem Gehirn sollte sich Gedanken über die Gesundheit ebendieses Gehirns machen.
- Ihr Gehirn verändert sich ständig.
- Ihre Verhaltensweisen, Erfahrungen und Entscheidungen in Bezug auf Ihre Lebensführung können Ihr Gehirn in jedem Alter formen.
- Es ist nie zu spät oder zu früh für Investitionen in die Gesundheit des eigenen Gehirns.
- Ihr Gehirn ist plastisch und kann sich zeitlebens verändern.
- Ihr Gehirn ist widerstandsfähig und verfügt über die Fähigkeit, Reserven aufzubauen.
- Was Sie tun und was Sie nicht tun, beeinflusst, wie gut Ihr Gehirn jetzt funktioniert und wie widerstandsfähig es sein kann, wenn es mit Herausforderungen wie Altern, Verletzungen oder Krankheiten zurechtkommen muss.
- Entscheidende Veränderungen des Lebensstils, Aktivitäten und Einstellungen, die Ihre Gehirnfunktion schützen, das Altern des Gehirns verlangsamen und das Demenzrisiko reduzieren, können ganz einfach in Ihren Alltag integriert werden.

Aktivität	Einstellung	Lebensstil
Bewegen Sie sich	Managen Sie Stress	Pflegen Sie Ihren Schlaf
Bleiben Sie sozial	Denken Sie positiv	Lieben Sie Ihr Herz
Seien Sie geistig aktiv	Lächeln Sie	Schützen Sie Ihren Kopf

100-Tage-Tagebuch

Das Hauptziel dieses Tagebuchs ist es, Ihnen dabei zu helfen, das Thema Gehirngesundheit zu einem integralen Bestandteil Ihres Alltags zu machen. Die entsprechenden Aktionen oder Entscheidungen, die Sie im Tagebuch festhalten, müssen weder ausgefallen noch lebensverändernd sein. Sie müssen noch nicht einmal neu sein.

Wenn Sie in den ersten dreißig Tagen Ihr Profil erstellen, würde ich zuallererst vorschlagen, dass Sie sich auf das Notieren und die Würdigung derjenigen Dinge konzentrieren, die Sie bereits tagtäglich für Ihre Gehirngesundheit tun.

Tragen Sie täglich etwas in das Tagebuch ein, so erfüllt dies zweierlei Zwecke: Sie denken jeden Tag über die Gesundheit Ihres Gehirns nach und lernen zudem Ihre Stärken in Bezug auf Gehirngesundheit besser kennen. In gewisser Hinsicht ziehen Sie Bilanz und führen eine Inventur Ihrer Schwächen und Stärken durch, die Ihnen helfen wird, jene Faktoren Ihres Lebensstils herauszustellen, mit denen Sie sich stärker auseinandersetzen sollten.

Wenn Sie sich weiter durch dieses Buch arbeiten, berücksichtigen Sie womöglich einige der Tipps aus den einzelnen Kapiteln und notieren sich diese zusammen mit manchen der kurzfristigen Aktionen aus den Kapiteln 3 bis 8.

Sobald Sie einmal Ihren maßgeschneiderten Gesamtplan für ein gesundes Gehirn erstellt haben, besteht Ihr Ziel darin, Ihre Stärken in allen Kategorien des Gehirngesundheitsprofils zu fördern, indem Sie tagtäglich Aktivitäten absolvieren, die jede dieser Kategorien abdecken (Schlaf, Stress, sozial/mental, Herz, Bewegung und Einstellung).

Sie werden merken, dass einige Aktivitäten mehr als einen Faktor betreffen. Nehmen Sie zum Beispiel an einem Literaturzirkel teil, dann zielt diese Aktivität auf den sozialen und mentalen Faktor ab. Spazieren Sie zu dem Treffen, können Sie auch ein Kreuz bei körperlicher Bewegung setzen, und so weiter. Ich habe einige Meilensteine in das 100-Tage-Tagebuch eingearbeitet.

Während der Lektüre werden Sie entdecken, dass Sie bereits mehrere Dinge für Ihre Gehirngesundheit tun. Beginnen Sie also Ihre Reise damit, diese Gewohnheiten zu würdigen und zu feiern. Konzentrieren Sie sich in der ersten Woche auf Ihre aktuellen Stärken und notieren Sie Ihre bereits bestehenden gesundheitsfördernden Gewohnheiten.

Notieren Sie täglich eine Sache, gern auch mehrere. | Kreuzen Sie alle betroffenen Kategorien an

Tag	Entscheidung/Aktion	Schlaf	Stress	Sozial	Mental	Herz	Bewegung	Einstellung
1								
2								
3								
4								
5								
6								
7	Meilenstein: Schlafprofil und -plan erstellt							

Gibt es irgendwelche kurzfristigen, vielversprechenden Maßnahmen, die Sie diese Woche zur Verbesserung Ihres Schlafes einbauen können?

Notieren Sie täglich eine Sache, gern auch mehrere.

Tag	Entscheidung/Aktion	Schlaf	Stress	Sozial	Mental	Herz	Bewegung	Einstellung
8								
9								
10								
11								
12								
13								
14	Meilenstein: Stressprofil und -plan erstellt							

Kreuzen Sie alle betroffenen Kategorien an

Gibt es irgendwelche kurzfristigen, vielversprechenden Maßnahmen, die Sie diese Woche einbauen können, um besser mit Stress umzugehen oder Ihren persönlichen Idealpunkt für Stress zu finden?

Notieren Sie täglich eine Sache, gern auch mehrere.		Kreuzen Sie alle betroffenen Kategorien an							
Tag	Entscheidung/Aktion	Schlaf	Stress	Sozial	Mental	Herz	Bewe-gung	Einstel-lung
15								
16	Meilenstein: Profil und Plan zu sozialer Interaktion und mentaler Stimulation erstellt							
17								
18								
19								
20								
21								

Gibt es irgendwelche kurzfristigen, vielversprechenden Maßnahmen, die Sie diese Woche einbauen können, um Ihre mentalen oder sozialen Aktivitäten zu steigern?

Notieren Sie täglich eine Sache, gern auch mehrere.		Kreuzen Sie alle betroffenen Kategorien an							
Tag	Entscheidung/Aktion	Schlaf	Stress	Sozial	Mental	Herz	Bewe-gung	Einstel-lung
22								
23	Meilenstein: Profil und Plan zu Herzgesund-heit erstellt							
24								
25								
26								
27								
28								

Wie sieht es in Sachen Bewegung aus? Waren Sie überrascht, als Sie erfuhren, dass die empfohlenen 150 Minuten körperlicher Bewegung zu Ihrem gewöhnlichen Bewegungspensum noch hinzukommen müssen?

Notieren Sie täglich eine Sache, gern auch mehrere.		Kreuzen Sie alle betroffenen Kategorien an						
Tag	Entscheidung/Aktion	Schlaf	Stress	Sozial	Mental	Herz	Bewegung	Einstellung
29								
30	Meilenstein: Bewegungsprofil und -plan erstellt							
31								
32	Meilenstein: Einstellungsprofil und -plan erstellt							
33	Meilenstein: Gehirngesundheitsprofil erstellt							
34	Meilenstein: maßgeschneiderten Gesamtplan für ein gesundes Gehirn erstellt							
35								

Jetzt, wo Sie einen guten Überblick über Ihr aktuelles Gehirn haben, ist es an der Zeit, einen Zahn zuzulegen. Die Einträge in Ihrem Tagebuch sollten den Schritten entsprechen, wie sie in Ihrem maßgeschneiderten Gesamtplan festgelegt wurden. Dieser wiederum soll Sie jeden Tag zu Entscheidungen und Maßnahmen anregen, die Ihre Gehirngesundheit stärken.

Notieren Sie täglich eine Sache, gern auch mehrere.	Kreuzen Sie alle betroffenen Kategorien an							
Tag	Entscheidung/Aktion	Schlaf	Stress	Sozial	Mental	Herz	Bewegung	Einstellung
36								
37								
38								
39								
40								
41								
42								

Sie müssen nicht alles notieren, aber es ist wichtig, täglich mindestens einen Punkt festzuhalten, denn so gewöhnen Sie sich leichter an Verhaltensweisen zugunsten Ihrer Gehirngesundheit. Konzentrieren Sie sich auf die neuen Gewohnheiten, die Sie in Ihren Alltag einbauen möchten, und setzen Sie es sich zum Ziel, so viele Kategorien wie möglich ankreuzen zu können.

Notieren Sie täglich eine Sache, gern auch mehrere.		Kreuzen Sie alle betroffenen Kategorien an							
Tag	Entscheidung/Aktion	Schlaf	Stress	Sozial	Mental	Herz	Bewe-gung	Einstel-lung
43								
44								
45								
46								
47								
48								
49								

Herzlichen Glückwunsch! Halbzeit! Ein guter Zeitpunkt, um erneut Bilanz zu ziehen. Wie geht es Ihnen? Machen Sie Fortschritte? Haben Sie sich zu viel zugemutet? Vielleicht haben Sie Ihre Fähigkeiten unterschätzt und sich nicht ausreichend gefordert? Überarbeiten Sie Ihren Gesamtplan für ein gesundes Gehirn und verändern Sie ihn, wo nötig. Vergessen Sie nicht, im Plan das Datum zu notieren, an dem Sie eines der Ziele erreicht haben. Halten Sie Ihre Erfolge weiterhin schriftlich fest.

Tag	Entscheidung/Aktion — Notieren Sie täglich eine Sache, gern auch mehrere.	Schlaf	Stress	Sozial	Mental	Herz	Bewegung	Einstellung
		Kreuzen Sie alle betroffenen Kategorien an						
50								
51								
52								
53								
54								
55								
56								

Nehmen Sie sich diese Woche etwas Zeit, um sich intensiver mit dem Thema Schlaf auseinanderzusetzen. Notieren Sie alle Erfolge, die Sie verbuchen konnten. Sehen Sie sich Ihr **Schlaftagebuch** aus der ersten Woche erneut an: Hat sich Ihr Schlaf gebessert? Sind Sie noch immer auf dem richtigen Weg, um Ihre Ziele zu erreichen? Falls nicht, überprüfen Sie, ob Sie Ihr Verhalten oder Ihr Ziel anpassen müssen. Wenn Sie Ihr Schlafziel schon erreicht haben und bereit für eine neue Herausforderung sind, dann nehmen Sie ein neues Schlafziel in Ihren Gesamtplan auf.

Notieren Sie täglich eine Sache, gern auch mehrere.		Kreuzen Sie alle betroffenen Kategorien an						
Tag	Entscheidung/Aktion	Schlaf	Stress	Sozial	Mental	Herz	Bewe-gung	Einstel-lung
57								
58								
59								
60								
61								
62								
63								

Nehmen Sie sich diese Woche etwas Zeit, um sich intensiver mit dem Thema Stress auseinanderzusetzen. Notieren Sie alle Erfolge, die Sie verbuchen konnten. Sehen Sie sich das **Stress-tagebuch** an, das Sie in der zweiten Woche geführt haben: Hat sich etwas verändert? Sind Sie noch immer auf dem richtigen Weg, um Ihre Ziele zu erreichen? Falls nicht, überprüfen Sie, ob Sie Ihr Verhalten oder Ihr Ziel anpassen müssen. Wenn Sie Ihr Stressziel schon erreicht haben und bereit für eine neue Herausforderung sind, dann nehmen Sie ein neues Stressziel in Ihren Gesamtplan auf.

Notieren Sie täglich eine Sache, gern auch mehrere.		Kreuzen Sie alle betroffenen Kategorien an						
Tag	Entscheidung/Aktion	Schlaf	Stress	Sozial	Mental	Herz	Bewe-gung	Einstel-lung
64								
65								
66								
67								
68								
69								
70								

Nehmen Sie sich diese Woche etwas Zeit, um sich intensiver mit Ihren sozialen und mentalen Aktivitäten auseinanderzusetzen. Notieren Sie alle Erfolge, die Sie verbuchen konnten. Sehen Sie sich Ihr Profil aus Kapitel 5 an: Hat sich etwas verändert? Sind Sie noch immer auf dem richtigen Weg, um Ihre Ziele zu erreichen? Falls nicht, überprüfen Sie, ob Sie Ihr Verhalten oder Ihr Ziel anpassen müssen. Wenn Sie Ihr Ziel schon erreicht haben und bereit für eine neue Herausforderung sind, dann nehmen Sie ein neues Ziel in Ihren Gesamtplan auf.

Notieren Sie täglich eine Sache, gern auch mehrere.		Kreuzen Sie alle betroffenen Kategorien an							
Tag	Entscheidung/Aktion	Schlaf	Stress	Sozial	Mental	Herz	Bewe-gung	Einstel-lung
71								
72								
73								
74								
75								
76								
77								

Nehmen Sie sich diese Woche etwas Zeit, um sich intensiver mit Ihrem Herzen auseinanderzusetzen. Wenn Sie Ihre Werte nicht kennen, vereinbaren Sie einen Termin, um Blutdruck, Cholesterin und Blutzucker messen zu lassen. Notieren Sie alle

Erfolge, die Sie verbuchen konnten. Sehen Sie sich Ihr Ernährungstagebuch aus der ersten Woche erneut an: Hat sich etwas verändert? Sind Sie noch immer auf dem richtigen Weg, um Ihr Ziel zu erreichen? Falls nicht, überprüfen Sie, ob Sie Ihr Verhalten oder Ihr Ziel anpassen müssen. Wenn Sie Ihr Ziel schon erreicht haben und bereit für eine neue Herausforderung sind, dann nehmen Sie ein neues Ziel in Sachen Herzgesundheit in Ihren Gesamtplan auf.

Notieren Sie täglich eine Sache, gern auch mehrere.		Kreuzen Sie alle betroffenen Kategorien an							
Tag	Entscheidung/Aktion	Schlaf	Stress	Sozial	Mental	Herz	Bewe-gung	Einstel-lung
78								
79								
80								
81								
82								
83								
84								

Nehmen Sie sich diese Woche etwas Zeit, um sich intensiver mit Ihren körperlichen Aktivitäten auseinanderzusetzen. Notieren Sie alle Erfolge, die Sie verbuchen konnten. Bewegen Sie sich ausreichend und erfüllen Sie die empfohlenen Aktivitätslevel? Sind Sie noch immer auf dem richtigen Weg, um Ihre Ziele zu erreichen? Falls nicht, überprüfen Sie, ob Sie Ihr Verhalten oder Ihr Ziel anpassen müssen. Wenn Sie Ihr Ziel schon erreicht haben und bereit für eine neue Herausforderung sind, dann nehmen Sie ein neues Bewegungsziel in Ihren Gesamtplan auf.

		Kreuzen Sie alle betroffenen Kategorien an						
Tag	Entscheidung/Aktion	Schlaf	Stress	Sozial	Mental	Herz	Bewegung	Einstellung
85								
86								
87								
88								
89								
90								
91								

Notieren Sie täglich eine Sache, gern auch mehrere.

Nehmen Sie sich diese Woche etwas Zeit, um sich intensiver mit Ihrer Einstellung auseinanderzusetzen. Notieren Sie alle Erfolge, die Sie verbuchen konnten. Lächeln und lachen Sie öfter als vorher? Haben Sie eine Veränderung Ihrer Einstellung gegenüber dem Altern bemerkt? Sind Sie noch immer auf dem richtigen Weg, um Ihre Ziele zu erreichen? Falls nicht, überprüfen Sie, wie Sie Ihr Verhalten oder Ihr Ziel anpassen müssen. Wenn Sie Ihr Ziel schon erreicht haben und bereit für eine neue Herausforderung sind, dann nehmen Sie ein neues Einstellungsziel in Ihren Gesamtplan auf.

Notieren Sie täglich eine Sache, gern auch mehrere.

Kreuzen Sie alle betroffenen Kategorien an

Tag	Entscheidung/Aktion	Schlaf	Stress	Sozial	Mental	Herz	Bewe-gung	Einstel-lung
92								
93								
94								
95								
96								
97								
98								

Sie haben es fast geschafft. Nehmen Sie sich am 100. Tag etwas Zeit, um auf Ihren Weg zurückzublicken. Machen Sie die Aufgaben auf den folgenden Seiten und halten Sie Ihre Erfolge schriftlich fest, um sie angemessen zu würdigen und zu feiern.

Notieren Sie täglich eine Sache, gern auch mehrere.		Kreuzen Sie alle betroffenen Kategorien an						
Tag	Entscheidung/Aktion	Schlaf	Stress	Sozial	Mental	Herz	Bewegung	Einstellung
99								
100	Meilenstein: Bewegungsprofil und -plan erstellt							

Herzlichen Glückwunsch!

Nachträgliche Aufgaben

A. Wiederholen Sie die *Aufgabe: Sprachkompetenz* aus Kapitel 2.

Stellen Sie den Wecker auf eine Minute und nehmen Sie auf, wie viele Tiere Sie innerhalb dieser Minute aufzählen können.

Hören Sie die Aufnahme erneut an und notieren Sie Ihr Ergebnis.

B. Aufgabe: Gedächtnis, Gesundheit und Wohlbefinden.

Für diese Aufgabe benötigen Sie Stift und Papier.

1. Lesen Sie die folgende Liste und konzentrieren Sie sich auf jedes der Wörter jeweils einige Sekunden lang.

1a) Prägen Sie sich diese Wörter gut ein.

Auto	Papier	Kohl	Tisch
Fenster	Brot	Sommer	Hut
Gras	Lieferwagen	Telefon	Nagel

1b) Schließen Sie jetzt das Buch und schreiben Sie diejenigen Wörter auf, die Sie sich gemerkt haben.

Ihr Ergebnis ist die Gesamtzahl der korrekt gemerkten Wörter:

_____

2. Wie würden Sie Ihren allgemeinen Gesundheitszustand derzeit beschreiben?

- ☐ Hervorragend
- ☐ Sehr gut
- ☐ Gut
- ☐ In Ordnung
- ☐ Schlecht

3. Wie würden Sie Ihr allgemeines Wohlbefinden derzeit beschreiben?

- ☐ Hervorragend
- ☐ Sehr gut
- ☐ Gut
- ☐ In Ordnung
- ☐ Schlecht

4. Wie würden Sie Ihr Tagesgedächtnis derzeit beschreiben?

- ☐ Hervorragend
- ☐ Sehr gut
- ☐ Gut
- ☐ In Ordnung
- ☐ Schlecht

Wie verhalten sich Ihre Ergebnisse zu denen aus Kapitel 2, als Sie die Aufgaben vor dem Programm gemacht haben?

Jetzt, da Sie das Programm abgeschlossen haben, können Sie einige der Aufgaben aus Kapitel 3 bis 8 noch einmal machen, um so die Profile Ihrer Lebensweisen zu aktualisieren und die Erfolge, die Sie in den letzten hundert Tagen in jeder Kategorie verbucht haben, zu würdigen. Diese Informationen können Sie dazu nutzen, auf der folgenden Seite ein neues Gehirngesundheitsprofil zu erstellen.

Tag 101: Aktualisieren Sie Ihr Gehirngesundheitsprofil

Kategorie	Gesund	Grenzwertig	Ungesund	Stärke	Risiko	Beibehalten	Verbessern	Eingreifen	Priorität
Schlaf									
Stress									
sozial/mental									
Herz									
Bewegung									
Einstellung									
Gesamt									

Muster

Muster: Kapitel 3
Aktionsplan: Schlaf

Aktion	Reihen-folge	Schritte	Kurz-fris-tig	Lang-fris-tig
Technische Geräte aus meinem Schlafzimmer verbannen und die Benutzung lichtaussendender Geräte kurz vor dem Schlafengehen reduzieren.	I	Einen neuen Platz zm Aufladen meines Laptops und Smartphones finden.	x	
		Keine elektronischen Geräte mehr ins Schlafzimmer mitnehmen.		x
		Nicht im Bett arbeiten.		x
		Einen altmodischen Wecker kaufen.	x	
Einen regelmäßigen Zeitpunkt zum Schlafengehen festlegen.	3	Passend zu meinem Tagesrhythmus eine feste Uhrzeit zum Schlafengehen finden.	x	
		Auf meinem Smartphone einen Alarm für diese Uhrzeit einstellen.	x	
		Es eine Woche lang probieren, auch wenn ich nicht gleich einschlafe.		x
Versuchen, pro Nacht mindestens 7,5 Stunden zu schlafen.	5	Die Stunden, die ich schlafe, dokumentieren.		
		Schauen, ob die Veränderungen etwas bewirken.		x

Aktion	Reihen-folge	Schritte	Kurz-fris-tig	Lang-fris-tig
Eine Routine zum abendlichen »Herunterkommen« entwickeln.	2	Tipps zum »Herunterkommen« lesen.	×	
		Neue Sachen ausprobieren.		×
		Abends ein Bad nehmen.	×	
		Spätabends auf Netflix zur Entspannung verzichten.		×
		Dafür abends lieber wieder gedruckte Bücher lesen.	×	
Einen regelmäßigen Schlafrhythmus entwickeln.	4	Diszipliniert versuchen, jeden Abend zur gleichen Zeit ins Bett zu gehen und jeden Morgen zur gleichen Zeit aufzustehen, auch am Wochenende.		×
Nach 19.30 Uhr nicht mehr essen.	6	Mahlzeiten im Tagesverlauf einplanen.	×	
		Am Wochenende vorkochen, damit ich nach der Arbeit das Essen nur noch aufwärmen muss.	×	

Muster: Kapitel 3
Persönliches Profil: Schlaf

Aspekt	Gesund	Grenzwertig	Ungesund	Stärke	Risiko	Beibehalten	Verbessern	Eingreifen	Priorität
Dauer	×			×			×		
Zeitplan		×			×			×	×
Qualität	×			×		×			
Störungen	×			×		×			
Hindernisse			×		×			×	×
Gesamt	3	1	1	3	2	2	1	2	2

Hinweis: Zwei Aktionen, die Priorität haben, in den Gesamt-plan für ein gesundes Gehirn aufnehmen.

Muster: Kapitel 4
Aufgabe: Stresstagebuch

Tag	Zeit	Dauer	Stressor	Ort	Aktivität	Level	Regelmäßig	Bewältigungsstrategie
Mo	17.55	10 Min.	Nach Parkplatz vor dem Fitnessstudio suchen	Fitnessstudio	In Schlange stehen für Parkplatz	1	Ja	Keine
Di	9.55	30 Min.	Fundbüro	Telefon	Gespräch mit zuständigem Angestellten am Flughafen	2	Nein	Tief durchgeatmet und mir gesagt, dass es meine Lage nur verschlechtert, wenn ich mich mit dem Angestellten anlege.
Mi								
Do								
Fr								

Muster: Kapitel 4
Aktionsplan: Stress

Aktion	Reihenfolge	Schritte	Kurzfristig	Langfristig
Weniger Zeit mit Arbeiten verbringen.	1	Kontrollieren, woran ich wie lange arbeite.	×	
		Zeitaufwendige, unwichtige Arbeit minimieren.		×
		Beginnen, nein zu sagen oder realistischere Fristen setzen.		×
		Keine E-Mails mehr nach Feierabend lesen/beantworten.	×	
		E-Mails nur zweimal täglich zu festen Zeiten lesen.	×	
		Besprechungen realistischer einplanen.		×
Mehr Zeit mit Lächeln und Lachen verbringen.	2	Sich täglich bewusst bemühen zu lächeln.	×	
		Menschen/Dinge bestimmen, die mich zum Lachen bringen.	×	
		Mehr Zeit mit Menschen verbringen, mit denen ich Spaß habe.		×
		Häufiger versuchen, die lustige Seite von Dingen zu sehen.		×
Mehr Zeit draußen verbringen.	3	Pausen draußen in meinen Tag einplanen.	×	
Meinem Interesse am Fotografieren nachgehen.	4	Am Wochenende Zeit draußen verbringen und dort Vögel, die Natur und Blumen fotografieren.		×

Muster: Kapitel 5
Aktionsplan: Sozial und mental

Aktion	Rei-hen-folge	Schritte	Kurz-fristig	Lang-fristig
Anspruchsvollere Freizeitaktivitäten ausüben.	1	Weniger fernsehen.	×	
		Auf Ausstellungen und Vorträge im Ort/in der Region achten.	×	
		Mindestens einmal pro Monat etwas »Kulturelles« machen.		×
		Statt Freunde/Familie zum Mittagessen, Kaffeetrinken oder auf einen Drink zu treffen, zu einer Ausstellung, einem Vortrag oder ins Theater gehen.		×
Mein soziales Netzwerk stärken.	2	Sich stärker bemühen, Menschen regelmäßiger als bisher zu treffen.		×
		Häufiger Einladungen zu Veranstaltungen annehmen.		×

Muster: Kapitel 6
Herz: Ernährungstagebuch

(Nehmen Sie handelsübliche Gegenstände zur Berechnung einer Portion zu Hilfe. Zum Beispiel ein 75 g Steak = ein Set Spielkarten, eine Tasse Reis = ein Tennisball)

	Tag 1	Tag 2	Tag 3	Tag 4	Tag 5	Tag 6	Tag 7
Tag	Do						
Frühstück	Porridge Mandelmilch						
Mittag-essen	Dose Thunfisch Salat Tomate Zwiebel Gurke						
Abend-essen	Wolfsbarsch Erbsen Brokkoli Butter Tasse Reis						
Snacks	Banane						
Wasser	6 Gläser						
Flüssig-keiten	1 Grüner Tee						
Alkohol	Gin Tonic						
Kommen-tar	Ich glaube, ich war heute ganz gut, obwohl ich bereits nach 1 Glas Gin etwas schwächelte.						
Fett	wenig						
Salz	wenig						
Zucker	in Obst und Tonic						
Zigaretten	19						

Muster: Kapitel 6
Aktionsplan: Herz

Aktion	Reihen-folge	Schritte	Kurz-fristig	Lang-fristig
Meinen Blutdruck senken.	2	Mit meinem Arzt über Vorgehensweisen und Behandlungsmöglichkeiten sprechen.	×	
		Mit dem Rauchen aufhören.		×
		Gewicht verlieren.		×
		Regelmäßig Sport treiben.		×
		Weniger Salz zu mir nehmen.		×
Mit dem Rauchen aufhören.	1	Eine Liste mit all den Gründen schreiben, warum ich aufhören will.	×	
		Ein Datum bestimmen, an dem ich aufhören will.	×	
		Ein Sparkonto für das Geld eröffnen, das ich dadurch spare.		×
		Online nach Unterstützungsmöglichkeiten suchen.	×	
		Mit einem Hobby beginnen, das meine Hände fordert.		×

Muster: Kapitel 7
Bewegungstagebuch

Art	Lebens-bereich	Mo Min.	Di Min.	Mi Min.	Do Min.	Fr Min.	Sa Min.	So Min.	Tage*	gesamt	MET-Minuten
Anstrengend	Arbeit	0	0	0	0	0	0	0	0	0	Anstrengend: Min. insgesamt (Arbeit + Freizeit) x 8
	Freizeit	40	0	45	0	30	0	30	4	145	Anstrengend: MET-Minuten = 1160 (145 × 8)
Moderat	Arbeit	0	0	0	0	0	0	0	0	0	Moderat: Min. insgesamt (Arbeit + Zu Hause + Freizeit) x 4
	zu Hause	15	0	30	20	25	20	0	5	110	
	Freizeit	0	30	0	0	0	0	0	1	30	Moderat: MET-Minuten = 560 (140 × 4)
Gehen	Arbeit	0	0	0	0	60	60	30	3	150	(Arbeit + Nahverkehr + Freizeit) x 3,3
	Trans-port	0	0	0	0	0	0	0	0	0	Gehen: MET-Minuten = 594 (180 × 3,3)
	Freizeit	0	0	0	0	0	30	0	1	30	
MET-Minuten insgesamt											**Anstrengend + Moderat + Gehen** 1160 + 560 + 594 = 2315
Sitzen											**Wochentage sitzend insgesamt**
	Arbeit	480	540	0	0	200	200	240	7	1660	
	andere	240	300	200	240	200	240	200	7	1620	

---

*   Anzahl der Tage, an denen Sie die Aktivität verfolgen.

Muster: Kapitel 7
Aufgabe: IPAQ, Berechnung des Aktivitätslevels

Kriterium für ein hohes Aktivitätslevel:

- Anstrengende körperliche Aktivität an mindestens drei Tagen, bei der man ein Minimum von 1500 MET-Minuten pro Woche erreicht.

Beispielrechnung:
MET (anstrengende Aktivität) = 1160, Tage = 4: kein hohes Aktivitätslevel

ODER:

- Sieben oder mehr Tage mit einer beliebigen Kombination aus Gehen, moderaten oder anstrengenden körperlichen Aktivitäten, mit einem Minimum von 3000 MET-Minuten pro Woche.

Beispielrechnung:
Tage = 4 anstrengend + 6 moderat + 4 Gehen = »mindestens 7 Tage«. Summe MET-Minuten/Woche = 2315. Da das MET-Ergebnis unter 3000 liegt, ist das hier kein hohes Aktivitätslevel.

Da in diesem Beispiel fünf oder mehr Tage mit einer beliebigen Kombination aus moderaten und anstrengenden Aktivitäten und Gehen vorliegen und ein wöchentliches Minimum von 600 MET erreicht wird, handelt es sich um ein mittleres Aktivitätslevel.

Muster: Kapitel 9
Gehirngesundheitsprofil

Setzen Sie sich das Ziel, die Zahl Ihrer Stärken zu vergrößern und die Zahl der Risikofaktoren pro Kategorie zu reduzieren.

Kategorie	Gesund	Grenzwertig	Ungesund	Stärke	Risiko	Beibehalten	Verbessern	Eingreifen	Priorität
Schlaf	3	1 U	1	3	2	2	1	2	2
Stress	1	2 U	1	1	3	1	2	1	3
Sozial/Mental	4	1 U	1	4	2	3	2	1	1
Herz	4	1 G	0	5	0	4	1	0	1
Bewegung	1	1 U	1	1	2	1	1	1	1
Einstellung	4	1 G	0	5	0	4	1	0	1
Summe	17	7	4	19	9	15	8	5	9

Hinweis: Notieren Sie in der Kategorie »grenzwertig«, ob die Aktivitäten sich eher an der Grenze zu gesund (G) oder zu ungesund (U) befinden.

Muster: Kapitel 9
Gesamtplan für ein gesundes Gehirn

Kategorie	Ziel	Aktion	Schritte	Zieldatum (Z) erreicht (E)
Schlaf	Hürden beseitigen, die meinen Schlaf stören.	Ein Schlafzimmer ohne Technik.	Einen neuen Platz zum Aufladen meines Laptops und meines Smartphones finden.	Z = 5.5.2022 E =
	Einen festen Zeitplan für meinen Schlaf erstellen.		Keine elektronischen Geräte mit ins Schlafzimmer bringen.	
			Nicht vom Bett aus arbeiten.	Z = 30.6.2022 E =
			Einen altmodischen Wecker kaufen.	
			Einen Alarm für den Zeitpunkt zum Schlafengehen einstellen.	
Stress	Eine bessere Work-Life-Balance.	Arbeitszeit um 15 Prozent reduzieren.	Untersuchen, womit genau ich meine Zeit bei der Arbeit verbringe.	Z = 30.9.2022 E =
			Pausen draußen in meinen Arbeitstag einplanen.	
			Meinem Interesse an Fotografie nachgehen.	

Kategorie	Ziel	Aktion	Schritte	Zieldatum (Z) erreicht (E)
Mental/ Sozial	Mich weiterbilden.	Einen Abendkurs besuchen.	Online nach Kursen suchen, für die Kursgebühren sparen, sich nach finanzieller Unterstützung erkundigen. Anmelden.	Z = 31.12.2022 E =
Herz	Blutdruck kontrollieren.	Mich gesünder ernähren.	Weniger Salz essen, regelmäßig Blutdruck messen lassen.	Z = 15.5.2022 E =
Bewegung	Weniger sitzen.	Sitzzeiten um 20 Prozent reduzieren.	Erinnerung auf meinem Smartphone einstellen, damit ich aufstehe und mich bewege. Einige Routineaufgaben im Stehen erledigen.	Z = 1.7.2022 E =
Einstellung	Glücklicher sein.	Mehr lächeln.	Fünfmal pro Tag lächeln.	Z = 30.5.2022 E =

Glossar

1 **Kognitive Neurowissenschaftlerin** – Kognitive Neurowissenschaft ist eine Kombination aus Neurowissenschaft und Psychologie. Sie untersucht die Zusammenhänge von neuronalen Prozessen/Systemen im Gehirn und kognitiv-verhaltenspsychologischen Prozessen und Ergebnissen.

2 **Alzheimer** – Alzheimer ist eine neurodegenerative Krankheit, bei der Neuronen im Hippocampus, in der Großhirnrinde und anderen Hirnregionen absterben. Frühe Symptome sind: Vergesslichkeit, Orientierungslosigkeit in Bezug auf Zeit und Raum, Konzentrationsschwierigkeiten, Beeinträchtigung der Rechenfähigkeit, der Sprache und des Urteilsvermögens. Im Endstadium von Alzheimer sind die Erkrankten nicht mehr in der Lage, für sich selbst zu sorgen, und häufig bettlägerig.

3 **Atrophie** – Der Schwund von Gewebe oder Organen, insbesondere im Zusammenhang mit Zelldegeneration.

4 **Kognitive Funktion (Kognition)** – Eine Reihe mentaler Prozesse, zu denen Konzentration, Erinnerungsvermögen, Verarbeitung und Verständnis von Sprache, Lernen, Argumentieren, Problemlösung und Entscheidungsfindung zählen. **Kognitiver Abbau** oder Verlust beschreibt die Abnahme der Leistungsfähigkeit oder Effizienz der kognitiven Funktion. **Leichte kognitive Beeinträchtigungen** sind kognitive Veränderungen, die zwar so ernst sind, dass man sie wahrnimmt, aber nicht so schwerwiegend, dass sie das Alltagsleben stören. **Kognitive Defizite** hingegen beschreiben schwerwiegende Beeinträchtigungen der mentalen Prozesse eines Menschen, die beeinflussen, wie dieser Mensch Informationen aufnimmt und versteht und wie er sich verhält. Als klinisch kognitiv intakt gilt jemand, dessen kognitive Funktion weder beeinträchtigt noch defizitär ist.

5 **Multiple Sklerose** – Eine fortschreitende, neurodegenerative Krankheit, die das zentrale Nervensystem angreift und infolgedessen zu körperlichen und geistigen Beeinträchtigungen führt.

6 **Neuronale Plastizität** oder **Neuroplastizität** – Neuronale Plastizität beschreibt das Phänomen, wie Erfahrungen die neuronalen Wege im Gehirn reorganisieren. Wenn wir etwas Neues lernen oder neue Informationen abspeichern, passieren in unserem Gehirn langanhaltende funktionale Veränderungen. Diese Veränderungen der neuronalen Verbindungen nennen wir Neuroplastizität.
Dieses Phänomen tritt auf, wenn:
   - sich das noch nicht ausgereifte Gehirn am Anfang des Lebens selbst organisiert.
   - das Gehirn verletzt wird, um die noch bestehenden Funktionen maximal zu nutzen und die verlorenen Funktionen zu kompensieren.
   - im Erwachsenenalter etwas Neues gelernt oder als Erinnerung abgespeichert wird.

7 **Hirnvolumen** – Die Größe des Gehirns. Die Summe der Volumina grauer und weißer Substanz, häufig auch der Gehirn-Rückenmark-Flüssigkeit (Zerebrospinalflüssigkeit).

8 **Neuronale Netzwerke** – Ein Netzwerk aus miteinander verbundenen Neuronen (Hirnzellen) im Nervensystem.

9 **Großhirnrinde** (zerebraler Kortex) – Die dünne Schicht des Gehirns, die den äußeren Teil des Cerebrum bildet. (Das Cerebrum ist der am weitesten entwickelte Teil des Gehirns. Der Name »Cerebrum« stammt aus dem Lateinischen und bezeichnet das Großhirn, das etwa zwei Drittel des Gehirns umfasst.) Die Großhirnrinde besteht aus vier Lappen: Frontal-, Parietal-, Okzipital- und Temporallappen.

10 **Molekül** – Eine Gruppe aus zwei oder mehr gebundenen Atomen, die die kleinste Grundeinheit einer chemischen Verbindung bilden.

11 **Hirnventrikel** – Ein System, bestehend aus Hohlräumen im Gehirn, die mit Gehirn-Rückenmark-Flüssigkeit (CSF) gefüllt sind zum Schutz, zur Polsterung und zur Versorgung mit Nährstoffen. Die CSF innerhalb des Ventrikelsystems hilft, das chemische Gleichgewicht des Gehirns zu erhalten, transportiert Abfallstoffe aus dem Gehirn weg und versorgt das Gewebe des Nervensystems mit Nährstoffen.

12 **Locus caeruleus** – Der Locus caeruleus im Hirnstamm ist an der Stressreaktion beteiligt und produziert Noradrenalin (Norepinephrin), das für die Funktionen Lernen und Erinnern eine Rolle spielt. *Locus caeruleus* bedeu-

tet übersetzt »blauer Ort«, womit auch die Farbe dieses Hirnareals geklärt
wäre.

13 **Präfrontaler Kortex** – Der Teil der Großhirnrinde, der den vorderen Teil
des Frontallappens bedeckt.

14 **Cerebrospinalflüssigkeit** oder **Gehirn-Rückenmarks-Flüssigkeit (CSF)**
– Eine hauptsächlich in den Hirnventrikeln gebildete Flüssigkeit, die das
Gehirn und die Wirbelsäule umgibt. CSF unterstützt das Gehirn, wirkt
wie ein Stoßdämpfer und liefert Lubrikation zwischen Knochen, Gehirn
und Wirbelsäule.

15 **Hypothalamus** – Eine komplexe Hirnstruktur, die entscheidend an vielen
Körperfunktionen und am Erhalt optimaler Bedingungen beteiligt ist.

16 **Vegetatives** oder **autonomes Nervensystem** – Das VNS beziehungsweise
ANS besteht aus zwei Komponenten (Sympathikus und Parasympathikus);
es steuert und kontrolliert lebenswichtige Funktionen wie Atmung, Blutdruck und Herzschlag. Während das sympathische System mit einem Be-
schleuniger zu vergleichen ist, der den Körper mit einem Energieschub
versorgt, damit dieser auf einen Stressor reagieren kann, übernimmt das
parasympathische System die Aufgabe der Bremse – es beruhigt und entspannt den Körper, sobald die Bedrohung vorbei ist.

17 **Adrenalin** – Ein Hormon und Neurotransmitter, der maßgeblich an der
»Kampf oder Flucht«-Reaktion beteiligt ist.

18 **Thalamus** – Eine tief im Gehirn liegende Struktur mit diversen Funktionen, darunter die Verteilung eingehender sensorischer Informationen an
die entsprechenden Hirnregionen, damit diese dort verarbeitet werden
können.

19 **Parasympathikus** – Teil des vegetativen Nervensystems. Siehe Nummer 16
weiter oben.

20 **Klassische Konditionierung** – Eine Lernform, bei der mit Assoziationen
zwischen bestimmten Ereignissen und Reizen gearbeitet wird. Wenn ein
neutraler Reiz, zum Beispiel ein Glockenton, mit einem unbedingten Reiz,
zum Beispiel Nahrung, gekoppelt wird und zu einer unbedingten Reaktion, zum Beispiel Speichelfluss, führt, dann löst der neutrale Reiz (Glockenton) eine Reaktion aus (Speichelfluss), die der durch den unbedingten
Reiz (Nahrung) ausgelösten Reaktion ähnelt.

21 **Noradrenalin** – Ein Hormon und Neurotransmitter, der an der Mobilisie-
rung von Körper und Gehirn beteiligt ist.

22 **Dopamin** – Ein Neurotransmitter, der an diversen Funktionen, unter anderem Belohnung, Gefallen und Bewegung, beteiligt ist.

23 **Sympathikus** – Teil des vegetativen Nervensystems. Siehe Nummer 16 weiter oben.

24 **Vitamine** – Komplexe organische Verbindungen, die der Körper in kleinen Dosen für Wachstum und Stoffwechsel benötigt.

25 **Antioxidans** – Antioxidantien sind Verbindungen, wie etwa Vitamin E, Vitamin C oder Beta-Karotin, welche die Körperzellen vor durch Oxidation bedingten Schäden schützen sollen.

26 **Oxidativer Stress** – Tritt auf bei Ungleichgewicht zwischen der Produktion freier Radikale und der Fähigkeit des Körpers, diese zu bekämpfen oder deren schädliche Wirkung mittels Neutralisierung durch Antioxidantien aufzuheben. Oxidativer Stress kann zu Erkrankungen von Herz und Blutgefäßen führen, zu Herzversagen, Herzinfarkt und neurodegenerativen Krankheiten wie Parkinson oder Alzheimer. Eine ausgewogene Ernährung mit ausreichend Vitaminen, Mineralien und Antioxidantien kann das Gehirn vor oxidativem Stress schützen.

27 **Zerebrovaskulär** – Auf das Gehirn und die im Gehirn liegenden Blutgefäße bezogen.

Bibliografie

Kapitel 1: Investieren Sie in Ihr Gehirn

Alzheimer's Disease International – Statistiken zu Demenz entnommen aus: https://www.alz.co.uk/research/statistics

Barnes, D. E., und Yaffe, K. (2011): »The projected effect of risk factor reduction on Alzheimer's disease prevalence«, *Lancet Neurology* (9), S. 819–828. doi:10.1016/S1474-4422(11)70072-2

Global action plan on the public health response to dementia 2017–2025. Genf: World Health Organization (WHO), (2017). Lizenz: CC BY-NC-SA 3.0 IGO

Gómez-Robles, A., Hopkins, W. D., Schapiro, S. J., und Sherwood, C. C. (2015): »Relaxed genetic control of cortical organization in human brains compared with chimpanzees«, *Proceedings of the National Academy of Sciences*, 112 (48), S. 14799–14804, doi:10.1073/pnas.1512646112

Mendis, S. (2013): »Stroke disability and rehabilitation of stroke: World Health Organization perspective«, *International Journal of Stroke* 8 (1), https://doi.org/10.1111/j.1747-4949.2012.00969.x

Norton, S., et al. (2014): »Potential for primary prevention of Alzheimer's disease and analysis of population-based data«, *Lancet Neurology*, Aug:13 (8), doi:10.1016/S1474-4422(14)70136-X

Yusuf, S. et al. (2016): »*Risk Factors For Ischaemic and Intracerebral Haemorrhagic Stroke in 22 Countries (the INTERSTROKE study): A Case-Control Study*«, *The Lancet*

Kapitel 2: Rücklagen

Barnes, D. E., und Yaffe, K. (2011), a. a. O.

Brookmeyer, R., et al. (2007): »Forecasting the global burden of Alzheimer's disease«, *Alzheimer's & Dement.*, J. Alzheimer's Assoc. 3 (3), S. 186–191

Chan, M.Y., et al. (2014): »Training older adults to use tablet computers: Does it enhance cognitive function?«, *The Gerontologist*, doi:10.1093/geront/gnu057

Ferri, C. P., et al. (2006): »Global prevalence of dementia: a Delphi consensus study«, *Lancet* 366 (9503), S. 2112–2117

Ince, P. G. (2001): »Pathological correlates of late-onset dementia in a multi-center community-based population in England and Wales«, *Lancet*, 357, S. 169–175

Katzman, R., et al. (1988): »Clinical, pathological and neurochemical changes in dementia: A subgroup with preserved mental status and numerous neocortical plaques«, *Annals of Neurology* 23 (2)

Katzman R., et al. (1989): »Development of dementing illnesses in an 80-year-old volunteer cohort«, *Ann Neurol.*, 25, S. 317–324

Kuiper, J. S., et al. (2015): »Social relationships and risk of dementia: a systematic review and meta-analysis of longitudinal cohort studies«, *Ageing Research Reviews* 22, S. 39–57

Landau, S., et al.(2012): »Association of lifetime cognitive engagement and low amyloid deposition«, *Archives of Neurology*, 69 (5)

Middleton, L. E., und Yaffe, K. (2009): »Promising strategies for the prevention of dementia«, *Arch. Neurol.* 66 (10), S. 1210–1215

Miller, G. A. (1955): »The Magical Number Seven, Plus or Minus Two Some Limits on Our Capacity for Processing Information«, *Psychological Review* 101, 2, S. 343–352

Nyberg, L. M., et al. (2012): »Memory ageing and brain maintenance«, *Trends in Cognitive Sciences* 16 (5)

Park, D. C., und Festini, S. B. (2017): »Theories of memory and ageing: a look at the past and a glimpse of the future«, *J Gerontol B Psychol Sci Soc Sci*, 72 (1), S. 82–90, DOI:10.1093/geronb/gbw066

Pedditizi, E., Peters, R., und Beckett, N. (2016): »The risk of overweight/obesity in mid-life and late life for the development of dementia: a systematic review and meta-analysis of longitudinal studies«, *Age and Ageing*, 45 (1), 1. Januar, S. 14–21, doi.org/10.1093/ageing/afv151

Raz, N. (2000): »Aging of the brain and its impact on cognitive performance: integration of structural and functional findings«. In: F. I. Craik & T. A. Salthouse (Hrsg.): *The Handbook of Ageing and Cognition*, Mahwah, New Jersey: Lawrence Erblaum Associates, S. 1–90

Scarmeas, N., und Stern, Y. (2004): »Cognitive reserve: implications for diagnosis and prevention of Alzheimer's disease«, *Curr Neurol Neurosci Rep.* 4 (5), S. 374–380

Stern, Y. (2002): »What is cognitive reserve? Theory and research application of reserve concept«, *Journal of the International Neuropsychological Society* (8), S. 448–460

Stern, Y. (2009): »Cognitive Reserve«, *Neuropsychologia* 47(10), S. 2015–2028, DOI:10.1016/j.neuropsychologia.2009.03.004

Stern, Y. (2012): »Cognitive reserve in ageing and Alzheimer's disease«, *Lancet Neurol.*, November 2012, 11(11), S. 1006–1012, doi: 10.1016/S1474-4422(12)70191-6

Stern, Y. (2017): »Cognitive ageing summit III«. Zu finden unter: https://www.youtube.com/watch?v=V7e68lvhr3w&index=4&list=PLmk21KJuZUM67-IwG7LY4LxGkgebIqMqY

Strauss, E., Sherman, W. M. S., und Spreen, O. (2006): *A Compendium of Neuropsychological Tests Administration, Norms and Commentary*, Oxford University Press

Tombaugh, T. N., Kozak, J., und Rees, L. (1999): »Normative Data Stratified by Age and Education for Two Measures of Verbal Fluency: FAS and Animal Naming«, *Archives of Clinical Neuropsychology*, Bd. 14, Nr. 2, S. 167–177

von Bartheld, C. S., Bahney, J., Herculano-Houzel, S. (2016): »The search for true numbers of neurons and glial cells in the human brain: A review of 150 years of cell counting«, *J Comp Neurol.* 15, 524 (18), S. 3865–3895, doi:10.1002/cne.24040

Whalley, L. J., et al. (2004): »Cognitive reserve and the neurobiology of cognitive ageing«, *Ageing Research Reviews* 3, S. 369–382

Wise, J. (2017): »Depression is not a risk factor for dementia, large cohort study concludes«, *BMJ*, doi:357:j2409

Kapitel 3: Kümmern Sie sich um Ihren Schlaf

Abel, T., et al. (2013): »Sleep, plasticity and memory from molecules to whole-brain networks«, *Current Biology: CB*, 23(17), R774–R788, http://doi.org/10.1016/j.cub.2013.07.025

Eugene, A. R., und Masiak, J. (2015): »The neuroprotective aspects of sleep«, *MedTube Science*, März, 3(1), S. 35–40

Herculano-Houzel, S. (2013): »Sleep it out«, *Science* 18:342, S. 316–317, doi:10.1126/science.1245798

Krause, A. J., et al. (2017): »The sleep deprived human brain«, *Nature Neuroscience Reviews* (18), S. 404–418

Liu, Y., et al. (2014): »Prevalence of healthy sleep duration among adults«, United States, MMWR Orb Mortal Wkly Rep 2016, S. 137–141, https://www.cdc.gov/mmwr/volumes/65/wr/mm6506a1.htm

National Sleep Foundation's Sleep Duration Recommendations, https://www.sciencedirect.com/science/article/abs/pii/S2352721815000157?via%3Dihub (Zugriff am 8. April 2018)

Pace-Schott, E. F., und Spencer, R. M. (2015): »Age-related changes in cognitive function of sleep«, *Prog. Brain. Res* 191, S. 75–89 *Science*, März, 3(1), S 35–40

Paruthi, S., et al. (2016): »Recommended amount of sleep for pediatric populations: A consensus statement of the American Academy of Sleep Medicine«, *J Clin Sleep Med*, 12, S. 785 f.

Rasch, B., und Born, J. (2013): »About sleep's role in memory«, *Physiological Reviews*, 93(2), S. 681–766. http://doi.org/10.1152/physrev.00032.2012

Walker, M. (2017): *Why We Sleep: The New Science of Sleep and Dreams*, Penguin

Witt, A. A., und Lowe, M. R. (2014): »Hedonic hunger and binge eating among women with eating disorders«, *International Journal of Eating Disorders*, 47 (3), S. 273–280, doi:10.1002/eat.22171

Xie, L., et al. (2013): »Sleep drives metabolite clearance from the adult brain«, *Science*, 18. Oktober, 342(6156), S. 373–377, doi: 10.1126/science.1241224

Ybarra, O., et al. (2008): »Mental Exercising Through Simple Socializing: Social Interaction Promotes General Cognitive Functioning«, *Personality and Social Psychology Bulletin* 34 (2), S. 248–259, https://doi.org/10.1177/0146167207310454

Kapitel 4: Mit Stress umgehen

Arnsten, A. F. T. (2009): »Stress signalling pathways that impair prefrontal cortex structure and function«, *Nature Reviews: Neuroscience*, 10 (6), S. 410–422, http://doi.org/10.1038/nrn2648

Chattarji, S., et al. (2015): »Neighborhood matters: divergent patterns of stress-induced plasticity across the brain«, *Nature Neuroscience* 18, S. 1364–1375, doi:10.1038/nn.4115

Garrido, P. (2011): »Ageing and stress: past hypotheses, present approaches and perspectives«, *Ageing and Disease*, 2 (1), S. 80–99

Hueston, C. M., Cryan, J. F., Nolan, Y. M. (2017): »Stress and adolescent hippocampal neurogenesis: diet and exercise as cognitive modulators«, *Transl Psychiatry*, 7 (4):e1081, doi: 10.1038/tp.2017.48

Lupien, S. J., et al. (2009): »Effects of stress throughout the lifespan on the brain, behaviour and cognition«, *Nat. Rev Neurosci.* 10(6), S. 434–445, doi: 10.1038/nrn2639

Marshall, P. J., Fox, N. A., BEIP Core Group (2004): »A comparison of electroencephalogram between institutionalised and community children in Romania«, *Journal of Cognitive Neuroscience* 16, S. 1327–1338, doi:10.1162/0898929042304723

Plassman, B.L., et al. (2011): »Incidence of dementia and cognitive impairment, not dementia in the United States«, *Ann Neurol.* 70, S. 418–426

Roozendaal, B., McEwen, B.S., und Chattarji, S. (2009): »Stress, memory and the amygdala«, *Nature Reviews: Neuroscience* 10, S. 423–433, doi:10.1038/nrn2651

Sandi, C., und Haller, J. (2015*)*: »Stress and the social brain: behavioural effects and neurobiological mechanisms«, *Nature Reviews: Neuroscience* 16, S. 290–304, doi:10.1038/nrn3918

Sapolsky, R. M. (2015): »Stress and the brain: individual variability and the inverted-U«, *Nature: Neuroscience* 18, S. 1344–1346, doi:10.1038/nn.4109

Schwabe, L. (2017): »Memory under stress: from single systems to network changes«, *Eur J Neurosci.* 45 (4), S. 478–489, doi:10.1111/ejn.13478

Scott, S. B., et al. (2015): »The effects of stress on cognitive ageing«, Physiology and Emotion (ESCAPE) Project, *BMC Psychiatry* 15, S. 1

Kapitel 5: Sozial und mental aktiv

»A Consensus on the Brain Training Industry from the Scientific Community«, Max-Planck-Institut für Bildungsforschung und Stanford Center on Longevity, Zugriff am 20. Oktober 2018, https://longevity.stanford.edu/a-consensus-on-the-brain-training-industry-from-the-scientific-community-2/

Anderson, N. D., et al. (2014): »The benefits associated with volunteers among seniors: A critical review and recommendations for future research«, *Psychological Bulletin* 6, S. 1505–1533, doi:10.1037/a0037610

Berkman, L.F. (1977): *Social networks, host resistance, and mortality: A followup study of Alameda County residents*, Dissertation, University of California, Berkeley

Berkman, L.F., und Syme, S.L. (1979): »Social networks, host resistance, and mortality: A nine-year follow-up study of Alameda County residents«, *American Journal of Epidemiology*, 109, S. 186–204

Brayne, C., et al. (2010): »*Education, the brain and dementia: neuroprotection or compensation?*«, EClipSE Collaborative Members, *Brain* 133, (8), S. 2210–2216 https://doi.org/10.1093/brain/awq185

Cacioppo, J.T., und Patrick, W. (2008): *Loneliness: Human Nature and the Need for Social Connection*, W.W. Norton and Company

Cacioppo, S., Capitanio, J.P., und Cacioppo, J.T. (2014): »Toward a neurology of loneliness«, *Psychological Bulletin* 140 (6), S. 1464–1504

Cacioppo, J.R., Cacioppo, S., und Boomsma, D.I. (2014): »Evolutionary mechanisms for loneliness«, *Cognition and Emotion* 28 (1), S. 3–21, http://dx.doi.org/10.1080/02699931.2013.837379

Davidson, R.J., und McEwen, B.S. (2013): »Social influences on neuroplasticity: Stress and interventions to promote well-being«, *Nature Neuroscience*, 15 (5), S. 689–695

Dunbar, R. (2009): »The social brain hypothesis and its implications for social evolution«, *Annals of Human Biology* 36 (5), S. 562–572, doi:10.1080/03014460902960289

Fratiglioni, L., Paillard-Borg, S., Winblad, B. (2004): »An active and socially integrated lifestyle in late life might protect against dementia«, *Lancet Neurol.* 3 (6), S. 343–353

Global Council on Brain Health (2017), »The brain and social connectedness: GCBH recommendations on social engagement and brain health«, verfügbar unter www.GlobalCouncilOnBrainHealth.org

Hall, C.B., et al. (2009): »Cognitive activities delay onset of memory decline in persons who develop dementia«, *Neurology* 73, S. 356–361

Henry, J.D., et al. (2016): »Clinical assessment of social cognitive function in neurological disorders«, *Nature Reviews Neurology*, 12, S. 28–39

Holt-Lunstad, J., et al. (2015): »Loneliness and social isolation as risk factor for mortality: A meta-analytic review«, *Perspectives on Psychological Science* 10 (2), S. 227–237

House, J. S., Robbins, C., und Metzner, H. L. (1982): »The association of social relationships and activities with mortality: prospective evidence from the Tecumseh«, *American Journal of Epidemiology* 116 (1), S. 123–140

Kelly, M. E., Loughrey, D., Lawlor, B. A., Robertson, I. H., Walsh, C. und Brennan, S. (2014): »The impact of cognitive training and mental stimulation on cognitive and everyday functioning of healthy older adults: A systematic review and meta-analysis«, *Ageing Research Reviews* 15, S. 28–43, doi:10.1016/j.arr.2014.02.004

Kelly, M. E., Duff, H., Kelly, S., Power, J. E., Brennan, S., Lalwor, B. A., und Loughrey, D. (2017): »The impact of social activities, social networks, social support and social relationships on the cognitive functioning of healthy older adults: a systematic review«, *Systematic Reviews* 6, Nr. 259

Nucci, M., Mapelli, D., und Mondini, S. (2011): »Cognitive Reserve Index questionnaire (CRIq): a new instrument for measuring cognitive reserve«, *Aging Clinical and Experimental Research* 24 (3) S. 218–226, doi:10.3275/7800

Scarmeas, N., Stern, Y. (2003): »Cognitive reserve and lifestyle«, *J. Clin. Exp. Neuropsychol.* 25 (5), S. 625–633

Shankar, A., Hamer, M., McMunn, A., und Steptoe, A. (2013): »Social isolation and loneliness: relationships with cognitive function during 4 years of follow-up in the English longitudinal study of ageing«, *Psychosomatic Medicine* 75 (2), S. 161–170

Stern, Y., et al. (1994): »Influence of education and occupation on the incidence of Alzheimer's disease«, *JAMA* 271, S. 1004–1010

Stern, Y. (2012): »Cognitive reserve in ageing and Alzheimer's disease«, *Lancet Neurol.* 11 (11), S. 1006–1012

Umberson, D., und Montez, J. K. (2010): »Social relationships and health: a flashpoint health policy«, *J Health Soc Behav.* 51 (Suppl.), S. 54–66, doi:10.1177/0022146510383501

Kapitel 6: Lieben Sie Ihr Herz

Barnes, D. E., und Yaffe, K. (2011), a. a. O.

Cole, G. M., Ma, Q. L., und Frautschy, S. A. (2009): »Omega-3 fatty acids and dementia«, *Prostaglandins, Leukotrienes, and Essential Fatty Acids* 81 (2–3), S. 213–221, http://doi.org/10.1016/j.plefa.2009.05.015

Gorelick, P.B., et al. (2017): »Defining optimal brain health in adults: a presidential advisory from the American Heart Association/American

Stroke Association«, *Stroke* 48 (10), S. 284–303, https://doi.org/10.1161/STR.0000000000000148

Saver, J. L. (2006): »Time is brain – quantified«, *Stroke* 37 (1), S. 263–266, doi:10.1161/01.STR.0000196957.55928.ab

Topiwala, A., et al. (2017): »Moderate alcohol consumption as risk factor for adverse brain outcomes and cognitive decline: longitudinal cohort study«, *BMJ* 357, https://doi.org/10.1136/bmj.j2353

World Health Organisation (WHO): »Tobacco Free Initiative (TFI) fact sheet about health benefits of smoking cessation«, Zugriff am 25. Juli 2018 auf http://www.who.int/tobacco/quitting/benefits/en/

World Health Organisation (WHO): *A Global Brief on Hypertension* (2013), zu finden unter: https://www.who.int/cardiovascular_diseases/publications/global_brief_hypertension/en/

Kapitel 7: In Bewegung

Barnes, D. E., und Yaffe, K. (2011), a. a. O.

Buckley, J. P., et al. (2015): »The sedentary office: an expert statement on the growing case for change for better health and productivity«, *Br J Sports Med.* 49, S. 1357–1362

Driver, H. S., und Taylor, S. R. (2000): »Exercise and Sleep«, *Sleep Medicine Reviews* 4 (4), S. 387–402, doi.org/10.1053/smrv.2000.0110

Ebrahimi, K., et al. (2017): »Physical activity and beta-amyloid pathology in Alzheimer's disease: A sound mind in a sound body«, *EXCLI Journal* 16, S. 959–972, doi:10.17179/excli2017-475

Ericksona, K. I., et al. (2011): »Exercise training increases size of hippocampus and improves memory«, *PNAS* 108 (7), S. 3017–3022, www.pnas.org/cgi/doi/10.1073/pnas.1015950108

Hamer, M., Chida, Y. (2009): »Physical activity and risk of neurodegenerative disease: a systematic review of prospective studies«, *Psychol Med* 39, S. 3–11

Hötting, K., und Röder, B. (2013): »Beneficial effects of physical exercise on neuroplasticity and cognition«, *Neuroscience and Behavioral Reviews* 37, S. 243–257

Kelly, M. E., Loughrey, D., Lawlor, B. A., Robertson, I. G., und Brennan S. (2014): »The impact of exercise on the cognitive functioning of healthy older adults: a systematic review and meta-analysis«, *Ageing Research Reviews* 16, S. 12–31, doi:10.1016/j.arr.2014.05.002

Levine, J. A., et al. (2005): »Interindividual variation in posture allocation: possible role in human obesity«, *Science* (28. Jan. 2005), 307(5709), S. 584–586

Office of Disease Prevention and Health Promotion (2015), https://www.healthypeople.gov/2020/topics-objectives/topic/physical-activity/national-snapshot

Sofi, F., et al. (2011): »Physical activity and risk of cognitive decline: a meta-analysis of prospective studies«, *J. Intern. Med.* 269 (1), S. 107–117

Stamatakis, E., Hamer, M., Dunstan, D. W., et al (2011): »Screen-based entertainment time, all-cause mortality, and cardiovascular events: population-based study with ongoing mortality and hospital events follow-up«, *J Am Coll Cardiol* 57, S. 292–299

Weuve, J., et al. (2004): »*Physical activity, including walking and cognitive function in older women*«, *JAMA* 292, S. 1454–1461, doi:10.1001/jama.292.12.1454

International Physical Activity Questionnaire, Long Last 7 days, selbst auszufüllen (2002), Zugriff 21. April 2018 unter https://sites.google.com/site/theipaq/home

Cuisle, F.: »Exercise prescription for the prevention and treatment of disease. Scoring the International Physical Activity Questionnaire (IPAQ)«

Kapitel 8: Ändern Sie Ihre Einstellung

Carstensen, L. L., et al. (2011): »Emotional experience improves with age: Evidence based on over 10 years of experience sampling«, *Psychology and Ageing* 26, S. 21–33, https://pubmed.ncbi.nlm.nih.gov/20973600/

Haslam, C., et al. (2012): »When the age is in, the wit is out: Age-related self-categorisation and deficit expectations reduce performance on clinical tests used in dementia assessment«, *Psychology and Ageing* 27, S. 778–784, http://dx.doi.org/10.1037/a0027754

Hecht, D. (2013): »The neural basis of optimism and pessimism«, *Experimental Neurobiology* 22 (3), S. 173–199, http://doi.org/10.5607/en.2013.22.3.173

Kemper, C. J., et al. (2011): »Measuring the construct of optimism-pessimism with single item indicators«, Präsentation des Papers auf der vierten Konferenz der European Survey Research Association (ESRA), Lausanne, Schweiz

Levy, B. R. et al. (2002): »Longevity increased by positive self-perceptions of aging«, *Journal of Personality and Social Psychology* 83, S. 261–270, https://psycnet.apa.org/record/2002-17391-001

Niedenthal, P. M., et al. (2010): »The simulation of smiles (SIMS) model: Embodied simulation and the meaning of facial expression«, *Behavioral and Brain Sciences* 33 (6), S. 417–433, https://www.cambridge.org/core/journals/behavioral-and-brain-sciences/article/simulation-of-smiles-sims-model-embodied-simulation-and-the-meaning-of-facial-expression/FE0A911744186EBD3706B53794D4AEE9

Robertson, D. A., King-Kallimanis, B. L., und Kenny, R. A. (2016): »Negative perceptions of ageing predict longitudinal decline in cognitive function«, *Psychology and Ageing* 31 (1), S. 71–81, http://dx.doi.org/10.1037/pag0000061

Radloff, L. S. (1977): »The CES-D scale: a self-report depression scale for research in the general population«, *Applied Psychological Measurement* 1, S. 385–401

Rossouw, P. (2013): »The neuroscience of smiling and laughter«, *The Neuropsychothereapist* 1, S. 1

Rylee, A. D. (2015): »Stereotypes of Aging: Their Effects on the Health of Older Adults«, *Journal of Geriatrics*, http://dx.doi.org/10.1155/2015/954027

Sebastiani, P., et al. (2013): »Meta-analysis of genetic variants associated with human exceptional longevity«, *Ageing* (Albany, New York), 5 (9), S. 653–661

Selligman, M. (2016): *Learned optimism: how to change your mind and your life*, Vintage Books

Shimamura, A. P., Ross, J. G., Bennett, H. D. (2006): »Memory for facial expressions: The power of a smile«, *Psychon Bull Rev* 13, S. 217–222

Tsukiura, T., & Cabeza, R. (2008): »Orbitofrontal and hippocampal contributions to memory for face-name associations: the rewarding power of a smile«, *Neuropsychologia* 46 (9), S. 2310–2319, https://www.sciencedirect.com/science/article/abs/pii/S0028393208001097

Warren, J. E., et al. (2006): »Positive emotions preferentially engage an auditorymotor ›mirror‹ system«, *The Journal of Neuroscience* 26 (50), S. 13067–13075, https://www.jneurosci.org/content/26/50/13067

Abdruckgenehmigungen

Ich danke den Autoren und Organisationen für die Abdruck-
genehmigungen folgender Werke:

Kapitel 2

Abbildung 1
Übernommen aus *The Lancet*, 11/11, Stern, Y.: »Cognitive research in ageing
and Alzheimer's disease«, S. 1006–1012, Copyright (2012), mit Genehmigung
von Elsevier

Kapitel 3

Abbildung 2
Aus: Hercano-Houzel, S., (2013): »Sleep it out«, *Science* 18:342, S. 316–3177,
doi: 10.1126/science.1245798. Abgedruckt mit Genehmigung von AAAS. Cre-
dit: V. ALTOUNIAN/SCIENCE

Kapitel 4

Aufgabe: Stresswahrnehmung (Seite 140): Skala für wahrgenommenen Stress
Cohen, S., Karmack, T., und Mermelstein, R. (1983): »A global measure of per-
ceived stress«. *Journal of Health and Social Behaviour* 24, S. 386–396.
Verwendet mit Genehmigung von American Sociological Association, *Journal of Health and Social Behaviour* (1983) und Professor Sheldon Cohen, Carnegie Mellon University

Kapitel 5

Aufgabe: Soziale Eingebundenheit (Seite 175): Berkman-Syme Social Network Index

Berkman, L. F.: *Social networks, host resistance, and mortality: A follow-up study of Alameda County residents.* Dissertation, University of California, Berkeley, 1977. Genehmigung für Verwendung des Berkman-Syme-Index durch Professor Lisa Berkman (Harvard University)

Aufgabe: Einsamkeit (Seite 200) – UCLA-Einsamkeitsskala

Hughes, M. E., Waite, L. J., Hawkley, L. C. und Caccippo, J. T.: *Research on Ageing*, 2004, 26 (6), S.665–672: »A Short Scale for Measuring Loneliness in Large Surveys: Results from Two Population-Based Studies«. Copyright © 2004 durch Sage Publications; Abdruck mit Genehmigung durch SAGE Publications, Inc.

Kapitel 8

Aufgabe: Glücklich sein (Seite 325)

Abgedruckt mit Genehmigung von *Springer Nature: Social Indicators Research* 46 (2), S. 137: »A measure of subjective happiness: preliminary reliability and construct validation«; Lyubomirsky, S., & Lepper, H., Copyright © 1999, Kluwer Academic Publishers; Genehmigung ebenfalls durch Professorin Sonja Lyubomirsky, University of California Riverside

Aufgabe: Life Orientation Test (Seite 329) – LOT-R

Copyright © 1994, American Psychological Association. Abgedruckt mit Genehmigung. Scheier, M. F., Carver, C. S., und Bridges, M. W., (1994): »Distinguishing optimism from neuroticism (and trait anxiety, self-mastery and self-esteem): a reevaluation of the Life Orientation Test«, *Journal of Personality and Social Psychology* 67, S. 1063–1078; Genehmigung durch American Psychological Association und Professor Michael F. Scheier, Carnegie Mellon University

Aufgabe: Kontrollüberzeugung (Seite 334)

Rotter, J. B. (1966): »Generalised expectancies for internal versus external control of reinforcement«, *Psychol Monogr* 80, S. 1–28; mit Genehmigung von Lindy Coldwell, University of Connecticut

Aufgabe: Fragebogen zur Einstellung gegenüber dem Älterwerden – Kurzversion – (Seite 345)

Laidlaw, K., Kishita, N., Shenkin S. D., und Power, M. J. (2018): »Development of a Short Form of the Attitudes to Ageing Questionnaire (AAQ)«, *The International J. Ger.Psychiatr.* 33(1), S. 113–121. Copyright © 2017 John Wiley and Sons Ltd.; Nachdruck mit Genehmigung von John Wiley and Sons, *International Journal of Geriatric Psychiatry* 33(1), S. 113–121: »Development of a Short Form of the Attitudes to Ageing Questionnaire (AAQ)«; Laidlaw, K., Kishita, N., Shenkin. S. D., & Power, M. J., Copyright © 2017 John Wiley and Sons Ltd. und Professor Ken Laidlaw, University of East Anglia

Dank

Die Idee für dieses Buch entstand, als ich Graham Masterton traf, der wie ich Gast in einer nachmittäglichen Fernsehsendung war. Damals gab ich ein Interview zum Thema Gehirngesundheit und Schlaf, während er über seine Katie-Maguire-Romane sprach. Graham machte mich nicht nur mit »der besten Literaturagentin in London« bekannt, sondern wurde auch zu meinem Mentor und Freund. Graham, du bist unglaublich großzügig, was deine Zeit angeht, liest jedes Wort. Dieses Buch und ich haben enorm profitiert von deiner Freundlichkeit, deiner Erfahrung, von deinem Wissen und deiner Scharfsinnigkeit.

Camilla Shestopal, du bist in der Tat die beste Agentin, die sich eine Autorin je wünschen kann. Danke, dass du an mich geglaubt hast, für deine Kritik und deine Ratschläge und dafür, dass du so hart für mich gearbeitet hast, um den perfekten Verleger und Verlag für dieses Buch zu finden. Amanda Harris, von unserem ersten Treffen bis zum Schlusslektorat waren deine exzellenten, einfühlsamen und pragmatischen Vorschläge unbezahlbar. Als Debütautorin habe ich das sehr genossen und mich bei dir mit all deiner Erfahrung in sicheren Händen gefühlt. Ein großes Dankeschön geht außerdem an Ru Merrit dafür, dass sie mich durch den gesamten Lektoratsprozess begleitet hat, und an das restliche kompetente Team von Orion Spring und Orion Publishing Group.

Dieses Buch greift zurück auf die Werke zahlreicher Wissenschaftler, die jahrzehntelang daran gearbeitet haben, unser Wissen über das Gehirn und seine Gesundheit zu erweitern. Es war mir eine Ehre, ihre Arbeit auf diesen Seiten mit den Lesern zu teilen. Ich bin mir sicher, dass sie ebenso wie ich dankbar sind gegenüber den Tausenden von Freiwilligen und Probanden, die ihre Zeit dem Fortschritt der Wissenschaft widmen. Ein großes Dankeschön geht ebenfalls an all jene, die meine Arbeit unterstützt haben, und an meine motivierten Kolleginnen und Mitarbeiter, insbesondere an all diejenigen, die an den Projekten *Hello Brain*, *FreeDem*, *Brain Health for MS* und *NEIL* beteiligt waren.

Danke auch an Caoimhe für das Adlerauge bei der Durchsicht des Manuskripts auf Fehler. Und letzten Endes danke ich meinem Ehemann, David, meinen Söhnen Darren und Gavin und meinem Schwiegersohn Jamie dafür, dass sie diverse Versionen des Manuskripts gelesen haben, doch in erster Linie für ihre Liebe, Unterstützung und Inspiration. Ich kann den Punkt »ein Buch schreiben« zwar auf meiner To-do-Liste abhaken, aber seien Sie vorgewarnt: Das Schreibfieber hat mich gepackt – es gibt noch einige Bücher zu schreiben.

Register